올바른 눈으로 세상을 바라보고 싶어 하는

_____님에게

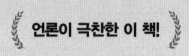

언론이 극찬한 이 책!

"이 책은 총체적 지적 향연이다.
이 책의 가장 큰 즐거움은 러셀 특유의 재치와 통찰력,
넓은 시야와 유려한 표현의 조화에 있다."
— 파이낸셜 타임스

"러셀은 천박함은 물론 지루함과도 거리가 멀다."
— 옵저버

"그의 글은 그의 맑고 빛나는 정신을 반영하며,
그는 영어 문학의 거장이라는 칭호를 얻기에 충분하다."
— 선데이 타임스

생각을 잃어버린 사회

Bertrand Russell

생각을 잃어버린 사회

시대를 앞서간 천재 버트런드 러셀의 비판적 세상 읽기

버트런드 러셀 지음 장석봉 옮김

Bertrand Russell

21세기북스

탈진실의 시대, 우리에게 필요한 것은?

김만권(정치철학자, 『외로움의 습격』 저자)

"인간은 이성의 동물이다. 적어도 나는 그렇게 배워왔다. 오랫동안 살아오면서 나는 이 말을 뒷받침할 증거를 부단히 찾아봤지만 (…) 운이 없었는지 아직까지 발견하지 못했다. 오히려 세계가 더 광기에 빠져드는 것을 목격했다."

20세기를 대표하는 철학자 버트런드 러셀이 자신의 시대를 묘사한 말이다. 러셀은 보기 드문 철학자이다. 철학적 사유를 삶의 행동으로 옮긴, '삶의 방식으로서 철학'을 했던 인물이기 때문이다. 그래서 러셀은 "광기에 빠져드는" 세계의 문제에 맞서 싸웠던 지식인이었다. 러셀이 처음 맞섰던 세계의 광기는 제1차 세계대전이었다. 모두가 의심 없이 전쟁터로 가던 시절에 러셀은 열렬하게 반전 활동을 펼쳤다. 감옥에 가는 건 당연한 수순이었다.

여기서 우리는 물어야 한다. "왜 세계는 광기에 빠져드는가?" 러셀은 교조주의적 극단주의 때문이라고 말한다. 교조주의는 인간의 다양한 경험을 무시한다. 교조주의자일수록 이런 경험을 극단적으로 무시한다. 이들은 다양한 삶의 경험을 하나의 렌즈로만 바라보고, 그 렌즈로 볼 수 없는 것들은 모두 무의미하다며 외면한다. 이런 극단주의를 받아들이는 이들은 다양한 사실을 구체적으로 알기 위해 노력하지 않고, 어쩌다 알게 된 정보는 평가할 능력이 없으면서도 철썩같이 믿는 태도를 견지한다. 러셀은 말한다. "민주주의를 이론적으로 정당화하고, 그 사고방식에서 민주주의와 일치하는 유일한 철학은 경험론"이라고.

그렇다고 경험론이 '확실한 지식은 어디에도 없다'라고 말하는 회의주의는 아니다. 의심하는 일은 늘 가치가 있다. 하지만 끊임없이 의심만 하고 행동하지 않는다면 그런 의심은 가치가 없다. 러셀은 친절히 말한다. '교조주의자가 해롭다'면 '회의주의자는 쓸모가 없다'고. 경험론은 '교조주의와 회의주의 사이'에 있다고. 철학이야말로 이런 사유를 훈련하는 데 가장 적합하다고.

우리가 살고 있는 탈진실의 시대는 거짓말의 시대가 아니다. 오히려 '교조주의'의 시대이고 '극단주의'의 시대이다. 교조주의적 극단주의는 우리가 함께 보고 듣는 것에까지 영향을 미친다. '바이든/날리면' 사태는 그 영향력이 드러난 희대의 사건이었다. 그런 믿음이 2024년 대한민국이라는 민주공화국에서 누군가는 계엄령을 선포하고 누군가는 이를 지지하는 광기로 나타나고 있다. 하지만 이런 광기가 세상이 더 나아지지 않을 것이란 증거는 아니다. 러셀은 강조한다. 자신이 오류에 빠질 수 있음을 늘 인정하고 좋은 삶을 사회적으로 실천하는 이들이 있다면 희망이 있다고. 이를 인정할 수 있다면, 타인을 억압하지 않고 자신이 저지른 오류에 책임지며 실천할 수 있다고.

이런 러셀의 메시지가 평범한 우리들의 언어로 이 책에 담겨 있다. 원서 제목인 '인기 없는 에세이Unpopular Essays'와 달리, 이 책은 아주 '인기 있는 에세이'였다. 무엇보다 그 자체로 흥미로운 주제와 이야기로 가득 차 있다. 철학이 무엇인지, 철학이 개인의 삶에서 어떤 쓸모가 있는지, 철학이 정치와 사회에 어떤 역할을 할 수 있는지 차분하면서도 흥미롭게 풀어낸다.

러셀이 오랫동안 보통 사람들도 읽을 수 있는 철학서를 썼다는 사실을 아는 이가 생각보다 드물다. 믿어도 좋다. 약간의 두려움을 접고 이 책을 펼치면, 명료한 논리와 따뜻한 목소리로 여러분에게 말을 거는 철학의 거장을 만날 수 있다!

추천의 글

현대 사회에 필요한 '불편한 진실'의 목소리

노명우(사회학자, 니은서점 마스터 북텐더)

통상 추천사를 쓰기 위해서는 추천인이 피추천인보다 지적인 성취나 사회적 명망의 측면에서 압도적으로 우월해야 한다. 그러한 자격을 갖춘 사람이 글을 쓸 때야 비로소 추천사라는 단어 그 자체의 의미가 충족될 수 있다. 그런 점에서 러셀의 책을 추천한다는 것은 애초부터 어불성설의 무모한 짓일 수밖에 없다. 영국의 귀족 가문에서 태어난 것에 안주하지 않고 분석철학의 기초를 쌓은 철학자로서 탁월한 성과를 쌓았고, 그것으로도 모자라 지금도 여전히 읽히고 있는 베스트셀러 『서양철학사』의 작가이자, 노벨 문학상까지 수상한 버트런드 러셀을 어찌 어느 누가 '감히' 추천할 수 있겠는가.

'감히' 러셀의 책을 추천하는 오만불손을 범하지 않기 위해 학자라는 지위를 잠시 접어두고, 세상에 알려져야 마땅한 좋은 책을 독자에게 소개하는 니은서점의 마스터 북텐더의 자격으로 러셀의『생각을 잃어버린 사회』를 읽었다. 다른 독자에 앞서 이 책을 읽을 수 있다는 것 자체가 영광이었다. 그리하여 이 글은 추천의 글 형식을 빌린 사실상 '헌사'에 다름 아니다.

글을 쓰는 작가라면 누구나 자신의 글이 언젠가는 세상의 반향을 불러일으키기를 기대한다. 글 쓰는 사람의 꿈은 모두 같으나, 그 꿈을 실현하는 작가는 극소수에 불과하다. 누구나 갖고 싶은 사회적 영향력을 글을 통해 행사할 수 있는 경지에 도달했을 때, 즉 '유명한' 작가가 되었을 때 '유명한' 작가는 두 종류로 분화된다. 하나는 '명성'을 어떻게 써야 할지 몰라 우왕좌왕하는 작가이고, 다른 하나는 명성을 적절하게 사용할 줄 아는 작가이다.

유명해진 작가에겐 세간의 과장된 찬사가 쏟아진다. 찬사에 취하다 보면 어느새 그에게 명성을 가져다준 뾰족한 사유의 날카로움이 무뎌져 인기는 있으나 그저 그런 이야기를 늘어놓는 작가로 전락하기도 한다. 인기를 얻었으나, 그 인기가 초래한 위험을 통제하지 못했기에 실패하는 역설의 사례가 되는 것이다.

반면에 또 다른 유명 작가는 자신의 명성을 적절하게 사용할 줄 안다. 러셀은 자신의 명성을 사적 이익이 아니라 공적 목적을 위해 마땅히 사용함으로써 위대한 작가의 경지에 오른 대표적인 인물이다. 러셀은 자신의 유명함을 '인기 없는' 방식의 도구로 사용했다. 그에게 '인기 없음'은 대중에 영합하지 않는, 때로 지배적인 의견에 대립하는 '강력한 의견'을 용감하게 말할 수 있는 용기를 의미한다. 그는 모두가 애국심의 포로가 되어 전쟁이 불가피하다고 한목소리로 말할 때 전쟁에 반대하고 평화에 호소하는 전쟁 반대라는 '인기 없는' 주장을 마다하지 않았다. 그는 평생 손쉽게 인기를 유지할 수 있는 대중 영합이 아니라 '불편한 진실'을 세상에 전달하는 '인기 없는' 방법의 대변자로 살았다. 러셀에게 '인기 없음'은 타협하지 않는 용기, 지배적 의견에 맞서는 독립 정신을 의미했다.

『생각을 잃어버린 사회』는 왜 러셀이 지난 세기가 낳은 위대한 작가 중 한 명이며, 21세기를 살고 있는 우리가 여전히 찾는 작가일 수밖에 없는지 증명하는 현대의 고전임에 틀림없다. 책을 다 읽고 나니, 러셀식의 '인기 없음'이 너무나 필요한 시대를 살고 있다는 게 안타깝기만 하다. '인기 없는' 목소리가 참으로 그리운 시절이다.

차례

서문

시대의 풍랑 속에서 피어난 철학가,
버트런드 러셀

명성은 매우 변덕스러운 것이다. 얻기도 어렵지만, 일단 한번 얻으면 잃기도 어렵고, 때로는 그것이 얼마나 중요한지 알아차리기도 어렵다. 그러므로 버트런드 러셀처럼 한 분야가 아니라 다방면에서 명성을 얻은 불운한 영혼에게는 피곤한 일이 생기게 마련이다. 러셀은 그 긴 삶 동안 존경받는 휘그당 귀족 가문의 후손에서 핵무기 폐기에 앞장서는 반골 운동가로, 빅토리아 시대의 전통적인 신사에서 새로운 도덕성의 열렬한 지지자로, 선구적인 논리학자에서 시대에 뒤떨어진 철학 사조의 옹호자로, 베스트셀러 작가에서 '괴짜'와 말썽꾼으로 낙인찍힌 사람으로 진화해 가는 사이 찬사와 비방, 존경과 경멸, 동조와 비난을 몰고 다녔다. 실제로 러셀의 삶은 너무도 변화무쌍했고, 그의 명성은 너무도 가변적이어서 그의 삶과 업적을 전체적으로 파악하려는 시도는 성공하기 어렵다. 그럼에도 그의 삶의 근저에는 일관성이 있었다. 얼핏 변신과 전환, 역설과 모순으로 점철되어 있는 것처럼 보이지만, 그 아래에는 지적, 정치적, 기질적인 일관성이 자리하고 있었다. 이 기본적인 일관성을 잘 보여주는 이 책『생각을 잃어버린 사회』야말로 러셀 자신과 그의 기질이 잘 드러나는 책이라고 할 수 있다.

영국이 절정기를 누리던 빅토리아 시대에 러셀 가문의 일원으로 태어난다는 것은 사회적으로나 정치적으로나 영국의 상류 계층 중 한자리를 차지한다는 것을 뜻했다. 총리의 손자이자 백작 작위 계승자인 버트런드 러셀은 1872년 영국에서 존경받는 귀족 가문 중 하나인 휘그당 가문의 일원으로 태어났다. 이 사회적 배경은 러셀의 성장 과정과 교육 방식에 결정적인 영향을 미쳤을 뿐 아니라, 그 자신과 동시대인들 모두 이를 분명히 기억하고 있었다.

1890년 불안하고 젊은 신입생으로 케임브리지에 도착한 때부터 1914년 제1차 세계대전 발발할 때까지 이어지는 25년 동안, 러셀은 다작을 하면서도 정교함을 잃지 않는 찾아보기 힘든 철학자이자 논리학자로서 완전히 다른 명성을 얻었다.『수학의 원리 The Principles of Mathematics』(1903)와『수학 원리 Principia Mathematica』(3권, 1910-13)와 같은 책,「지시론On Denoting」(1905)과「유형 이론에 기초한 수리논리학Mathematical Logic as Based on the Theory of Types」

(1908) 같은 논문들은, T. S. 엘리엇과 루트비히 비트겐슈타인 등 다양한 분야에서 활동하는 제자들이 함께함으로써 제1차 세계 대전 직전에 그를 영어권에서 논란의 여지없이 가장 유명하고 영향력 있는 철학자로 만들었다. 러셀은 이렇게 학문적인 명성을 키워나감과 동시에, 철학을 대중화하는 작가이자 다재다능한 수필가로도 큰 명성을 얻었다. 『철학의 문제들』(1912)과 『철학 에세이 Philosophical Essays』(1910) 같은 철학 입문서를 쓰기도 하고, 「자유인의 신앙」(1903), 「역사에 관하여On History」(1904), 「수학 연구The Study of Mathematics」(1907) 같은 유명한 에세이도 썼다. 굳게 견지한 정치적 견해, 여성 참정권 찬성, 관세 개혁 반대와 같은 진행 중인 정치 운동에 틈틈이 동참함으로써, 이러한 글들은 러셀을 빅토리아 시대 문인의 직계 후손이자 존 스튜어트 밀의 지적·계보학적 후계자로 만들었다.

제1차 세계대전은 이러한 러셀의 명성을 훼손하기보다는 오히려 부정과 비난의 십자포 아래에 묻어버리는 역할을 했다. 영국의 참전이 어리석은 범죄 행위라고 확신하고 이견을 제기하는 과업에 전심전력을 다할 준비가 되어 있었던 러셀은 미약하고 인기 없는 반전운동에 뛰어들었다. 정부의 소모적인 군사 정책에 의문을 제기하고, 시민 자유가 서서히 훼손되어 가는 현상을 고발하며, 양심적 병역 거부자들을 대중의 분노와 군사적 규율에서 보호하고, 편견과 증오라는 전염병에 면역력이 있는 사람들이 적더라도 이들이 여전히 영국에 존재한다는 사실을 증언하기 위해 러셀은 할 수 있는 모든 일을 다 하기로 결심하고 쉼 없이 일했다. 병역 거부자들을 상담하고, 장관들에게 로비를 하고, 신문을 편집하고, 징병 반대 동맹을 조직하고, 갈등이 일어난 원인과 재건을 위한 희망에 대해 시간을 투자해 강연했다. 이러한 일은 인기가 없었다. 정부 당국뿐만 아니라 각계각층 영국인 역시 이러한 이견을 노골적인 반역 행위로 보았다. 그 결과 러셀은 적들에게는 비난을, 옛 친구들에게는 조롱을 받았고, 트리니티 칼리지 강사직에서마저 해고되었으며, 1918년 봄에는 반전 시위에 연루되어 투옥되었다.

그러나 동시에 전쟁은 날이 갈수록 인기를 잃어갔다. 그리고 그런 전쟁에 단호하게 반대하고 자신의 사회적 지위와 학문적 명성을 잃을지 모르는 상황에서도 용기를 잃지 않는 러셀에게 찬사를 보내는 사람도 많아졌다. 그에게 조언을 구하고 그가 개입함으로써 도움을 받은 반체제 인사들과 반전운동가들뿐만 아니라, 그의 지적 정직성과 정치적 용기를 존경하는 사람들도 그를 지지했다. 그리고 전쟁이 벌어지던 시기에 그가 사회 및 정치철학에 관해 논한 여러 강연과 『사회 재건의 원칙Principles of Social Reconstruction』(1916), 『정치적 이상Political Ideals』(1917), 『자유로 가는 길Roads to Freedom』(1918) 같은 저서를 전쟁으로 파괴된 구체제의 잿더미 위에 새로운 사회질서를 창조할 영감을 주는 실용적인 길잡이로 여기는 사람들도 있었다.

전쟁이 끝난 직후 몇 년 동안 어떤 이들은 러셀을 정치적 배신자로, 또 어떤 사람들은 지적 영웅으로 여겼다. 러셀 자신은 1920년대와 1930년대에 걸쳐 '20세기 볼테르', 즉 유럽의 양심이라는 새로운 명성을 얻고 싶어 했다. 이만큼 웅대하지는 않았지만 똑같이 야심찬 목표도 있었는데, 진정한 평화를 구축하기 위해 인내심을 가지고 꾸준히 끈기 있게 노력하는 것이었다. 그는 조약 초안을 작성하거나 동맹을 맺는 데서 그치지 않고 전쟁을 일으키려는 충동도 수단도 없는 세상을 만들려고 했다. 이를 위해 러셀은 세계 곳곳을 돌아다니며(1920년 소련, 1920-21년 중국, 그리고 미국을 수시로 방문했다), 지칠 줄 모르고 강연하며 수많은 글을 썼다. 그 와중에도 시간을 내 보수당 텃밭이라 당선 가능성이 없는 첼시에서 의회 선거에 두 차례 출마했고, 두 번째와 세 번째 결혼을 통해 세 아이의 아버지가 되었으며, 평화로운 시대에 교육이 어떠해야 하는지 모범을 보이려고 서섹스 비컨힐에 학교를 열었다. 그는 자신이 전쟁 발발의 원인이라고 판단한 것들, 즉 국수주의와 종파 간 경쟁, 군국주의, 선전, 불관용, 호전성, 기술 등을 단순히 비난하는 데 그치지 않았다. 그는 자신이 확실하고 지속적인 평화를 구축하는 데 반드시 필요한 원칙이라고 여기는 것들, 즉 관용, 교육, 자유, 과학, 정의, 창의성을 증진하기 위해 강연, 에세이, 잡지 기고문, 책에서 긍정적인 말을 봇물처럼 쏟아냈다. 러셀이 쓴 책의 목록 일부만 봐도 그가 관심을 보인 범위와 독자층이 얼마나 넓은지 분명하게 알 수 있다. 『볼셰비즘의 실천과 이론The Practice and Theory of Bolshevism』(1920), 『러셀, 북경에 가다』와 『자유로운 사상과 관제 선전Free Thought and Official Propaganda』(1922), 『산업 문명화의 전망The Prospects of Industrial Civilization』, 『원자의 ABCThe ABC of Atoms』(1923), 『이카루스, 과학의 미래』(1924), 『볼셰비즘과 서구Bolshevism and the West』(1924), 『나는 무엇을 위해 살아왔는가』와 『상대성 이론의 참뜻』(1925), 『러셀의 교육론』(1926), 『철학 개요An Outline of Philosophy』와 『물질의 분석The Analysis of Matter』(1927), 『우리는 합리적 사고를 포기했는가』(1928), 『결혼과 도덕』(1929), 『행복의 정복The Conquest of Happiness』(1930), 『과학적 전망The Scientific Outlook』(1931), 『교육과 사회 질서Education and the Social Order』(1932), 『자유와 조직』(1934), 『과학이란 무엇인가』(1935), 『평화로 가는 길은 어느 쪽인가?Which Way to Peace?』(1936), 『권력』(1938)은 광범위한 독자층을 겨냥하고 자신이 역사의 원동력이라고 믿는 지적 여론을 형성하는 데 도움을 주겠다는 명백한 목적으로 쓴 책이다. 이 책들과 함께 수십 차례 진행한 강연과 수많은 기사는 우아하고 재치 있는 문체를 가진 작가, 능란하고 섬세한 논객, 성적 관습과 자녀 양육 방식에서부터 외교 정책과 경제 계획에 이르는 문제에 대해 파격적이고 과감한 관점을 지닌 명백한 '진보주의자'라는 새로운 명성을 러셀에게 안겨주었다.

제2차 세계대전이 발발했을 때 러셀은 자발적으로 미국에 망명한 상태였다. 그는 이 시기에 전쟁에 눈감으려는 영국의 외교와 국방 정책에 분노했고, 만연한 사회적·경제적 고통을 해소하려는 의지를 보이지 않는 내각에 혐오감을 느꼈으며, 자신의 아이들을 영국 국민으로 키워야 할지 확신하지 못했다. 그래서 1938년 우울하고 비관적인 상태로 영국을 떠나 시카고, 그다음 로스앤젤레스에서 단기 교수직을 맡았다. 1939년 가을, 전쟁이 시작되자 러셀은 영국으로 간절히 돌아가고 싶어 했다. 하지만 영국 정부는 과거에 그가 반전 활동을 했던 것만 기억할 뿐, 나치 독일과 파시스트 이탈리아에 맞서 진행 중인 전쟁에 대해 지지한 것은 믿으려 하지 않았고, 결국 러셀은 귀국할 수 없었다. 그뿐만이 아니었다. 뉴욕에서는 결혼과 성에 관한 급진적인 의견 때문에 논란에 휩싸였고, 펜실베이니아에서는 반스 재단에서 진행한 연속 강연 때문에 반감이 커졌다(반스 재단 강연은 당대 지식인들이 자신의 연구 결과를 대중에게 소개하는 시리즈 강연이었는데, 이 강연에서 러셀은 종교를 비판하고 성에 대한 개방적인 태도를 보여 큰 논란을 일으켰다—옮긴이). 이 때문에 러셀은 미국에 환멸을 느끼고 영국으로 돌아가겠다는 결심을 더욱 굳혔다.

기회는 1944년 여름에 찾아왔다. 당시 학장이자 그의 오랜 대학 친구인 G. M. 트레벨리안G. M. Trevelyan이 주선하여 트리니티 칼리지 캠브리지의 펠로우십에 선성된 것이다. 러셀은 이 제안을 기쁘게 받아들였다. 그 제안은 과거 그들이 저지른 잘못에 대한 크나큰 보상이자 20세기 탁월한 철학자 중 한 명으로 러셀을 인정한다는 공개 증언이었다. 러셀은 단순히 영국으로 돌아온 것이 아니라 자신이 사랑하는 트리니티로 돌아왔다. 또한 그가 쓴 책 중에서 가장 많이 읽히고 가장 많은 인세를 가져다준 대작 『서양철학사』(1945) 원고를 손에 들고 돌아왔다.

러셀은 케임브리지 대학에서 오랜 친구들, 과거의 적들, 군대에 가지 않은 몇 안 되는 학생들에게 따뜻한 환영을 받았다. 전쟁이 끝나고 노동당이 압도적으로 승리하고 『서양철학사』가 전례 없는 성공을 거두면서 러셀은 매우 존경받는 인물이 되었다.

대학 당국은 그에게 학생 지도도 강의도 요구하지 않았지만, 러셀은 일흔두 살이라고는 믿기지 않을 정도로 놀라운 체력과 열정으로 그 둘을 모두 해냈다. 열정적이고 자신을 잘 따르는 학생들은 그의 기쁨이었고, 그가 진행하는 윤리학, 인식론, 철학원론 같은 입문 강의는 케임브리지 대학에서 가장 넓은 강의실이 가득 찰 정도로 수강생이 많았다. 『서양철학사』(대부분 미국에서 강의한 내용을 편집한 것이다)에서 파생된 러셀의 강의는 기억에 남는 한 편의 공연 같았다. 명쾌하고 재치 있는 데다 권위에 얽매이지 않았으며, 크고 중요한 주제를 생동감 넘치는 풍부한 예시를 들어가며 설명했다. 러셀은 청중을 매료시키는 동시에 철학 연구의 도덕적 진지함과 지적 위대함을 열정적으로 전달했다. 케임브리지 청중들과 영어권 독자들에게 러셀은 과거 영국의 위대함을 이어주는 살아 있는 연결고리일 뿐 아니라, 파시즘이라는 악을 이기고 나치즘이라는 공포를 물리친 서구 문화의 강건한 화신이었다. 그래서 러셀은 말썽꾼이나 배신자가 아니라, 견고하게 지속되는 과거의 기반 위에 완전히 새로운 미래를 건설하기로 결심한 승전국 영국의 장식품으로 인식되었다. 『서양철학사』를 홍보한 담당자들은 러셀을 '영국의 가장 위대한 현존 철학자'로 선언했고, 그는 앵글로색슨 문화권에서 교육받은 계층이 보기에 자신의 책에 올릴 만한 자격이 있는 당대의 유일한 영국 사상가였다.

1945년부터 1955년까지 이어지는 10년 동안 러셀은 최고의 존경을 받았으며 만족스러운 시기를 보냈다. 영국에서 가장 유명한 대중 지식인이라는 지위와 그러한 역할을 수행하는 데 보인 새로운 원숙함은 곧 케임브리지를 넘어 훨씬 더 멀리까지 전파되었는데, 이는 주로 『서양철학사』의 놀라운 판매량 때문이었지만, 그의 지칠 줄 모르는 강연과 방송 활동 때문이기도 했다. 러셀은 순식간에 영국 문화원과 외무부가 즐겨 찾는 인기 있는 강연자가 되었고, 1916년에는 누구도 상상할 수 없었던 이러한 변화에 러셀은 놀라면서도 기쁨을 감추지 않았다. 러셀은 이 기관들의 요청으로 종전 직후 스위스, 스칸디나비아, 독일, 베네룩스, 프랑스를 여행하며 '문화와 국가', '윤리와 권력'과 같은 주제로 강연을 했다. 진정한 자유주의, 민주주의, 합리성을 논하는 공인된 목소리가 된 러셀은 새로 얻은 존경받는 지위를 즐겼을 뿐 아니라, 자유주의 원칙과 민주주의 가치의 옹호자로 전후 유럽의 지적, 문화적 재생에 어느 정도 직접적인 역할을 할 수 있었다.

BBC가 뒤늦게 러셀을 발견한 것도 이와 비슷한 공식 승인의 증거였다. 그는 인기 있는 BBC 라디오쇼 〈브레인스 트러스트The Brains Trust〉프로그램에 고정 출연했고, '문명의 미래'와 같은 거대한 주제를 이야기하는 단골 강연자가 되었으며, J. B. S. 홀데인과 프레더릭 코플스턴 같은 저명인사와 치열하게 논쟁하는 토론자가 되었을 뿐 아니라, 1948년 최초의 리스 강연자로 선정되는 영예를 안았다. 명예 학위, 기금 강좌, 수익성 높은 계약, 권위 있는 상이 그에게 쏟아졌고, 1949년 공로 훈장과 1950년 노벨 문학상 수상으로 그의 명성은 절정에 달했다.

『생각을 잃어버린 사회』가 출간된 때는 바로 이 기막힌 명성과 행운으로 가득한 놀라운 10년 가운데 한복판이었다. 러셀 책을 펴냈던 출판사 조지 앨런 앤드 언윈은 러셀이 썼다면 주제에 상관없이 거의 모든 책이 비평가들에게 주목받고 폭넓은 독자층을 형성한다는 걸 알아차렸다. 그래서 그에게 예전에 출판했던 『회의적인 에세이들』(1928)과 『게으름에 대한 찬양』(1935)처럼 발표되지 않았거나 이제는 구해 보기 힘든 글을 모아 책으로 내보자고 제안했다. 그는 출판사의 제안에 곧바로 동의했고, 이전에 썼던 글 여덟 편을 모으고 거기에 새로 네 편을 더 썼다.

그리하여 『생각을 잃어버린 사회』는 1930년대 후반의 「철학은 무엇을 꿈꾸는가」(1937), 「억압받는 이들이 품은 미덕」(1937), 「내가 쓰는 나의 부고」(1936)로 시작해 15년에 걸쳐 다양한 주제로 쓴 글이 모인 책이 되었다. 그러나 이 책의 중심 주제는 제2차 세계대전 직후 세계에 관해 새로 쓴 글, 즉 「철학의 눈으로 읽는 정치」(1947), 「철학을 시작하는 사람들을 위한 철학」(1950), 「인류의 미래에 대한 철학의 확신」(1950), 「현대적인 정신을 소유한다는 것」(1950), 「인류를 성장시킨 관념들」(1946), 「인류에 독이 된 관념들」(1946), 「내가 만난 유명인들」(1950)에 담겨 있다.

이 글에서 러셀은 나치즘이 끼치는 해악, 인종주의의 허상, 히틀러와 도조 히데키가 저지른 범죄를 반복적으로 언급하지만, 그럼에도 1930년대의 좌절과 비인간성보다는 1950년대의 희망과 전망을 말한다.

"지금은 인류가 직면한 가장 중요하고 결정적인 순간"(242쪽)이라고 확신한 러셀은 평화롭고 창의적인 새로운 세계를 세우기 위한 정치 원칙과 문화 가치를 설명하는 데 중점을 두었다. 『생각을 잃어버린 사회』의 모든 페이지에서 분명히 드러나듯, 러셀은 그러한 원칙과 가치의 본질이나 내용에 대해 조금도 의심하지 않았다. 실제로 그것은 그가 어린 시절에 배우고, 청소년기에 갈고 닦은 후, 좋은 시절이건 나쁜 시절이건 변함없이 옹호해 온 자유주의 신념이었다. 지적 자유, 정치 민주주의, 사법 정의, 과학 진보, 사회 복지, 개인 관용이 바로 그것이었다. 그러므로 『생각을 잃어버린 사회』는 단순히 잡다한 생각이 나열된 정치적 계산을 구구절절하게 표현한 책이 아니다. 오히려 태어날 때부터 러셀이 가지고 있었고, 평생에 걸쳐 노력해 온 새로운 세계가 반드시 뿌리 내려야 한다고 확신했던 자유주의 가치를 감동적으로 재확인하는 책이다.

러셀이 특유의 명료함과 재치를 담아 쓴 『생각을 잃어버린 사회』는 때로는 활기차고, 때로는 호전적이며, 때로는 진지하며, 번뜩이는 격언(확실성에 대한 요구는 지적 악덕이다)으로 가득 차 있다. 『서양철학사』와 『권위와 개인Authority and the Individual』(1949)의 뒤를 이어 인기 있는 방송과 강연으로 인기를 끌던 시점에서, 그리고 노벨 문학상 수상 직전에 출간된 이 책은 비평가들에게 찬사를 받았고 폭넓은 독자층을 얻었다. 비평가 레이먼드 모티머 Raymond Mortimer는 "비할 데 없는 지성"으로, 철학자 모리스 크랜스턴Maurice Cranston은 "열정적이고 끈질긴" 자유주의로 평가한 『생각을 잃어버린 사회』는 러셀이 쓴 책 중에서 접근하기 쉽고 인기 있는 책 중 하나가 되었다.* 주제의 명료함, 논증의 엄격함, 신념의 확실성에서 『생각을 잃어버린 사회』는 러셀의 삶과 사상에서 볼 수 있는 근본적인 통일성의 표현이자, 자유주의 전통 안에

---

* 『선데이 타임스』, 1950년 9월 24일자 3면, 『스펙테이터』, 1950년 10월 6일, 372-4쪽.

서 지속되는 활력의 증명이며, 앞으로 올 새로운 세계에 대한 용
감한 안내서이기도 하다.

커크 윌리스
조지아 대학교

머리말

원제에 대한 해명[*]

지난 15년 동안 여러 시기에 걸쳐 쓴 다음 에세이들은 대부분 우리가 겪은 비극적인 세기를 특징지었던 교조주의가 우파나 좌파에서 성장하지 못하도록 이런저런 방식으로 맞서는 데 목표를 두고 있다. 때로는 경망스럽게 보일 수도 있지만, 이 진지한 목적이 이 에세이에 영감이 되었다. 엄숙하고 훈계 투의 사람들에게 더욱 엄숙하고 더욱 훈계 투가 되어서는 성공적으로 맞서 싸울 수 없기에 다소 경망스럽게 썼다.

제목에 관해 한마디 하자면, 내가 쓴 책 『인간의 지식Human Knowledge』 서문에서 나는 이 책을 철학자들만을 위해 쓰는 것이 아니며, "본래 철학은 교양 있는 일반 대중의 관심사를 다룬다"고 말했다. 그러나 평론가들은 책 내용 일부가 어렵고, 내 말이 독자들을 오도할 수 있다며 나를 비난했다. 나는 또다시 이런 비난을 받고 싶지 않다. 따라서 이 책에는 특별히 둔한 열 살 아이들이 약간 당혹스러워할 만한 문장이 몇 개 있다는 점을 고백한다. 따라서 나는 이 에세이들이 대중적이라고 주장하지 않는다. 그러니 '인기 없는'이라는 제목이 어울리지 않겠는가.

버트런드 러셀

---

* 러셀은 이 책의 원제를 'UNPOPULAR ESSAYS'라고 반어적으로 지었다. 이는 당대 평론가들이 비난한 것에 대한 반발로 러셀 특유의 역설적인 유머감각을 잘 보여주는 대목이다.

1장

·········

세상을 보는
냉철한 철학적 시선

우리는 좌파건 우파건 그 어느 쪽에서도
교조주의에 굴복해서는 안 되며,
개인의 자유, 학문의 자유, 상호 관용의 가치를 굳게 믿어야 한다.
이러한 믿음이 없다면 정치적으로는 분열되었지만
기술적으로는 통합된 이 지구에서 오랫동안 살아가기
어려울 것이다.

영국인들은 탁월한 철학자들이거나 반대로 철학을 경멸한다는 점에서 현대 유럽의 다른 나라 사람들과 구별된다. 그 두 가지 현상 모두 영국인들이 현명하다는 사실을 보여준다. 그러나 철학에 대한 경멸도 어떤 체계적인 수준까지 발전하면 그 자체가 철학이 된다. 미국인들은 이런 철학을 '도구주의'라고 부른다. 그것이 나쁜 철학이라면 번개나 호랑이를 대할 때처럼 경계심을 가지고 조심스럽게 대해야 한다. 그러나 '좋은 철학'이라고 해서 마땅히 긍정적으로 받아들이고 존중해야 하는지는 답을 유보하겠다.

내가 강의할 주제인 철학과 정치의 관계는 유럽 대륙의 여러 나라와 달리 영국에서는 명료하게 드러난 적이 없다. 경험론은 대체로 자유주의와 연결되지만, 데이비드 흄은 보수당 지지자였다. 한편 철학자들이 '관념론'이라고 부르는 것은 대체로 보수주의와 연결되지만 토머스 힐 그린은 자유당 지지자였다. 유럽 대륙에서는 이 구분이 더 명확해서, 어떤 학설을 대할 때 각 부분을 따로 따로 받아들이지 않고, 전부 다 받아들이거나 전부 다 받아들이지 않는 경향이 강했다.

철학은 대다수 문명국에서 당국의 공식 견해를 담는 그릇이었으며, 자유민주주의가 지배하는 나라를 제외하고는 지금도 여전히 그렇다. 가톨릭교회는 아퀴나스 철학과 연관되어 있고, 소련 정부는 마르크스 철학과 연결되어 있다. 나치스는 독일 관념론을 지지했지만 칸트, 피히테, 헤겔에 얼마나 충성해야 하는지는 명확히 규정하지 않았다. 가톨릭 신자, 공산주의자, 나치스는 모두 자신들의 실제 정치관이 이론 철학과 밀접하게 연관되어 있다고 생각했다. 자유민주주의는 성공 초기에 로크가 발전시킨 경험론과 연결되어 있었다. 나는 철학과 정치 체제 간의 이러한 관계를 실존했던 방식 그대로 살펴보고, 이것이 얼마나 타당한 논리 관계인지, 그리고 논리적이지 않더라도 어느 정도 심리적 필연성을 가지는지 탐구하고자 한다. 논리적이든 심리적이든 어느 하나라도 존재한다면 한 사람의 철학은 실제적으로 중요하며, 인류 대다수의 행복이나 불행과 밀접한 관련을 맺고 있기 때문이다.

'철학'이라는 단어의 의미는 결코 고정되어 있지 않다. '종교'라는 단어와 마찬가지로, 철학은 역사상 여러 문화 특징을 설명할 때 하나의 의미를 가지며, 오늘날 바람직하다고 여겨지는 정신 연구나 사고방식을 나타낼 때 또 하나의 의미를 갖는다. 서구 민주주의 국가의 대학에서 추구하는 철학은, 적어도 의도에서만큼은, 지식 추구의 일부로서 과학이 추구하는 것과 같은 종류의 객관성을 목표로 하며, 정부에 도움이 되는 결론에 도달하도록 당국의 압력을 받지도 않는다. 많은 철학 교수들은 학생들의 정치관에 영향을 미치려는 의도뿐만 아니라 철학이 덕을 가르쳐야 한다는 견해도 거부할 것이다. 그들은 이것이 물리학자나 화학자와 마찬가지로 철학자와도 거의 관련이 없다고 말할 것이다. 그들은 지식 교육이 대학 교육의 유일한 목적이어야 하며, 덕을 가르치는 일은 부모, 교사, 교회에 맡겨야 한다고 말할 것이다.

내가 공감하는 이러한 철학관은 매우 현대적이며, 심지어 현대 세계에서도 예외에 속한다. 고대부터 내려온 지배적인 견해는 이와는 다르며, 철학이 사회적, 정치적 중요성을 갖게 된 것은 그 다른 견해 때문이었다.

역사적으로 통상적인 의미의 철학은 과학과 종교를 통합하려는 시도, 또는 더 정확히 말하면 우주의 본질과 그 안에서 인간의 위치에 대한 교리, 그리고 최선의 삶의 방식으로 여겨지는 것을 가르치는 실용적 윤리를 결합하려는 시도에서 시작되었다. 철학은 적어도 명목상으로는 권위나 전통에 의존하지 않는다는 점에서 종교와 구별되었고, 사람들에게 어떻게 살아야 하는지를 말해주는 것이 핵심 목적이라는 점에서 과학과 구별되었다. 철학의 우주론과 윤리론은 밀접하게 연결되어 있었다. 때로는 윤리적 동기가 철학자의 우주관에 영향을 미쳤고, 때로는 우주에 대한 견해가 윤리적 결론으로 이어졌다. 그리고 대부분의 철학자들에게 윤리적 의견은 정치적 결과를 수반했다. 어떤 이들은 민주주의를 높이 평가했고, 다른 이들은 과두제를 선호했다. 어떤 이들은 자유를 찬양했고, 다른 이들은 규율을 칭송했다. 거의 모든 유형의 철학을 그리스인들이 발명했고, 우리 시대 여러 논쟁은 이미 소크라테스 이전 철학자들 사이에서 활발히 이루어졌다.

윤리학과 정치학의 근본 문제는 사회생활의 필요성과 개인적 욕구의 긴급성을 조화시킬 방법을 찾는 것이다. 이는 다양한 장치를 통해 달성되었다. 정부가 존재하는 곳에서는 형법을 사용하여 정부에 속하지 않은 사람들의 반사회적 행동을 막을 수 있었으며, 불복종을 불경죄로 가르치는 곳에서는 종교가 법을 강화할 수 있었다. 통치자들에게 자신의 도덕규범을 강제할 만큼 영향력 있는 성직자 계급이 있는 곳에서는, 통치자들조차 어느 정도 법의 지배를 받았다. 이에 대한 사례는 구약성서와 중세 역사에서 수없이 볼 수 있다. 세상의 신성한 통치를 진심으로 믿고, 내세의 상벌 체계를 믿는 왕들은 자신이 전능하지 않으며 죄를 면할 자격도 없다고 느꼈다. 이러한 감정은 『햄릿』에서 클로디어스 왕이 천벌의 엄격함을 왕권에 복종하는 세속 판사들의 비굴함과 대비할 때 드러난다.

철학자들은 사회 결속력을 유지하는 문제를 다룰 때, 공인된 종교가 제공하는 것보다 교리에 덜 의존하는 해결책을 모색했다. 대부분의 철학은 회의주의에 대한 반작용이었다. 철학은 권위가 사회적으로 필요한 최소한의 믿음을 만들어내기에 충분하지 않아서, 같은 결과를 얻기 위해 명목상 합리적인 논거를 발명해야 했던 시대에 생겨났다. 고대와 현대의 철학 대부분을 감염시킨 위선은 이런 동기에서 생겨났다. 명확한 사고가 무정부 상태로 이어질 것이라는 두려움이 있었고, 이 두려움으로 철학자들은 오류와 모호함이라는 안개 속에 숨었다.

물론 예외도 있었다. 가장 주목할 만한 예는 프로타고라스와 데이비드 흄이다. 둘 다 회의주의에 영향을 받아 정치적으로는 보수적이었다. 프로타고라스는 신이 존재하는지는 모르지만 어쨌든 그들을 숭배해야 한다고 주장했다. 그에 따르면 철학은 교훈을 가르칠 수 없으며, 도덕이 살아남기 위해서는 대중의 생각 없음과 배운 대로만 믿으려는 의지에 의존해야 한다. 따라서 전통적인 대중의 힘을 약화시킬 어떤 짓도 해서는 안 된다.

어느 정도까지는 흄도 이와 같았다고 할 수 있다. 그는 스스로 인정했듯이 삶의 지침으로 삼을 수 없는 회의적 결론을 제시한 후 현실적인 조언을 했는데, 그의 조언을 따른다면 아무도 그의 책을 읽지 않았을 것이다. 그는 "무심함과 부주의만이 우리에게 치유책을 줄 수 있다. 그래서 나는 전적으로 그것들에 의존한다"고 말한다. 그는 이와 관련하여 자신이 왜 보수당원인지 이유를 설명하지 않는다. 하지만 '무심함과 부주의'가 현상 유지를 묵인하는 것으로 이어질 수는 있지만, 그것만으로는 이런저런 개혁 계획을 옹호하게 만들 수 없다는 것은 분명하다.

토머스 홉스는 흄보다 덜 회의적이었지만, 정부가 신성한 기원을 가지지 않는다는 점을 똑같이 확신했으며, 불신을 통해 극단적 보수주의를 옹호했다.

프로타고라스는 플라톤이, 흄은 이마누엘 칸트와 헤겔이 '반박'했다. 각각의 경우에 철학계는 안도의 숨을 쉬었고, '반박'의 지적 타당성을 너무 세밀히 검토하지 않았다. 이 '반박'은 각각 정치적, 이론적 결과를 가져왔다. 비록 흄을 향한 '반박'의 경우, 정치적 결과를 발전시킨 것은 자유주의자 칸트가 아니라 반동적인 헤겔이었지만 말이다.

그러나 프로타고라스와 흄 같은 철저한 회의주의자들은 결코 영향력 있는 존재가 되지 못했고, 주로 이들은 반동주의자들이 사람들을 비합리적 독단주의로 몰아넣기 위해 사용하는 공포의 대상으로 이용되었다. 플라톤과 헤겔이 맞서 싸워야 했던 진정으로 강력한 적수는 회의주의자가 아니라 경험론자였다. 플라톤에게는 데모크리토스가, 헤겔에게는 존 로크가 그 상대였다. 각각의 경우에 경험론은 민주주의나 공리주의 윤리와 다소 연관되어 있었다. 또한 각각의 경우에 새로운 철학은 그것을 평범한 상식적 철학보다 더 고귀하고 심오한 철학으로 제시하는 데 성공했다. 이 새로운 철학은 가장 숭고한 것의 이름을 걸고 불의, 잔인함, 반 진보에 맞서 싸우는 투사가 되었다. 헤겔의 경우 이것이 어느 정도 인정되고 있지만, 플라톤의 경우는 최근 K. R. 포퍼 박사가 자신의 저서에서 탁월하게 주장했듯이 일종의 모순으로 남아 있다.*

고대 그리스의 철학사가 디오게네스 라에르티오스에 따르면 플라톤은 데모크리토스의 모든 책을 불태워야 한다는 견해를 표명했다. 데모크리토스의 저작 중 어느 것도 살아남지 못했으니 그의 바람은 이루어진 셈이다. 플라톤은 그의 『대화편』에서 데모크리토스를 결코 언급하지 않았다. 그러나 아리스토텔레스는 그의 교리에 대해 어느 정도 설명했고, 에피쿠로스는 그를 통속화했다. 마지막으로 루크레티우스는 에피쿠로스의 교리를 시로 만들었다. 루크레티우스는 운 좋게 겨우 살아남았다. 아리스토텔레스의 논쟁과 루크레티우스의 시를 바탕으로 데모크리토스를 재구성하는 것은 쉽지 않다. 마치 우리의 선천적 관념을 반박한 로크와 헨리 본의 시 구절 "나는 어젯밤에 영원을 보았다"를 근거로 플라톤을 재구성하는 것과 같다. 그럼에도 플라톤이 데모크리토스를 얼마나 증오했는지 설명하고 비난하기는 충분하다.

데모크리토스는 (레우키포스와 함께) 원자론의 창시자로 유명하다. 그는 형이상학자들이 반대했는데도 원자론을 주장했는데,

---

* 『열린 사회와 그 적들』. 똑같은 주장이 내가 쓴 『서양철학사』에서도 유지된다.

이러한 반대는 데카르트와 라이프니츠를 포함한 그들의 후계자들에게까지 이어졌다. 그러나 그가 주장한 원자론은 철학 세계에서 일부일 뿐이었다. 그는 유물론자, 결정론자, 자유사상가, 강렬한 모든 열정을 싫어하는 공리주의자, 천문학적·생물학적 진화론의 신봉자였다.

유사한 견해를 가진 18세기 철학자들처럼, 데모크리토스는 열렬한 민주주의자였다. 그는 "민주주의에서 빈곤은 독재자들 아래에서 번영이라 불리는 것보다, 마치 자유가 노예제보다 선호되는 것만큼 선호되어야 한다"고 말한다. 데모크리토스는 소크라테스, 프로타고라스와 동시대인이었고, 프로타고라스와는 동향이었다. 그는 펠로폰네소스전쟁 초기에 활약했지만, 그 전쟁이 끝나기 전에 사망했을 수 있다. 전쟁은 헬레니즘 세계 전체에서 일어나고 있던 민주주의와 과두제 간에 벌어진 투쟁을 격화시켰다. 스파르타는 과두제를 지지했다. 플라톤의 가족과 친구들도 마찬가지였고, 이로 인해 그들은 매국노가 되었다. 그들이 배신했기 때문에 아테네가 패배했다고 비난받은 것이다. 그 패배 이후, 플라톤은 스파르타의 헌법에서 주요 특징을 따온 유토피아를 구상함으로써 승자들을 찬양하기 시작했다. 그러나 플라톤의 예술적 재능은 너무나 뛰어나서, 자유주의자들은 그의 제자인 레닌과 히틀러가 실용적인 해석을 제공할 때까지 그의 반동적 경향을 알아채지 못했다.**

플라톤이 쓴 『국가』가 정치적 측면에서 품위 있는 사람들에게 존경받아 왔다는 사실은 아마도 역사상 가장 놀라운 문학적 스노비즘의 사례일 것이다. 이 전체주의 논문의 몇 가지 요점을 살펴보자.

『국가』에서 모든 것의 위에 위치한 교육의 주요 목적은 전투에서 용기를 생산하는 것이다. 이를 위해 어머니와 유모들이 어린 아이들에게 들려주는 이야기에 엄격한 검열을 가해야 한다. 호메로스는 영웅들을 슬프게 하고 신들을 웃게 하는 타락한 시인이기 때문에 읽어서는 안 된다. 연극은 악당과 여성이 등장하기 때문에 금지되어야 한다. 음악은 현대식 제목으로 말한다면 「브리타니아여 통치하라」와 「영국 척탄병」과 같은 특정 종류만 허용되어야 한다. 정부는 속임수와 거짓말에 능한 소수 과두정의 손에 좌우된다. 그들은 우생학적 목적을 위해 제비뽑기를 조작하고, 속임수로 상류층과 하류층 사이에 생물학적 차이가 있다고 대중을 설득한다. 마지막으로 지배자가 제비뽑기를 통해 의도했던 결과에서 벗어난 아이들이 태어났을 때 대규모 영아 살해가 실행된다.

** 1920년에 나는 공산주의자들과 플라톤주의자들에게 똑같이 분노를 느끼고 소련과 플라톤의 『국가』를 비교했다. 이는 공산주의자와 플라톤주의자 모두의 분노를 샀다.

플라톤에 따르면 이러한 공동체에서 사람들이 행복한지 어떤지는 중요하지 않다. 덕이란 부분이 아닌 전체에 내재하기 때문이다. 플라톤이 말한 도시 국가는 천국에 놓인 영원한 도시의 복사본이다. 아마도 천국에서 가면 그곳이 우리에게 제공하는 방식으로 존재의 즐거움을 느낄 수 있을 것이다. 그러나 우리가 그러한 즐거움을 이 지상에서 누리지 못한다면 우리에게는 오히려 손해일 뿐이다.

이 체제는 귀족적 편견과 '신성한 철학'이 결합하면서 설득력을 얻는다. 신성한 철학이 없다면 억압은 더 명백해질 것이다. 독자는 선善이나 불변에 대한 좋은 이야기에 현혹되어 철인이 국가를 통치해야 하며, 이 지배자의 목적은 천국이 그러한 것처럼 지상에서도 현 상태를 유지해야 한다는 학설에 동의하게 된다. 강한 정치적 신념을 가진 모든 사람들(그리스인들은 놀랍도록 격렬한 정치 열정을 지닌 민족이었다)에게 '선한 자들'은 자신의 당파에 속한 사람들이며, 만약 그들이 원하는 헌법을 수립할 수 있다면 그들은 더 이상 변화는 필요하지 않다고 여길 것이다. 플라톤도 그렇게 생각했지만, 그는 자신의 생각을 형이상학적 안개 속에 감추고 그 생각에 비개인적이고 공평한 외관을 입혀 수 세기 동안 세상을 속였다.

플라톤이 파르메니데스로부터 도출하고 그의 이데아론에 구현한 정적靜的인 완벽성이라는 이상은 일반적으로 인간사에 적용할 수 없는 것으로 인식된다. 인간은 끝없이 움직이는 동물로, 보아뱀처럼 한 달에 한 번 포식을 하고 남은 시간 내내 잠을 자는 것에 만족하지 않는다. 인간에게는 행복을 위해 다양한 것을 향유하는 즐거움뿐만 아니라 희망과 모험, 변화가 필요하다. 홉스가 말했듯이 "행복은 현재의 성공에 있는 것이지 과거의 성공에 있는 것이 아니다." 현대 철학자들 사이에서 영원불변한 행복이라는 이상은 진화라는 이상으로 대체되었다. 진화란 목표를 향해 질서정연하게 나아가는 과정으로, 그 목표는 결코 완전히 달성되지 않거나, 적어도 내가 이 글을 쓰는 시점까지는 달성되지 않은 것으로 여겨진다. 이러한 관점의 변화는 갈릴레오 갈릴레이에서 시작된 동역학이 정역학으로 대체되는 일부이며, 이는 과학적이든 정치적이든 모든 현대 사상에 점점 더 큰 영향을 미치고 있다.

변화와 진보는 다른 것이다. '변화'는 과학적이고, '진보'는 윤리적이다. 변화는 의심의 여지가 없지만, 진보는 논란의 여지가 있다. 먼저 과학에서 나타난 변화를 살펴보자.

갈릴레이 시대까지 천문학자들은 아리스토텔레스를 따라 달부터 그 위의 모든 천체는 변하지 않고 부패하지 않는다고 믿었다. 그러나 프랑스의 천문학자이자 수학자 피에르시몽 라플라스가 『천체 역학』을 쓴 이후로는 어떤 명망 있는 천문학자도 이 견해에 찬성하지 않았다. 우리는 이제 성운, 별, 행성이 모두 천천히 변화한다고 믿는다. 예를 들어, 시리우스의 동반성 같은 별 일부는 '죽은 별'이다. 그 별들은 어느 시점에 대격변을 통해 스스로 방출하는 빛과 열의 상당량을 잃었다. 철학자들이 편협하고 과도한 관심을 갖는 우리 행성도 한때는 생명을 지탱하기에 너무 더웠고, 시간이 지나면 너무 추워질 것이다. 지구가 무해한 삼엽충과 나비를 탄생시켰던 시대를 지나, 진화는 네로, 칭기즈칸, 히틀러를 탄생시키는 지점까지 진행되었다. 그러나 이는 지나가는 악몽일 뿐이다. 시간이 지나면 지구는 다시 생명을 유지할 수 없는 곳이 되고, 평화가 돌아올 것이다.

그러나 과학이 제공하는 이 무의미한 널뛰기에 철학자들은 만족하지 못했다. 그들은 진보의 공식을 발견했다고 주장하면서 세계가 점점 더 그들의 마음에 들도록 변화하고 있음을 보여주려 했다. 이러한 유형의 철학을 만드는 비결은 간단하다. 철학자는 먼저 현존하는 세계의 특징 가운데 어떤 것이 자신에게 즐거움을 주고, 어떤 것이 고통을 주는지 결정한다. 그런 다음 여러 사실을 신중하게 선택함으로써 우주가 자신이 즐겁다고 여기는 것을 늘리고, 불쾌하다고 여기는 것을 줄이는 일반적인 법칙을 따르고 있다고 스스로를 설득한다. 이렇게 진보의 법칙을 공식화한 후, 철학자는 대중에게 말한다. "세계는 내가 말한 대로 발전한다. 그것이 숙명이다. 따라서 승리하는 쪽에 서기를 원하는 사람들, 피할 수 없는 것에 대해 헛된 전쟁을 벌이고 싶지 않은 사람들은 내 편에 서게 될 것이다." 그를 반대하는 사람들은 비철학적이고, 비

과학적이며, 시대에 뒤떨어진 것으로 비난받는 반면, 그에게 동의하는 사람들은 우주가 그들의 편이기 때문에 승리할 것이라고 확신한다. 동시에 승리하는 쪽은, 다소 모호한 이유로, 선善의 편이라고 표현된다.

이러한 관점을 처음으로 발전시킨 사람은 헤겔이다. 헤겔 철학은 너무나 기이해서 정상적인 사람들이 그의 철학을 받아들일 수 있다고 기대한 사람은 없었을 것이다. 그러나 헤겔은 해냈다. 그는 자신의 철학을 너무나 모호하게 제시했고 사람들은 그것이 심오하다고 생각했다. 헤겔의 철학은 한 음절의 단어로 명확하게 설명할 수 있는데, 그렇게 하는 순간 헤겔 철학의 모순은 분명해진다. 다음에 나오는 내용은 농담이 아니지만, 헤겔주의자들은 농담이라고 주장할 것이다.

헤겔 철학을 요약하면 다음과 같다. 파르메니데스와 플라톤의 철학처럼 진정한 실재는 시간을 초월한다. 그러나 동시에 공간과 시간 속 일상 세계로 구성된 현상적 실재도 존재한다. 진정한 실재의 특성은 논리만으로 결정될 수 있다. 자기 모순적이지 않은 가능한 실재는 오직 한 종류뿐이기 때문이다. 이를 '절대 이념'이라고 부른다. 헤겔은 이에 대해 다음과 같이 정의한다. "절대 이념. 이 이념은 주관적 이념과 객관적 이념의 통일로서 이념의 개념이다. 그 개념의 대상은 이념 자체이며, 그 객체 또한 이념으로서 모든 특성을 그 통일성 안에 포괄하는 대상이다." 이 문장의 빛나는 명료함을 나의 해설로 망치고 싶지는 않지만 "절대 이념은 순수한 관념에 관하여 사유하는 순수한 관념이다"라고 표현할 수 있을 것이다. 헤겔은 모든 실재가 관념임을 자신이 만족스러운 방식으로 증명했다. 이로부터 관념은 관념 외에 다른 것에 대해 사유할 수 없다는 결론이 나온다. 이 주장이 어리석다고 여기는 사람들은 이렇게 말할 수 있다. "나는 남미 최남단의 곶인 케이프 혼과 남극, 에베레스트 산, 안드로메다대성운에 대해 생각하는 걸 좋아한다. 지구가 식어가는 동안 바다가 끓고 화산이 밤낮으로 솟았다 가라앉았던 시대를 상상하는 것을 즐긴다. 당신이 말한 대로 말장난이나 하는 교수들의 지루한 사변으로 머리를 채우라는 조언은 참을 수 없을 정도로 답답하다. 정말로 그것이 당신의 '행복한 결말'이라면, 나는 그곳에 도달하기 위해 그 모든 장황한 말을 헤쳐 나갈 가치가 없다고 생각한다." 그리고 이 말과 함께 그들은 철학에 작별을 고하고 오래오래 행복하게 살 것이다.

하지만 우리가 이들에게 동의한다면, 그것은 헤겔에게 불의를 저지르는 일이다. 헤겔은 그 이유를 다음과 같이 지적할 것이다. 절대자는 아리스토텔레스의 신처럼 다른 모든 것이 환상임을 알기 때문에 자기 자신밖에 생각하지 않지만, 우리는 현상 세계에서 살도록 강요받은 시간적 과정의 노예로서 부분만을 보고 신비한 통찰의 순간에만 희미하게 전체를 이해할 뿐이다. 환상의 환상적 산물인 우리는 케이프 혼이 단순히 신의 마음속 생각이 아니라 실제로 존재한다고 생각할 수밖에 없다. 우리가 케이프 혼에 대해 생각한다고 여길 때, 실재에서는 절대자가 케이프 혼에 관한 관념을 인식하는 것이다. 절대자는 실제로 그런 관념, 또는 그가 시간을 초월하여 생각하는 관념의 한 측면을 소유하며, 이것이 케이프 혼에 속한 유일한 실재다. 그러나 우리는 그런 높은 경지에 도달할 수 없기 때문에, 일반적인 지리학적 방식으로 케이프 혼을 생각하는 것이 우리가 할 수 있는 최선이다.

그러나 어떤 이는 이렇게 물을지도 모른다. "이 모든 것이 정치와 무슨 관련이 있는가?" 얼핏 보기에는 별로 관련이 없어 보일 수 있다. 그러나 헤겔에게는 명백하게 연관성이 있다. 그의 형이상학에 따르면 진정한 자유는 독단적 권위에 복종하는 데 있고, 언론의 자유는 악이며, 절대 군주제가 좋고, 그가 글을 쓸 당시 프로이센은 가장 훌륭한 국가였으며, 전쟁은 좋은 것이고, 분쟁을 평화적으로 해결하기 위한 국제 조직은 불행한 일이라는 결론이 나온다.

독자 중 일부는 어떻게 이러한 결론이 도출되는지 단번에 이해하지 못할 수도 있다. 그래서 중간 단계에 대해 몇 마디 설명하려고 하니 양해를 바란다.

시간이 비실재적이라 할지라도 역사를 구성하는 일련의 현상은 현실과 독특한 관계를 가진다. 헤겔은 '변증법'이라 불리는 순수하게 논리적인 과정을 통해 현실의 본질을 발견했다. 이는 추상적 개념의 모순을 발견하고 그것을 덜 추상적으로 만들어 수정하는 과정으로 이루어진다. 이러한 각각의 추상적 개념은 '이념'의 발전 단계로 여겨지며, 마지막 단계는 '절대 이념'이다.

역사의 시간적 흐름은 변증법의 논리적 발전을 반복하는데, 이상하게도 헤겔은 그 이유를 밝히지 않았다. 형이상학이 모든 현실에 적용된다고 주장한다면 이에 상응하는 시간적 과정이 우주적이라고 생각할 수 있지만, 전혀 그렇지 않다. 그것은 순전히 지구에서만 일어나는 것이며, 기록된 역사에 국한되며, (믿기 힘들겠지만) 헤겔이 알고 있던 역사에 한정된다. 다른 시대의 서로 다른 국가들은 그 시대의 변증법이 도달한 이념의 단계를 구현했다. 헤겔이 중국에 대해 아는 것은 그저 중국이 존재한다는 사실뿐이었기에, 중국은 단순한 존재의 범주를 보여주었다. 인도에 대해서는 불교도들이 열반을 믿는다는 것만 알고 있었기에, 인도는 무無의 범주를 보여주었다. 그리스인들과 로마인들은 범주 목록에서 훨씬 더 넓은 부분을 차지하지만, 이념의 후기 단계는 모두 독일인이 차지했다. 독일인은 로마 멸망 이후 이념의 유일한 기수가 되어 1830년경에는 이미 절대 이념을 거의 실현했다.

인간이 다소나마 이성적인 동물이라는 희망을 여전히 품고 있는 사람이라면, 이러한 궤변이 성공했다는 게 놀라울 것이다. 헤겔 당대에 그의 사상 체계는 대학 교육을 받은 대부분의 젊은 독일인들이 받아들였다. 이는 아마도 헤겔이 독일인의 자존심을 만족시켰기 때문일 것이다. 더 놀라운 것은 독일 밖에서도 성공을 거두었다는 점이다. 내가 젊었을 때 영국과 미국 대학의 철학 교수 대부분은 헤겔주의자였다. 그래서 나는 헤겔을 읽기 전까지는 그의 사상 체계에 어떤 진실이 있을 것이라고 생각했다. 그러나 그가 수학 철학에 대해 말한 모든 것이 순전히 궤변이라는 것을 발견하고 나서 그런 생각에서 벗어났다.

가장 기이한 것은 헤겔이 칼 마르크스에게 끼친 영향이다. 마르크스는 헤겔의 가장 공상적인 신조 중 일부, 특히 역사가 논리적 계획에 따라 발전한다는 믿음과, 순수하게 추상적인 변증법처럼 자기모순을 피하는 방법을 찾는 데 관심이 있다는 믿음을 받아들였다. 만약 당신이 이 교리에 의문을 제기한다면 당신을 숙청할 나라가 이 지구상에는 무척이나 많으며, 소련에 정치적으로 동조하는 서구의 저명한 과학자들은 자존심 있는 논리학자라면 누구도 인정할 수 없는 방식으로 '모순'이라는 단어를 사용함으로써 소련에 대한 동조를 내비친다.

헤겔과 같은 사람의 정치와 형이상학 사이의 연관성을 추적할 때, 우리는 그의 실천 강령에 매우 일반적으로 나타나는 특징을 숙지해야 한다. 헤겔이 프로이센을 찬양한 것은 우연한 일이었다. 헤겔은 젊은 시절에 나폴레옹을 열렬히 찬양했고, 프로이센 정부에 의해 고용되었을 때 비로소 독일 애국자가 되었다. 심지어 그는 자신의 최신 역사철학에서도 여전히 알렉산더, 카이사르, 나폴레옹을 도덕률 의무에서 면제될 권리가 있을 만큼 위대한 인물로 언급한다. 헤겔 철학이 헤겔에게 찬양하도록 강요한 것은 프랑스에 대항하는 독일이 아니라, 질서, 체계, 규제, 그리고 정부 통제의 강도였다. 국가에 대한 그의 신격화는 그 국가가 나폴레옹의 전제정치하에 있는 국가였다 해도 충격적이었을 것이다. 그는 대부분의 사람들은 세상에 무엇이 필요한지 알지 못하지만 자신은 알고 있다고 생각했다. 강력한 정부는 민주주의가 결코 할 수 없는 방식으로 사람들이 최선을 다하도록 강요할 수 있다고 여겼다. 헤겔이 깊은 영향을 받은 헤라클레이토스는 이렇게 말한다. "모든 짐승은 채찍으로 때려야 목초지로 간다." 그러니 어쨌든 우리는 채찍을 확보하자. 그 채찍이 우리를 목초지로 이끄는지는 중요하지 않다. 물론 '가축들' 입장에서 보면 다르겠지만 말이다.

오늘날 헤겔이나 마르크스 추종자들이 옹호하는 것과 같은 독재 체제는 의문의 여지없이 교리를 추종해야만 이론적으로 정당화될 수 있다. 만약 당신이 인간의 삶과 관련된 우주의 목적이 무엇인지, 무슨 일이 일어날 것인지, 그리고 사람들이 그렇게 생각하지 않더라도 그들에게 무엇이 좋은지 확실히 안다면, 또한 헤겔이 말했듯이 그의 역사 이론이 "내가 전체 영역을 탐구했기 때문에 알게 된 결과"라고 말할 수 있다면 목표를 달성하기 위한 어떤 강압도 과하지 않다고 느낄 것이다.

민주주의를 이론적으로 정당화하고, 그 사고방식에서 민주주의와 일치하는 유일한 철학은 경험론이다. 근대에서 경험론의 창시자로 간주되는 존 로크는 경험론이 자유와 관용에 대한 그의 견해, 절대 군주제에 반대하는 그의 태도와 얼마나 밀접하게 연관되어 있는지 분명히 밝힌다. 그는 우리 지식의 대부분이 불확실하다는 점을 쉬지 않고 강조한다. 이는 흄과 같은 회의주의적 태도에서가 아니라, 사람들이 자신이 틀릴 수 있다는 것을 인식하고 자신과 다른 의견을 가진 사람들을 대할 때 이 가능성을 생각해야 한다는 점에서 그렇다. 그는 신교도들의 '열광'과 왕권신수설의 교리가 불러온 악행을 목격했다. 이 둘 모두에 대항하기 위해 그는 단편적이고 임시방편인 정치 이론을 모았다. 이런 시도가 실제 성공하는지 그때마다 검증하는 게 그의 목적이었다.

넓은 의미에서 자유주의 정치 이론이라고 할 수 있는 것은 상업에 의해 재생산되는 산물이다. 이에 대한 첫 번째 사례는 이집트와 리디아와 교역하며 살았던 소아시아의 이오니아 지방의 여러 도시에서 찾아볼 수 있다. 페리클레스 시대의 아테네가 상업적으로 번영하자 아테네인들은 자유주의자가 되었다. 그로부터 긴 암흑기가 지난 후 자유주의 사상이 중세 롬바르디아의 여러 도시에서 부활하여 이탈리아에서 우세하다가 16세기에 에스파냐인에게 소멸되었다. 그러나 에스파냐인은 네덜란드를 재정복하거나 영국을 정복하는 데 실패했고, 17세기에는 이 나라들이 자유주의의 옹호자이자 상업의 선두주자가 되었다. 오늘날에는 그 리더십이 미국으로 넘어갔다.

상업과 자유주의를 연관 짓는 이유는 분명하다. 사람들은 교역으로 자신들과는 다른 민족의 관습과 접촉하게 되었고, 이로써 세계 곳곳을 여행해 보지 않은 사람들의 독단은 파괴되었다. 구매자와 판매자의 관계는 자유로운 두 당사자 간의 협상과 유사하다. 이는 구매자나 판매자가 상대방의 관점을 이해할 수 있을 때 가장 이익을 얻는다. 물론 칼끝을 들이대며 구매를 강요하는 제국주의 상업도 존재한다. 그러나 이러한 방식은 자유주의 철학을 생성하지 못한다. 자유주의 철학은 군사력은 크지 않지만 부를 가진 교역 도시에서 가장 크게 번성했다. 고대와 중세의 상업 도시와 가장 유사한 예는 스위스, 네덜란드, 스칸디나비아 같은 작은 나라에서 찾아볼 수 있다.

실제로 자유주의의 실천적 신조는 나도 살고 너도 살게 하는 것이고, 공공질서가 허용하는 내에서 관용과 자유를 누리는 것이며, 정치 제도에서 중용을 지키고 광신을 피하는 것이다. 심지어 민주주의에 대해서도 광신에 빠지면 크롬웰 치하의 잉글랜드와 로베스피에르 치하의 프랑스에서 그랬던 것처럼 민주적 제도를 불가능하게 만든다. 진정한 자유주의자는 '이것이 진실이다'라고 말하지 않고, '현재 상황에서는 아마도 이 의견이 최선일 것이라고 생각한다'라고 말한다. 그리고 그는 오직 이러한 제한적이고 독단적이지 않은 의미에서만 민주주의를 옹호할 것이다.

그렇다면 자유주의적 관점이 타당한지 그렇지 않은지와 관련하여 이론 철학은 어떤 이야기를 할 수 있을까?

자유주의 관점의 본질은 '어떤' 의견을 갖느냐가 아니라 '어떻게' 의견을 주장하느냐에 있다. 자유주의자는 자신의 의견을 독단적이 아닌 잠정적으로 주장하며, 새로운 증거가 나오면 언제든 자신의 의견을 철회할 수 있다고 생각한다. 이는 신학적인 방법과는 대조적인 과학적인 방식이다. 니케아 공의회에서 내린 결정은 지금도 권위를 유지하지만, 4세기의 과학 지식은 오늘날 더이상 무게감이 없다. 소련에서는 변증법적 유물론에 대한 마르크스의 견해를 아무런 의문 없이 받아들여서 유전학자들이 최고의 밀 품종을 얻는 방법을 결정할 때도 이 견해에 도움을 받지만,*** 다른 나라에서는 최고의 밀 품종을 얻는 올바른 방법은 실험이라고 생각한다. 과학은 경험적이고, 잠정적이며, 독단적이지 않다. 불변하는 모든 교리는 비과학적이다. 따라서 실천적 영역에서 과학적 견해는 자유주의적 견해에 지적知的으로 대응한다.

경험론적 인식론을 처음으로 상세히 발전시킨 로크는 한편으로는 종교적 관용, 대의 제도, 견제와 균형의 시스템을 통해 정부 권력을 제한하는 제도를 설파했다. 그의 이론 가운데 몇 가지는

*** 허드슨, 리첸스, 『소련의 새로운 유전학』(케임브리지, 1946) 참조.

새롭지 않지만, 그는 영국 정부가 그 이론을 받아들일 준비가 되어 있던 바로 그 순간에 설득력 있는 방식으로 그 이론을 발전시켰다. 1688년 명예혁명 당시 그는 다른 사람들처럼 마지못해 반역에 동참했고, 전제정치만큼이나 무정부 상태를 싫어했다. 그는 지적 문제와 실질적 문제 모두에서 권위 없는 질서를 지지했다. 이는 분명히 동의나 합의에 의존하며, 따라서 과학과 자유주의 모두의 모토로 삼을 수 있을 것이다. 지적 세계에서 이는 적절한 토론 후에 전문가들 사이에서 어느 정도 합의로 이어질 증거의 기준을 마련한다. 현실 세계에서 이는 모든 당사자가 자신의 주장을 펼칠 기회를 가진 후에 다수결에 승복한다.

양쪽 측면에서 로크의 시대는 행운이었다. 프톨레마이오스 체계와 코페르니쿠스 체계 사이의 위대한 논쟁이 마무리되면서 과학적 질문의 판단 기준은 더 이상 아리스토텔레스가 될 수 없었다. 뉴턴의 승리는 무한한 과학적 낙관주의를 정당화하는 것처럼 보였다.

현실 세계에서는 150년간 종교 전쟁을 거치면서도 개신교와 가톨릭 사이의 세력 균형에 변화가 없었다. 조너선 스위프트가 『걸리버 여행기』에서 달걀을 어떻게 깨느냐는 문제로 '뾰족한 쪽 깨기파'와 '뭉뚝한 쪽 깨기 파' 사이에 일어난 전쟁으로 풍자한 것처럼, 계몽주의자들은 신학 논쟁을 터무니없는 일로 보기 시작했다. 극단적인 신교도 종파는 내면의 빛에 의존함으로써 계시라고 주장되는 것을 무질서한 폭력으로 발전시켰다. 그 와중에 과학적이고 상업적인 여러 사업이 의미 없는 논쟁에 지친 활동적인 사람들의 관심을 끌었다. 그들은 다행히도 이 관심을 발전시켰고, 이로써 이후 200년간 전례 없는 진보의 시대가 이어졌다.

우리는 지금 다시 종교 전쟁의 시대에 살고 있고, 종교는 이제 '이데올로기'라고 불린다. 현재 많은 사람들이 자유주의 철학은 너무 온순하고 낡았다고 느낀다. 이상주의적인 젊은이들은 더 강렬한 무언가를 찾고 있다. 그 무언가는 모든 질문에 확실한 답을 주고, 선교 활동을 요구하며, 정복을 통해 천년왕국을 열 수 있다는 희망을 준다. 간단히 말해, 우리는 새로운 믿음의 시대로 빠져들고 있다. 불행히도 원자폭탄은 화형대보다 더 빠르게 인류를 멸망시킬 수 있고, 안전하게 도망칠 수도 없다. 우리는 더 합리적인 관점이 우세해질 수 있기를 희망해야 한다. 왜냐하면 오직 자유주의적 잠정성과 관용이 부활해야만 우리 세계가 살아남을 수 있기 때문이다.

경험론자의 인식론(나는 약간은 유보하지만 이를 지지한다)은 교조주의와 회의주의 중간 지점에 있다. 거의 모든 지식은 어느 정도 의심스럽다고 주장하지만, 순수 수학과 현실 감각으로 지각한 사실일 때는 무시할 만하다. 지식으로 통하는 것들이 지닌 의심스러움은 정도의 문제이다. 최근에 나는 앵글로색슨족의 영국 침략에 관한 책을 읽고 나서 헹기스트는 실존 인물이라 믿게 되었지만 호르사의 존재는 의심스러워졌다. 아인슈타인의 일반 상대성 이론은 대체로 진실일 것이다. 그러나 우주 둘레를 계산할 때 후속 연구가 다소 다른 결과를 보여줄 수도 있을 것이다. 원자에 대한 현대 이론은 우리가 원자폭탄을 만들 수 있을 만큼의 실용적 진실을 가지고 있다. 그 결과 도구주의자들이 농담조로 그 이론을 '만족스럽다'고 부르는 것이다. 그러나 시간이 지나면서 관찰된 사실을 더 잘 설명할 수 있는 완전히 다른 이론이 발견될 가능성도 있다. 과학 이론은 추가 연구를 가능하게 하는 유용한 가설로, 그리고 기존 관찰을 연관시킬 수 있는 진실의 요소를 가진 것으로 받아들여진다. 그러나 분별 있는 사람이라면 누구나 과학 이론을 영원불변한 완벽한 이론이라 간주하지 않는다.

현실 정치 영역에서 이러한 지적 태도는 중요한 결과를 낳는다. 첫째, 비교적 의심스러운 미래의 선을 위해 비교적 확실한 현재의 악을 감내하는 일은 가치가 없다. 만약 과거의 신학이 완전히 옳았다면 살아남은 사람들이 천국에 갈 수 있도록 다수의 사람들을 화형하는 일이 가치 있었겠지만, 이단자들이 지옥에 갈지 어떨지 의심스럽다면 박해에 대한 논거는 타당성이 없다. 만약 마르크스 종말론이 확실히 참이고, 사유 재산과 자본주의가 폐지되자마자 우리 모두가 영원히 행복해진다면 독재, 강제수용소, 세계대전 같은 수단을 통해서라도 이 목적을 추구하는 것이 옳다. 그러나 목적이 의심스럽거나 수단이 목적을 달성한다는 확신이 없다면, 현재의 비참함은 그러한 극단적인 방법에 저항할 수 있는 논거가 된다. 만약 유대인 없는 세계가 낙원이 된다는 확실성이 있다면 아우슈비츠에 대해 타당한 반론을 제기할 수 없다. 그러나 그러한 방법으로 세계가 지옥이 될 가능성이 훨씬 더 높다면, 우리는 잔혹함에 대한 자연스러운 인도주의적 혐오감을 자유롭게 표현할 수 있을 것이다.

대체로 어떤 행위에 대한 미래의 결과는 즉각적인 결과보다 더 불확실하다. 따라서 현재에는 해롭지만 장기적으로는 유익하다는 근거로 어떤 정책에 착수하는 것은 정당화될 수 없다. 그러나 이 원칙은 경험론자들이 주장하는 다른 모든 원칙과 마찬가지로 절대적인 주장이 되어서는 안 된다. 어떤 정책의 미래 결과가 꽤 확실하고 불쾌한 반면, 다른 정책의 현재 결과는 비록 즐겁지는 않지만 쉽게 견딜 수 있는 경우가 있다. 예를 들어, 겨울에 먹을 식량을 저장하거나 기계에 자본을 투자하는 등의 경우가 그렇다. 그러나 이러한 경우에도 불확실성을 간과해서는 안 된다. 호황기 동안에 투자를 했지만 결국 수익성이 없었던 사례는 무수히 많다. 현대 경제학자들은 소비보다는 투자하는 습관이 훨씬 더 쉽게 극단으로 치닫는다고 말한다.

자유주의자와 광신자 사이에 전쟁이 벌어지면 광신자들이 자신들의 대의 정당성에 더 확고한 믿음을 갖고 있기 때문에 반드시 이긴다는 주장이 많은 지지를 받고 있다. 이러한 믿음은 최근

몇 년을 포함하여 모든 역사가 이에 반대되는 증거로 가득한데도 좀처럼 사라지지 않는다. 광신자들은 불가능한 것을 시도했기 때문에, 또는 그들이 세운 목표가 달성 가능했을 때조차 올바른 수단을 채택하기에는 너무 비과학적이었기 때문에 계속해서 실패했다. 또한 그들이 지배하려던 사람들에게 적대감을 불러일으켰기 때문에 실패했다. 1700년 이후 모든 중요한 전쟁에서 항상 더 민주적인 쪽이 승리했다. 이는 부분적으로 민주주의와 경험론(이 둘은 밀접하게 연결되어 있다)이 이론을 위해 사실을 왜곡할 필요가 없었기 때문이다. 예를 들어, 비슷한 기후 조건을 가진 소련과 캐나다에서는 더 나은 품종의 밀을 얻는 데 관심이 있다. 캐나다에서는 실험을 통해 이 목표를 추구했지만, 소련에서는 마르크스주의 경전을 해석함으로써 이 목표를 추구했다.

스콜라주의, 마르크스주의, 파시즘 같은 경험적 기반 없는 교조주의 체제는 추종자들 간에 매우 강한 사회적 결속력을 이끌어낸다는 장점이 있다. 그러나 그들은 귀중한 구성원들을 박해한다는 단점도 있다. 에스파냐는 유대인과 무어인을 추방하여 몰락했다. 프랑스는 1598년 앙리 4세가 선포한 낭트 칙령을 1685년 루이 14세가 폐지하면서 위그노들이 국외로 이주하는 바람에 국가적 손실을 겪었다. 히틀러가 유대인을 혐오하지 않았다면 독일은 아마도 원자폭탄을 개발한 선두주자가 됐을 것이다. 다시 말하지만, 교조주의 체제는 실질적으로 중요한 사실에 대해 잘못된 믿음을 포함하고, 광신주의를 공유하지 않는 사람들에게 강한 적대감을 불러일으킨다는 두 가지 단점이 있다. 이러한 여러 이유로 볼 때, 교조주의 철학에 빠진 국가들이 경험론 성향의 국가들보다 더 유리한 고지에 서게 되리라고 기대하기는 어렵다. 사회 결속이 필요할 때 교조주의가 필수적이라는 주장도 사실이 아니다. 1940년 제2차 세계대전에 참전해야 했던 영국인들이 보여준 것보다 더 큰 결속력을 보여준 국가는 없었다.

마지막으로 경험론은 더 큰 진리라는 이유에서 뿐만 아니라 더 윤리적이라는 측면에서도 추천할 만하다. 교조주의는 지적인 사고가 아닌 권위를 견해의 원천으로 삼는다. 이단자들을 박해하고 불신자들을 적대하라고 요구한다. 또한 조직적인 증오를 위해 추종자들에게 자연스러운 친절을 억제하라고 말한다. 진리에 도달하는 수단으로 논쟁을 인정하지 않기 때문에 교조주의 추종자들은 결론에 이르기 위해서는 전쟁 외에는 다른 방법이 없다고 생각한다. 오늘날과 같은 과학 시대에 전쟁은 세계의 멸망을 의미할 뿐이다.

자신의 믿음에 대한 과학적 증거를 요구하고, 다른 한편으로는 이런저런 정당이나 신념의 승리보다 인류의 행복을 더 원하는 사람이 택할 수 있는 철학은 로크 시대와 마찬가지로 경험론적 자유주의(이는 민주주의적 사회주의와 양립 가능하다)뿐이라고 나는 결론 내린다.

혼란스럽고 난해한 우리 세계가 재앙을 피하기 위해서는 여러 가지가 필요한데, 그중에서도 가장 중요한 것 중 하나는 자유주의 신념을 지지하는 나라에서 이러한 신념이 진심으로 깊숙이 자리 잡아야 한다는 점이다. 우리는 좌파건 우파건 그 어느 쪽에서도 교조주의에 굴복해서는 안 되며, 개인의 자유, 학문의 자유, 상호 관용의 가치를 굳게 믿어야 한다. 이러한 믿음이 없다면 정치적으로는 분열되었지만 기술적으로는 통합된 이 지구에서 오랫동안 살아가기 어려울 것이다.

2장

. . . .

불확실성을 견디고
판단을 유보하는 힘

철학은 수학과 과학뿐만 아니라,
중요한 실천적 문제에 대해서도 정확하고 신중하게
생각하는 습관을 길러준다. 또한 더 넓고 객관적으로
삶의 목적을 바라볼 수 있는 시각을 제공한다.

인류는 문명화된 공동체가 생긴 이래, 두 가지 상이한 문제에 직면해 왔다. 하나는 자연의 힘을 지배하는 문제, 즉 도구와 무기를 만드는 데 필요한 지식과 기술을 습득하는 문제였고, 또 다른 하나는 가축과 작물 생산성을 높이는 문제였다. 근대 세계에서 이 문제는 과학과 기술로 해결할 수 있고, 따라서 우리는 이 문제를 제대로 해결하려면 비교적 좁은 영역의 전문가를 많이 양성해야 한다는 것을 알게 되었다.

그러나 이보다 덜 정확하고 일부에 의해 중요하지 않다고 잘못 여겨지는 두 번째 문제가 있다. 자연의 힘에 대한 우리의 통제력을 어떻게 잘 활용할 것인가 하는 문제가 그것이다. 이는 민주주의 대 독재, 자본주의 대 사회주의, 세계 정부 대 국제적 무정부 상태, 자유로운 사색 대 권위주의적 독선 같은 뜨거운 논의를 포함한다. 이러한 문제에 대해 실험실 연구자들은 결정적인 도움을 줄 수 없다. 이러한 문제를 해결하는 데 가장 도움이 되는 지식은 과거와 현재의 인간 생활에 대해 광범위하게 조사하고 역사에 나타나는 불행이나 만족이 어디에서 비롯되었는지 이해하는 것이다. 기술 발전만으로는 인간의 행복이나 복지 증진이 보장되지 않는다는 것은 분명한 사실이다. 인간이 처음 땅을 경작하는 법을 배웠을 때, 그들은 그 지식을 이용해 잔인한 인신 제물 의식을 확립했다. 말을 처음 길들인 사람들은 그것을 이용해 평화롭게 살아가는 사람들을 약탈하고 노예로 만들었다. 산업혁명의 초기에 사람들이 기계로 면직물 만드는 방법을 발견했을 때, 그 결과는 끔찍했다. 미국에서 성공 직전이었던 토머스 제퍼슨의 노예해방운동은 완전히 중단되었고, 영국에서는 아동 노동이 잔혹한 수준까지 다다랐으며, 아프리카에서는 흑인들에게 면직물을 입힐 수 있다는 희망 속에 무자비한 제국주의가 성행했다. 우리 시대에는 과학적 천재성과 숙련된 기술이 결합되어 원자폭탄을 만들어냈지만, 이후 우리 모두는 원자폭탄을 두려워하며 그것으로 무엇을 해야 할지 모르고 있다. 서로 다른 시기에서 온 이러한 사례들은 기술 이상의 무언가, 아마도 '지혜'라고 불릴 만한 것이 필요하다는 것을 보여준다. 이는 과학 기술에 필요한 것과는 다른 방식의 연구를 통해 배워야 하는 것이다. 그리고 이는 급속한 기술 성장이 고대의 사고 방식과 행동 방식을 그 어느 때보다 부적절하게 만들었기 때문에 어느 때보다 더 필요한 것이 되었다.

'철학'은 '지혜에 대한 사랑'을 의미한다(철학Philosophy이라는 용어의 어원인 고대 그리스어 필로소피아$\phi\iota\lambda o\sigma o\phi\iota\alpha$는 '사랑'을 뜻하는 '필로스$\phi\iota\lambda o\varsigma$'와 '앎'을 뜻하는 '소피아$\sigma o\phi\iota\alpha$'의 합성어이다—옮긴이). 이런 의미에서 철학은 기술자들이 새로운 힘을 발명하고 이를 평범한 사람들이 다루도록 넘겨주는 시대에 인류를 끔찍한 대재앙으로 몰아넣지 않으려면 우리가 습득해야 하는 것이다. 그러나 일반 교육의 일부가 되어야 하는 철학은 전문가들의 철학과는 다르다. 철학뿐만 아니라 모든 학문 분야에서 문화적 가치와 전문적 관심사 사이에는 차이가 있다. 역사학자들은 기원전 698년 아시리아 제국의 왕 센나케리브의 실패한 원정에 대해 토론할 수 있지만, 역사학자가 아닌 사람들은 그 실패한 원정과 3년 전의 성공적인 원정에 어떤 차이가 있는지 알 필요가 없다. 그리스 학자들은 아이스킬로스의 희곡에서 논란의 여지가 있는 부분에 대해 유용하게 토론할 수 있지만, 바쁘게 살아가는 와중에 그리스인들의 업적에 대해 약간의 지식을 얻으려는 사람들에게는 중요한 문제가 아니다. 마찬가지로 철학에 일생을 바치는 사람들은 일반 교육을 받은 대중이 무시하는 문제, 예를 들어 토마스 아퀴나스와 존 던스 스코터스의 보편 이론의 차이나, 언어가 무의미에 빠지지 않고 자기 자신에 대해 말할 수 있으려면 어떤 특성을 가져야 하는가 등을 고찰해야 한다. 이러한 문제는 철학의 기술적 측면에 속하기 때문에 이러한 논의로 철학이 문화 전반에 기여하는 것은 불가능하다.

대학 교육은 지식 증가로 어쩔 수 없이 벌어진 전문화를 교정하는 수단이어야 하며, 시간이 허락하는 한, 역사와 문학과 철학 같은 학문이 지닌 문화적 가치를 제공하는 데 목표를 두어야 한다. 그리스어를 모르는 젊은이라 할지라도 번역을 통해 그리스인들이 이룬 것에 대해 부족하나마 어느 정도는 이해할 수 있어야 한다. 학교에서 앵글로색슨족의 왕들을 반복해서 공부하는 대신, 세계 역사를 개괄적으로 이해할 수 있도록 해야 한다. 우리 시대의 문제를 이집트 사제, 바빌로니아 왕, 아테네 개혁자 들의 문제와 연관 짓고, 그 사이 모든 세기의 희망과 절망과도 연관 지을 수 있어야 한다. 이글에 나는 이와 유사한 관점에서 다루어지는 철학에 대해서만 쓰려고 한다.

철학은 초기부터 밀접하게 연관된 것으로 여겨진 두 가지 다른 목표를 가지고 있었다. 한편으로는 세계의 구조에 대한 이론적 이해가 목표였고, 다른 한편으로는 최선의 삶의 방식을 발견하고 설파하려는 목표를 가지고 있었다. 헤라클레이토스에서 헤겔, 심지어 마르크스에 이르기까지 철학은 일관되게 이 두 가지 목표를 견지했다. 순수하게 이론적이지도 않고 순수하게 실용적이지도 않았으며, 실천적 윤리의 기반이 될 우주론을 추구했다.

따라서 철학은 한편으로는 과학과, 다른 한편으로는 종교와 밀접하게 관련되어 있었다. 먼저 과학과의 관계를 살펴보자. 18세기까지 과학은 일반적으로 '철학'에 포함되었지만, 그 이후로 '철학'이라는 단어는 이론적인 면에서 과학이 다루는 주제 중 더 사변적이고 일반적인 것들을 다루는 학문으로 한정되었다. 사람들은 철학이 보수적이라고 말하지만, 이는 대개 언어적 문제일 뿐이다. 어떤 오래된 문제에 대해 확실한 지식에 도달하는 방법이 발견되면, 새로운 지식은 '과학'에 속하는 것으로 간주되고 '철학'의 영역에서 벗어난다. 그리스 시대부터 뉴턴 시대까지 천체 이론은 불확실하고 사변적이었기 때문에 '철학'에 속했지만, 뉴턴은 이 주제를 자유로운 가설의 영역에서 분리해낸 다음, 그것이 근본적인 의심의 여지가 있을 때 요구되었던 것과는 다른 방식으로 연구해야 하는 주제로 만들었다. 기원전 6세기 그리스 철학자 아낙시만드로스는 진화론을 제기하며 인간이 물고기에서 진화했다고 주장했다. 이는 상세한 증거로 뒷받침되지 않은 추측이었기 때문에 철학이었지만, 다윈의 진화론은 화석에서 발견된 생명체의 연속성과 전 세계 여러 지역의 동식물 분포에 기반을 두었기 때문에 과학이었다. 어쩌면 농담 삼아 이런 말을 하는 사람이 있을지도 모른다. "과학은 우리가 아는 것이고, 철학은 우리가 모르는 것이다." 그러나 우리가 아직 모르는 것에 대한 철학적 사변이 정확한 과학 지식의 가치 있는 전제라는 점을 덧붙여야 한다. 천문학에서 피타고라스 학파의 추측, 생물학적 진화에 대한 아낙시만드로스와 엠페도클레스의 추측, 물질의 원자 구성에 대한 데모크리토스의 추측은 후대 과학자들에게 철학자들이 아니었다면 떠올리지 못했을 가설을 제공했다. 우리는 이론적인 측면에서 철학이 부분적으로는 과학이 아직 검증할 수 없는 일반 가설을 만든다고 말할 수 있다. 그러나 가설이 검증되어 사실이 되면 이제는 과학의 일부가 되고 '철학'으로 간주되지 않는다.

이론적인 측면에서 철학의 유용성은 우리가 정해진 시간 내에 과학으로 확인되거나 반박되는지 확인하고 싶어 하는 추측에만 국한되지 않는다. 어떤 사람들은 과학이 밝혀낸 것에 너무 감명을 받아 과학이 밝혀내지 못한 것을 잊어버린다. 또 다른 사람들은 과학이 밝혀낸 것보다 밝혀내지 못한 것에 훨씬 더 관심이 많아서 과학이 이뤄낸 성과를 과소평가한다. 과학이 모든 것이라고 생각하는 사람들은 자만과 확신에 차서 과학 연구에 필요한 명확성이 결여된 문제에 대해 관심을 보이는 이들을 비난한다. 그들은 실용적인 문제에서 기술이 지혜를 대체할 수 있다고 생각하는 경향이 있으며, 최신 기술로 서로를 죽이는 것이 낡은 방법으로 서로를 살리는 것보다 더 '진보적'이고 더 낫다고 생각한다. 반면에 과학을 무시하는 사람들은 고대의 해로운 미신으로 되돌아가며, 과학 기술이 널리 사용된다면 인간 행복이 증진된다는 사실을 인정하지 않으려 한다. 이 두 가지 태도 모두 개탄스럽다. 과학 지식의 범위와 한계를 명확히 함으로써 올바른 태도를 보여주는 것이 바로 철학이다.

윤리나 가치와 관련된 모든 질문을 잠시 미뤄두자. 적어도 현재로서는 과학이 대답할 수 없는, 영원하고 열정적인 관심사인 순수한 이론적 질문이 많다. 우리는 어떤 의미에서든 죽음을 극복할 수 있는가? 극복할 수 있다면 잠시 동안인가 아니면 영원토록인가? 정신이 물질을 지배할 수 있는가, 아니면 물질이 정신을 완전히 지배하는가? 그것도 아니라면 물질과 정신은 각각 어느 정도 제한된 독립성을 가지고 있는가? 우주는 목적을 가지고 있을까? 아니면 맹목적인 필연성에 의해 움직일까? 우리가 발견했다고 생각하는 자연법칙들은 단지 우리의 질서에 대한 사랑에서 생겨난 환상에 불과한가? 만약 우주적 규모의 계획이 있다면 생명은 천문학이 생각하게 하는 것보다 더 중요한가? 우리가 생명을 강조하는 것은 단지 지역주의와 자기중요성에 불과한가? 나는 이 질문들에 대한 답을 모르며, 다른 사람들도 마찬가지라 생각한다. 그러나 이 질문들이 잊힌다면, 또는 적절한 증거 없이 확실한 답변을 얻게 된다면 인간의 삶은 빈곤해질 것이다. 이러한 질문에 대한 관심을 유지하고, 제시된 답변들을 면밀히 검증하는 것이 철학이 가진 기능 중 하나이다.

빠르게 결과가 보장되고, 노력과 보상이 정확히 일치하는 일에 열정을 가진 사람들은 현재 우리의 지식으로는 확실성에 도달할 수 없고, 해결 불가능한 문제에 대해 결론이 나지 않는 시간 낭비 같은 사색을 장려하는 연구에 조급함을 느낄 수 있다. 그러나 나는 이런 견해에 조금도 동의할 수 없다. 어떤 철학은 가장 사려 깊지 못한 사람들을 제외한 모든 이에게 필수적이다. 지식이 부족할 때 그 철학은 확실히 어리석은 철학이 될 것이다. 이렇게 되면 인류는 서로 대립하는 광신도 집단으로 나뉘며, 각 집단은 자신들이 내뱉는 헛소리가 신성한 진리이고 상대방은 저주받을 이단이라고 굳게 믿는다. 아리우스파와 가톨릭교도, 십자군과 무슬림, 개신교도와 교황 추종자, 공산주의자와 파시스트 들은 지난 1600년 동안 무의미한 갈등으로 많은 시간을 낭비했다. 약간의 철학만 있었더라면 이러한 모든 분쟁에서 양측 모두 자신이 옳다고 믿을 만한 충분한 이유가 없다는 사실을 알았을 것이다. 교조주의는 평화의 적이며 민주주의를 가로막는 장벽이다. 과거에 못지않게 오늘날에도 교조주의가 인간의 행복을 가로막는 가장 큰 정신적 장애물이다.

확실성을 요구하는 것은 인간에게는 자연스럽지만, 그럼에도 지적인 해악이다. 날씨가 궂은 날 아이들과 소풍을 가려고 한다면 아이들은 날씨가 좋을지 나쁠지 확실한 대답을 듣고 싶어 할 테고, 만약 여러분이 확실히 대답하지 못하면 실망할 것이다. 사람들은 나이가 든 후에도 약속의 땅으로 이끄는 사람들에게 같은 종류의 확신을 요구한다. "자본가들을 타도하면 나머지 사람들은 영원한 축복을 누릴 것이다." "유대인을 절멸하면 모든 사람이 덕을 갖게 될 것이다." "크로아티아인들을 죽이고 세르비아인들이 통치하자."세르비아인들을 죽이고 크로아티아인들이 통치하자." 우리 시대에 대중적으로 지지를 받은 슬로건이다. 약간의 철학만 있어도 이런 피비린내 나는 헛소리를 받아들이지 않았을 것이다.

하지만 증거가 없다면 판단을 유보하도록 훈련받지 않는 한, 인간은 독선적인 예언자들에 의해 잘못된 길로 이끌릴 수도 있다. 이런 경우 지도자는 무지한 광신자이거나 부정직한 사기꾼일 가능성이 높다. 불확실성을 견디는 것은 어렵지만, 대부분의 미덕은 불확실하다. 모든 미덕을 배우기 위해서는 적절한 훈련이 필요하며, 판단을 유보하는 태도를 배우는 데 최고의 훈련은 철학이다.

하지만 철학이 긍정적인 목적을 수행하려면 회의주의를 가르치는 데 그쳐서는 안 된다. 교조주의자는 해롭지만 회의주의자는 쓸모 없기 때문이다. 교조주의와 회의주의는 어떤 의미에서 절대적인 철학이다. 교조주의는 아는 것을 확신하고, 회의주의는 모르는 것을 확신한다. 철학이 해소해야 할 것은 지식이나 무지에 대한 확실성이다. 지식은 흔히 생각하는 것만큼 정확한 개념이 아니다. "나는 이것을 안다"라고 말하는 대신, "나는 이와 비슷한 어떤 것을 어느 정도 알고 있다"라고 말해야 한다. 물론 구구단에서는 이러한 단서가 필요없지만, 실천적 지식은 산술적으로 확실성이나 정확성이 없다. 내가 "민주주의는 좋은 것이다"라고 말한다고 가정해 보자. 나는 첫째, 이말이 2+2=4라는 것만큼 확신하지 않으며, 둘째, '민주주의'는 내가 정확히 정의할 수 없는 다소 모호한 용어라는 것을 인정해야 한다. 따라서 우리는 이렇게 말해야 한다. "영국과 미국 헌법에 공통적인 특성을 가진 정부가 좋은 정부라고 나는 꽤 확신한다." 또한 우리는 이와 비슷한 말을 일반적인 정치 구호보다 더 효과적으로 말할 수 있게 만드는 것을 교육의 한 가지 목표로 삼아야 한다.

우리의 모든 지식이 크든 작든 불확실하고 모호하다고 인식하는 것만으로는 충분하지 않다. 동시에 우리는 그것을 교조적으로 믿지 않으면서도 최선의 가설을 유일한 신앙처럼 떠받들지 않고 행동하는 법을 배워야 한다. 소풍 이야기로 돌아가 보자. 비가 올 수도 있다고 예상하더라도 날씨가 갤 것 같으면 집을 나설 것이다. 그러나 비가 내릴 가능성이 있으므로 우비를 가져갈 것이다. 하지만 교조주의자라면 우비를 집에 두고 갈 것이다. 이보다 중요한 문제에서도 똑같은 원칙이 적용된다.

넓게 말하자면, 지식이라고 여겨지는 모든 것은 확실성의 정도에 따라 계층적으로 배열될 수 있으며, 산술과 지각할 수 있는 사실이 그 최상위에 있다고 할 수 있다. 2+2=4라는 사실과 내가 내 방에 앉아서 글을 쓰고 있다는 사실을 심각하게 의심한다면 그는 정신이상자일 것이다. 반면에 어제 날씨가 좋았다는 것은 거의 확실하지만, 기억이 가끔 이상한 장난을 치기 때문에 완전히 확실하지는 않다. 더 먼 과거의 기억은 더욱 불확실하다. 특히 기억 오류를 만드는 강한 감정적 이유가 있을 때는 더욱 그렇다. 예를 들어, 조지 4세가 워털루 전투에 참전했다고 기억하는 것과 같은 경우이다. 과학 법칙은 증거 상태에 따라 매우 확실할 수도 있고 약간 확률적일 수도 있다.

불확실한 가설에 근거해 행동할 때는 그 가설이 틀렸을 경우 좋지 않은 결과를 초래하지 않도록 행동해야 한다. 소풍 이야기로 또 한번 돌아가 보자. 일행이 모두 건강하다면 비에 젖을 위험을 감수할 수 있지만, 한 사람이라도 폐렴에 걸릴 위험이 있다면 그런 위험을 감수해서는 안 된다. 또는 머글토니안Muggletonian (17세기 영국에서 등장한 종교 집단의 구성원—옮긴이)을 만났다고 가정해 보자. 그와 논쟁하는 것은 정당화될 수 있다. 왜냐하면 머글토니안을 창시한 로도윅 머글턴Lodowicke Muggleton이 그의 추종자들이 생각하는 만큼 위대한 인물이라면 큰 해는 없을 것이기 때문이다. 그러나 그를 화형에 처하는 것은 정당화될 수 없다. 산 채로 사람을 불에 태우는 해악은 신학의 어떤 명제보다 더 확실하기 때문이다. 물론 머글토니안이 너무 많고 광신적이어서 당신이나 그들 중 하나가 죽어야 한다면 문제는 더 복잡해지겠지만 일반적인 원칙은 변하지 않는다. 즉 동일한 해악이 반대 가설에서도 똑같이 확실하지 않는 한, 불확실한 가설은 확실한 악을 정당화할 수 없다.

우리는 앞에서 철학이 이론적 목표와 실천적 목표를 모두 가지고 있다고 말했다. 이제 후자를 살펴보자.

고대 철학자 대부분은 우주에 대한 견해와 최선의 삶의 방식에 대한 교리 사이에 밀접한 관계가 있다고 생각했다. 그들 중 일부는 후대의 수도회와 어느 정도 유사한 종교 단체를 설립했다. 고대 그리스의 소피스트들이 소크라테스와 플라톤이 종교적 목적을 갖지 않았기 때문에 충격을 받은 이유도 이 때문이다. 만약 철학이 일반인의 삶에서 중요한 역할을 하려면 특정한 삶의 방식을 옹호해야 한다. 이렇게 함으로써 철학은 종교가 해온 일의 일부를 해내려고 노력하는 것이다. 하지만 이때 철학과 종교의 가장 큰 차이는 철학은 전통이나 성서와 같은 권위에 호소하지 않는다는 점이다. 두 번째 중요한 차이점은 철학자는 교회를 설립하려 해서는 안 된다는 것이다. 18세기 프랑스의 실증주의 철학자 오귀스트 콩트가 교회를 세우려 시도했다가 실패했는데, 그것은 당연한 결과였다. 세 번째로 철학은 헬레니즘 문명의 쇠퇴 이후 관습적으로 해왔던 것 이상으로 지적 덕목을 더 많이 강조해야 한다는 점에서 종교와 다르다.

고대 철학자들의 윤리적 가르침과 우리 시대에 적합한 가르침 사이에는 한 가지 중요한 차이점이 있다. 고대 철학자들은 귀족이나 부유층 남성들에게 가르침을 주었는데, 그들은 자신들이 마음에 드는 방식으로 살 수 있었고, 심지어 원한다면 스승의 교리를 구현한 법을 가진 독립적인 도시를 세울 수도 있었다. 그러나 오늘날 교육받은 사람들 대다수에게는 그런 자유가 없다. 이들은 기존 사회 체제 내에서 생계를 꾸려야 하며, 정치적·경제적 조직에서 먼저 중요한 변화를 이루지 않고서는 자신의 삶의 방식을 크게 바꿀 수 없다. 그 결과 현대인의 윤리적 신념은 고대와 달리 개인적 행동보다는 정치적 주장을 통해 더 많이 표현되어야 한다. 그리고 좋은 삶의 방식에 대한 개념은 개인적이기보다는 사회적 개념이어야 한다. 고대인 중에서도 플라톤은 『국가론』에서 이러한 개념을 담았는데, 당시 많은 이들은 삶의 목적을 지금보다 더 개인적인 개념으로 생각했다.

이러한 단서를 염두에 두고 철학이 윤리에 대해 어떤 말을 해야 하는지 살펴보자.

먼저 지적 덕목부터 시작하자. 철학은 알게 되는 것이 고통스럽다 하더라도 지식은 좋은 것이라는 믿음을 토대로 한다. 철학 정신이 깃든 사람은 철학자이든 아니든, 자신의 믿음이 가능한 한 진실하기를 바라며, 앎을 사랑하고 오류에 빠지는 것을 싫어한다. 이 원칙의 범위는 한눈에 명백해 보이는 것보다 더 넓은 범위를 가진다. 우리가 가진 믿음은 다양한 원인에서 비롯된다. 어린 시절 부모님과 학교 선생님이 해준 말, 강력한 조직이 우리를 그들이 원하는 대로 움직이게 하기 위해 하는 말, 우리의 두려움을 구현하거나 완화시키는 것, 우리의 자존감을 높여주는 것 등이 그것이다. 이러한 원인 중 어느 하나가 우리를 진실한 신념으로 이끌 수 있지만, 반대 방향으로 이끌 가능성이 더 크다. 따라서 우리의 믿음을 면밀히 검토하여 어떤 믿음이 진실이라고 믿을 만한 이유가 있는지 발견하도록 이끄는 것은 지적인 냉철함이다. 현명한 사람이라면 의심할 때 가장 고통스러운 신념과, 똑같이 근거 없는 믿음을 가진 반대편 사람들과 격렬한 갈등에 빠질 가능성이 가장 큰 신념에 부드러운 비판을 가할 것이다. 이러한 태도가 보편화된다면 분쟁의 격렬함을 줄임으로써 헤아릴 수 없는 이득을 얻을 것이다.

또 다른 지적 덕목은 보편성 또는 공정성이다. 다음과 같은 연습 문제를 제시해 본다. 정치적 의견을 표현하는 문장에서 강력하지만 다른 감정을 불러일으키는 단어들이 있을 때, 그것들을 A, B, C 등의 문자로 대체하고 그 기호의 특정한 의미를 잊어버리는 것이다. 가령 A가 영국, B가 독일, C가 프랑스라고 가정해 보자. 문자가 무엇을 의미하는지 기억하는 한, 당신이 믿게 될 대부분의 것은 당신이 영국인인지, 독일인인지, 프랑스인인지에 따라 달라질 것이다. 이는 논리와는 상관이 없다. 초등 수학에서 A, B, C 중에서 누가 먼저 산에 오르는지에 대한 문제를 푼다고 할 때, 당신은 이들에게 감정적으로 관심이 없으며, 공정함과 정확성으로 해답을 찾으려고 최선을 다할 뿐이다. 그러나 A가 당신 자신이고, B가 당신이 미워하는 경쟁자, C가 문제를 낸 선생님이라고 한다면 당신의 계산은 틀어질 것이고, A가 1등이고 C가 꼴찌라고 확신할 것이다. 정치적인 문제에 대해 생각할 때는 이런 종류의 감정적 편견이 존재하기 마련이며, 오직 주의를 기울이고 연습해야만 수학 문제를 풀 때처럼 객관적으로 생각할 수 있다.

추상적인 용어로 사고하는 것이 윤리적 보편성을 달성하는 유일한 방법은 아니다. 보편적 감정을 느낄 수 있다면 아마도 윤리적 보편성을 더 잘 달성할 수 있을 것이다. 그러나 대부분의 사람들은 이렇게 하기 어렵다. 당신이 배고프다면 필요한 음식을 얻기 위해 무척이나 애를 쓸 것이다. 당신 자녀들이 배고프다면 더 큰 절박함을 느낄 것이다. 친구가 굶주리고 있다면 그의 고통을 덜어주기 위해 노력할 것이다. 그러나 수백만 명의 인도인이나 중국인이 영양실조로 죽음의 위험에 처해 있다는 소식을 들으면, 당신은 그 문제가 너무 방대하고 멀게 느껴져서 아마 곧 잊어버릴 것이다. 당신에게 공식적인 책임이 없다면 말이다. 그럼에도 당신이 먼 곳에서 벌어지는 비참함을 예리하게 느낄 수 있는 감정적 능력이 있다면, 감정을 통해 윤리적 보편성을 달성할 수 있다. 만약 이런 희귀한 재능이 없다면, 현실 문제를 추상적으로만 아니라 구체적으로 보는 습관이 가장 좋은 대안이다. 논리적 보편성과 감정적 보편성이 맺는 상호 관계는 윤리학에서 흥미로운 주제이다. "네 이웃을 네 자신과 같이 사랑하라"는 감정적 보편성을 가르친다. "윤리적 진술은 고유명사를 포함해서는 안 된다"는 논리적 일반성을 가르친다. 이 두 가지 교훈은 매우 다르게 들리지만, 검토해 보면 실천적 의미에서 거의 구별하기 어렵다. 자비로운 사람들은 전통적인 표현 양식을 선호할 것이다. 논리학자들은 반대편을 선호할 수 있다. 어느 쪽이 더 수가 적은지 나는 잘 모르겠다. 두 가지 진술 중 어느 것이든, 정치인들이 받아들이고 그들이 대표하는 국민들이 용인한다면 우리는 즉시 천년왕국을 건설할 것이다. 유대인과 아랍인들이 함께 모여 "어떻게 이익을 분배할 것인가를 너무 세세히 따지지 말고, 우리 둘 다에게 가장 큰 이익이 되는 방법을 찾아보자"고 말할 것이다. 분명히 양쪽 모두의 행복을 위한 방법을 찾을 때 두 집단 모두 훨씬 더 많은 이익을 얻을 것이다. 힌두교도와 이슬람교도, 중국 공산주의자와 장개석 지지자, 이탈리아인과 유고슬라비아인, 소련인과 서방 민주주의자 들에게도 마찬가지이다. 그러나 이러한 분쟁 중 어느 쪽에서도 논리나 자비를 기대하기는 어려우니, 탄식할 따름이다!

귀중한 전문지식을 익히느라 바쁜 청춘 남녀들이 철학 공부에 많은 시간을 할애할 것이라고 기대해서는 안 된다. 그러나 기술을 배우는 데 지장을 주지 않을 정도로 짧은 시간만 할애해도 철학은 인간으로서, 또는 시민으로서 자신의 가치를 크게 높여줄 몇 가지 중요한 가치를 가르쳐준다. 철학은 수학과 과학뿐만 아니라, 중요한 실천적 문제에 대해서도 정확하고 신중하게 생각하는 습관을 길러준다. 또한 더 넓고 객관적으로 삶의 목적을 바라볼 수 있는 시각을 제공한다. 우리는 철학을 통해 개인과 사회의 관계, 지금을 사는 사람들과 과거에 살았던 사람들, 그리고 미래를 살아갈 사람들 사이의 관계, 인류 전체의 역사와 우주의 관계를 정확하게 판단할 수 있는 기준을 배울 수 있다. 철학은 사고 대상을 확장함으로써 현재 느끼는 불안과 고통을 해독해 주고, 고통스럽고 불확실한 세상에서 예민한 정신을 가진 사람들이 최대한 평온을 얻을 수 있도록 도와준다.

3장

· · · · · · · · · · ·

인류의 미래를 위한
철학적 제언

자유는 법으로 제한해야 하며,
자유의 가장 가치 있는 형태는 법의 틀 안에서만 존재할 수 있다.
세계에서 가장 필요한 것은 국제 관계를 규제하는 데 필요한
효과적인 법이다.

이번 세기가 끝나기 전에 예측할 수 없는 일이 일어나지 않는한, 다음 세 가지 가능성 중 하나가 실현될 것이다.

1. 인류의 종말, 어쩌면 우리 행성의 모든 생명체의 종말.
2. 전 세계 인구가 파국적으로 감소한 후 야만 상태로 되돌아가는 것.
3. 주요 전쟁 무기를 독점한 단일 정부 아래 세계가 통합되는 것.

나는 이 중 어떤 일이 일어날지, 또는 어떤 일이 가장 가능성이 높은지 알고 있다고 주장할 생각이 없다. 그러나 한 가지 분명하게 말할 수 있는 것은, 우리가 지금까지 익숙하다고 여겼던 체제는 절대 지속될 수 없다는 점이다.

첫 번째 가능성인 인류의 종말은 적어도 다음 세계대전이 우리 예상보다 훨씬 더 늦게 일어나지 않는 한, 이루어지지는 않을 것이다. 그러나 만약 다음 세계대전이 일어났을 때 결과가 확실하지 않거나 어리석은 쪽이 승자가 되거나 살아남은 국가들이 여전히 조직을 유지한다면, 그 전쟁이 끝난 후 기술 발전은 마치 열병처럼 빠르게 이루어질 것이다. 냉철한 과학자들은 지금보다 훨씬 더 강력한 원자력 무기가 만들어지면 방사능 구름이 전 세계를 떠돌며 모든 생명체를 파괴할 수 있다고 말한다. 마지막 생존자가 자신이 전 세계의 황제라고 선언할 수도 있겠지만, 그의 통치 기간은 짧을 것이고, 그의 신하들은 모두 시체일 것이다. 그가 죽으면 불안한 삶의 에피소드는 끝나고 평화로운 바위들만 태양이 폭발할 때까지 변함없이 공전할 것이다.

아마도 무심한 구경꾼이라면 어리석고 잔인한 인류의 오랜 역사를 떠올릴 때 이것이 가장 바람직한 결과라고 생각할지도 모른다. 그러나 이 드라마의 배우인 우리는 사적인 애정과 공적인 희망의 그물 속에 얽혀 있기 때문에 진심으로 이런 태도를 취하기는 어렵다. 물론 나는 소련 정부에 굴복하느니 인류가 멸종하는 것이 차라리 낫다고 여기는 사람들을 본 적이 있고, 소련에도 서구 자본주의에 대해 같은 말을 하는 사람들이 분명 있을 것이다. 그러나 이는 허무맹랑한 영웅주의에 취해 떠드는 소리일 뿐이다. 이는 상상력이라고는 하나도 없는 허풍일 뿐이지만 위험한 생각이다. 그런 말을 들은 사람은 두려워하지 않는 척할 테고, 재앙을 피하기 위한 방법을 찾는 노력 또한 게을리하기 때문이다.

두 번째 가능성인 야만 상태로 돌아가는 것은 로마 몰락 이후처럼 문명이 서서히 회복될 가능성을 열어둔 것이다. 급격한 변화를 경험하는 사람들은 엄청난 고통을 느낄 것이고, 그 후 몇 백 년 동안 인간의 삶은 고달프고 단조로울 것이다. 그러나 적어도 인류에게는 여전히 미래가 있고 합리적인 희망도 존재한다.

나는 과학의 힘을 빌린 세계대전이 일어난다면 이러한 상황이 발생할 가능성이 상당히 높다고 생각한다. 양측 모두 적국의 주요 도시와 산업 중심지를 파괴할 수 있다고 상상해 보라. 연구소와 도서관이 완전히 파괴된 상태에서 과학자들마저 모두 죽었다고 상상해 보라. 방사능 낙진으로 기근이 번지고, 세균전으로 전염병이 유행하는 상황을 상상해 보라. 이러한 역경 속에서도 사회 결속이 여전히 유지될 수 있을까? 광기에 빠진 사람들 앞에 예언자들이 나타나 이 모든 불행은 전적으로 과학 때문이며, 교육받은 사람들을 모조리 제거하면 천년왕국이 온다고 말하지는 않을까? 극단적인 희망은 극단적인 비참함에서 태어나고, 그런 세상에서 희망은 비이성적일 수밖에 없다. 나는 세계대전이 다시 일어난다면 우리에게 익숙한 강대국들이 무너지고, 얼마 안 되는 생존자들은 원시적인 촌락 경제로 되돌아갈 것이라고 생각한다.

전 세계를 지배하는 단일 정부 출현이라는 세 번째 가능성은 다양한 방식으로 실현될 수 있다. 다음 세계대전에서 미국이나 소련이 이김으로써, 또는 이론적으로는 두 나라가 합의함으로써 그렇게 될 수도 있다는 것이다. 아니면 조금이라도 실현 가능성 있는 것들 중에 그나마 가장 희망적이라고 생각되는 것은 세계 정부를 원하는 국가들이 동맹을 맺어 소련이 더 이상 맞서지 못하게 힘을 키우는 것이다. 이는 아마도 또 다른 세계대전이 일어나지 않고도 달성될 수 있겠지만, 여러 국가에서 용기 있고 상상력 풍부한 정치 지도자들이 나와야만 가능할 것이다.

전 세계를 아우르는 단일 정부를 만드는 계획에 반대하는 논리는 다양하다. 가장 흔한 주장은 이 계획이 너무 이상적이라 불가능하다는 것이다. 이렇게 주장하는 사람들은, 세계 정부를 옹호하는 대부분의 사람들처럼, 합의에 의해 만들어지는 세계 정부를 염두에 두고 있다. 나는 소련과 서방이 서로 간 불신을 해소하지 못하는 한, 가까운 미래에 진정한 합의를 기대하는 것은 부질없다고 생각한다. 현 상황에서 양측 모두 동의할 수 있는 세계 권력은 실효성 없고 허울뿐인 국제기구 같은 기구가 될 수밖에 없다. 원자력을 국제기구가 통제하는 훨씬 더 온건한 계획에서조차 난관에 부닥쳤다는 점을 생각해 보라. 소련은 거부권이 있는 형식적인 조사에만 동의할 것이다. 나는 힘으로 강제하는 방법 말고는 세계 정부를 세울 수 있는 방법이 없다는 것을 인정해야 한다고 생각한다.

나는 왜 이렇게 세계 정부에 대해서 구구절절 이야기하는 걸까? 많은 사람들이 궁금해할 것이다. 인류가 가족보다 더 큰 단위로 조직된 이래 전쟁은 늘 일어났지만 인류는 살아남았다. 가끔 전쟁이 일어난다고 해서 인류가 살아남지 못한다는 법은 없지 않은가. 게다가 사람들은 전쟁을 좋아하고, 전쟁이 없으면 좌절감을 느낄 것이다. 그리고 전쟁이 없다면 영웅적 행동이나 자기희생을 보여줄 적절한 기회도 사라진다.

소련의 통치자들을 포함해 수많은 노인이 이런 생각을 하고 있지만, 그들은 현대 기술이 얼마나 큰 가능성을 가지고 있는지는 염두에 두지 않는다. 나는 다음 세계대전이 꽤 일찍 일어나 오래 지속되지 않는다면 문명이 아마도 한 번 정도의 세계대전은 더 견디고 살아남으리라 생각한다. 그러나 발견과 발명 속도가 늦춰지지 않고 대규모 전쟁이 반복된다면, 인류가 멸종하지 않을지는 몰라도, 앞서 말했듯이 원시 사회로 퇴행할 가능성이 매우 높다고 생각한다. 그리고 이렇게 되면 전쟁뿐만 아니라 그 후에 닥칠 기아와 질병 때문에 인구가 엄청나게 줄어들 것이다. 그 결과 생존자들은 반드시 난폭해질 수밖에 없고, 문명을 재건하는 데 필요한 자질을 적어도 상당 기간 동안 상실하게 될 것이다.

어떤 극단적 조치를 취하지 않으면 전쟁은 일어나지 않는다는 희망은 합리적이지 않다. 전쟁은 항상 때때로 일어났고, 인류가 전쟁을 불가능하게 만드는 체제를 채택하지 않는 한, 전쟁은 분명히 조만간 다시 일어날 것이다. 전쟁을 불가능하게 만드는 유일한 체제는 군사력을 독점하는 단일 정부뿐이다.

상황이 이대로 흘러가게 놔둔다면, 소련과 서방 민주주의 국가 사이에서 벌어지는 다툼은 소련이 상당 양의 원자폭탄을 보유할 때까지 계속되고, 그 시기가 오면 핵전쟁은 반드시 일어날 것이다. 핵전쟁이 일어난다면, 최악의 결과를 피한다 하더라도, 영국을 포함한 서유럽이 사실상 전멸될 것이다. 만약 미국과 소련이 국가 조직으로 살아남는다면 그들은 곧 다시 전쟁에 돌입할 것이다. 한쪽이 승리한다면 그들이 세계를 지배하고 인류에 단일 정부가 존재하게 될 테지만, 그렇지 않다면 인류 또는 적어도 문명이 멸망할 것이다. 국가와 국가를 다스리는 통치자들이 건설적인 전망을 내놓지 못한다면 이런 일은 일어날 수밖에 없다.

내가 말하는 '건설적인 전망'이란 단순히 세계 정부가 바람직하다는 것을 이론적으로 깨달아야 한다는 의미가 아니다. 갤럽 조사에 따르면 미국인의 절반 이상이 이런 의견을 갖고 있다. 그러나 이들 대부분은 우호적인 협상을 통해 세계 정부를 수립해야 한다고 생각하며, 무력 사용에 대해서는 절대 승낙해서는 안 된다고 여긴다. 나는 이런 생각이 문제라고 생각한다. 나는 무력이나 무력행사가 필요하다고 확신한다. 물론 위협만으로 충분하기를 바라지만, 그렇지 않다면 실제 무력이 사용되어야 한다.

미국과 소련 간 전쟁에서 한쪽이 승리하여 군사력을 독점했다고 가정해 보자. 어떤 세계가 등장할까?

어느 경우든 이런 세계에서 반란을 성공시키기란 불가능할 것이다. 물론 산발적인 암살은 여전히 일어날 수 있겠지만, 모든 중요한 무기가 승전국 손에 집중되어 일체의 반란이 일어나지 못하게 할 테니 평화가 유지될 것이다. 지배 국가가 이타심이 전혀 없다고 하더라도, 적어도 그 나라 지도층은 매우 수준 높은 물질적 편안함을 누리고 공포의 압제에서 해방될 것이다. 그러다 보면 그들은 점차 더 선량해지고 누군가를 박해하려는 성향도 줄어들 가능성이 높다. 로마인들처럼 그들은 시간이 지나면서 패배한 자들에게도 시민권을 확대할 것이다. 그러면 진정한 세계 국가가 등장하고, 그 국가의 국민들은 정복을 통해 국가가 성립되었다는 사실을 잊을 것이다. 제1차 세계대전 시기에 영국 총리를 지낸 데이비드 로이드 조지 통치 시기를 에드워드 1세 시대와 비교하면서 수치심을 느끼는 사람들은 없지 않은가.

따라서 현재처럼 국제적 무정부 상태가 지속되느니 미국이나 소련이 세계 제국을 건설하는 게 더 바람직하다. 그러나 미국이 승리하는 것을 더 선호하는 중요한 이유가 있다. 자본주의가 공산주의보다 낫다고 주장하는 게 아니다. 만약 미국이 공산주의 국가이고 소련이 자본주의 국가라 해도 나는 여전히 미국 편에 설 것이다. 미국의 문명화된 삶의 방식이 내가 가치 있게 여기는 것들을 더 많이 존중하기 때문이다. 생각의 자유, 탐구의 자유, 토론의 자유, 인도주의적 감정과 같은 것들 말이다. 소련의 승리가 무엇을 의미하는지는 폴란드를 보면 쉽게 알 수 있다. 폴란드에는 뛰어난 대학이 많았고 이 대학에 몸담은 저명한 지식인도 많았다. 이들 중 일부는 다행히 조국을 탈출했지만, 나머지는 사라졌다. 폴란드 교육은 이제 정통 스탈린주의 공식을 배우는 수준으로 추락했다. 그마저도 초등 교육 이상은 정치적으로 비난받을 여지가 없는 부모를 둔 아이들에게만 열려 있으며, 교육은 특정 집단의 원칙을 유창하게 외우고 당국에 호의를 얻는 쪽을 빠르게 파악하는 능력만 생산하는 것을 목표로 삼게 되었다. 이러한 교육 체계에서는 지적 가치가 생산되지 않는다.

한편 폴란드의 중간 계급은 1940년 집단 추방과 그 이후 실시된 독일인 강제 추방으로 소멸하고 말았다. 다수당의 정치인들은 살해되거나 투옥되거나 망명해야 했다. 정부에 의심을 받는 사람들은 친구들을 경찰에 밀고하거나 그들이 재판에 회부되었을 때 위증해야 살아남을 수 있었다. 이러한 체제가 한 세대 동안 지속된다면 목적을 달성할 것이다. 폴란드가 소련에 보인 적대감은 사라지고 정통 공산주의가 그 자리에 설 것이다. 과학과 철학, 예술과 문학은 정부에 아첨하는 부속물이 되어 공허하고 편협하며 어리석어질 것이다. 개인은 스스로 생각하거나 느끼지 못하고, 단지 집단 속의 한 개체가 되는 데 만족할 것이다. 소련이 승리한다면 나중에는 이러한 정신 상태가 전 세계적으로 퍼질 것이다. 성공은 자만심을 불러오기 때문에 결국 통제는 완화될 테지만, 그렇게 되기까지는 오랜 시간이 걸리고 개인을 존중하는 풍토가 되살아날지는 의심스럽다. 이런 이유로 소련의 승리를 끔찍한 재앙으로 보는 것이다.

미국의 승리는 이보다 훨씬 덜 극단적인 결과를 가져올 것이다. 먼저 미국의 승리는 미국 혼자만의 승리가 아니라 다른 나라들이 그들의 독립성을 상당 부분 유지할 수 있는 동맹의 승리가 될 것이다. 미국 군대가 옥스퍼드와 케임브리지 대학 교수들을 체포하여 알래스카로 강제 노동을 보내는 일은 상상하기 어렵다. 나 또한 미국이 전후 노동당 대표였던 클레멘트 애틀리가 음모를 꾸몄다고 비난하며 그를 모스크바로 추방하리라고는 생각하지 않는다. 소련은 폴란드에서 이와 비슷한 일을 많이 저질렀지만 말이다. 미국이 주도하는 동맹이 승리한 뒤에도 여전히 영국 문화, 프랑스 문화, 이탈리아 문화, 그리고 (개인적으로 바라건대) 독일 문화는 여전히 존재할 것이다. 따라서 소련이 지배할 때처럼 죽은 듯한 획일성은 존재하지 않을 것이다.

또 다른 중요한 차이점은 모스크바의 정통성이 워싱턴보다 훨씬 더 전면적이라는 것이다. 미국에서는 확실한 증거만 있다면 멘델주의에 대해 어떤 견해를 가진 유전학자든 존재할 수 있다. 반면에 소련에서는 트로핌 리센코(후천적으로 얻은 형질이 유전된다는 주장을 편 소련의 생물학자로 스탈린의 지지를 등에 업고 자신의 학설에 반대하는 과학자들을 숙청하는 데 앞장섰다—옮긴이)와 의견이 다른 유전학자라면 소리 소문 없이 사라질 수도 있다. 미국에서는 하고 싶다면 링컨을 폄하하는 책을 쓸 수 있지만, 소련에서 레닌을 폄하하는 책을 쓴다면 그 책은 출판되지 않을 것이고 저자는 처형될 것이다. 미국 경제학자라면 미국이 불황으로 향하고 있다고 믿을 수도 믿지 않을 수도 있다. 그러나 소련에서는 어떤 경제학자도 미국의 임박한 불황에 의문을 제기할 엄두를 내지 못할 것이다. 미국에서 철학 교수라면 관념론자, 유물론자, 실용주의자, 논리실증주의자, 또는 마음에 드는 어떤 것이든 될 수 있다. 학회에서 의견이 다른 사람들과 논쟁할 수 있고, 청중은 누구의 주장이 더 나은지 판단할 수 있다. 하지만 소련에서는 변증법적 유물론자가 되어야 하지만, 어떨 때는 유물론적 요소가 변증법적 요소보다 우세하고, 다른 때는 그 반대일 때도 있을 것이다. 공식적으로 정해진 형이상학의 발전 과정을 민첩하게 따라가지 못한다면 당신은 불리한 처지에 놓일 것이다. 스탈린은 항상 형이상학의 진리를 알고 있지만, 올해의 진리가 작년의 진리와 같다고 생각해서는 안 된다.

이러한 세계에서는 지성이 정체되고, 심지어 기술적 진보도 곧 끝나게 될 것이다. 공산주의자들이 경멸하는 자유는 지식인들이나 사회 부유층에게만 중요한 것이 아니다. 소련에는 자유가 없었기 때문에 영국, 심지어 미국보다 더 큰 경제적 불평등이 형성

되었다. 모든 선전 수단을 통제하는 일부 권력자가 독점하는 독재국가에서는 부당하고 잔인한 짓을 저지를 수 있지만, 널리 알릴 수 있는 수단이 존재하는 체제에서는 이런 행위가 불가능하다. 소수에게는 사치를 주고 다수에게는 과로와 빈곤만 주는 노예 국가 수립을 막을 수 있는 건 오직 민주주의와 언론의 자유뿐이다. 이러한 일은 소련이 확실한 통제력을 가진 곳 어디에서든 벌어지고 있다. 물론 어디에나 경제적 불평등은 존재하지만, 민주주의 체제에서는 감소하는 경향이 있는 반면, 독재 정권 아래에서는 증가하는 경향이 있다. 그리고 독재 정권 아래에서는 반란이 성공하기 어려우므로 경제적 불평등이 영구화될 위험이 있다.

이제 다음 문제를 생각해 보자. 인류가 직면한 다양한 위험을 고려할 때, 우리는 어떤 정책을 취해야 할까? 앞의 내용을 정리하면 우리는 세 가지 위험을 경계해야 한다. 첫째, 인류의 멸망. 둘째, 야만 상태로 회귀. 셋째, 대다수가 비참함에 빠지고 지식과 사상의 진보가 사라지는 보편적 노예 국가의 수립. 첫 번째와 두 번째 재앙은 세계대전이 단시간에 끝나지 않는 한, 거의 필연적으로 발생한다. 세계대전은 단일한 권위에 무장력을 집중시켜야만 종식될 수 있다. 이러한 조치는 소련의 반대로 합의에 이를 수 없겠지만, 어떻게든 이루어져야 한다.

그 첫걸음은 세계의 군사적 통합이 절대적으로 필요하다는 것을 미국과 영연방 국가에 납득시키는 것이다. 현재로서는 그리

어렵지 않은 일이다. 그 후 영어권 국가는 다른 국가에 군사 통합과 침략에 대한 공동 방어를 포함하는 확고한 동맹에 가입할 선택권을 제공해야 한다. 이탈리아처럼 주저하는 국가가 있다면 경제적, 군사적으로 큰 유인책을 제시해 협력을 이끌어내야 한다.

이러한 동맹이 충분한 힘을 얻은 특정 단계에 다다르면 여전히 가입을 거부하는 모든 강대국은 국제사회에서 배제된다는 위협을 가해야 하며, 저항할 경우 공공의 적으로 간주해야 한다. 이로 인해 전쟁이 머지않아 일어난다면, 아마도 미국의 경제적, 정치적 구조는 온전히 유지될 것이며 승리한 동맹국은 군사력을 독점하여 평화를 확립할 것이다. 그러나 동맹이 매우 강력하다면 전쟁은 필요하지 않을 것이고, 동맹국 가입을 주저하던 강대국들은 끔찍한 전쟁 후에 패배한 적으로 굴복하기보다는 평등한 자격으로 동맹국에 가입하는 것을 선호할 것이다. 이런 일이 일어난다면 세계는 또 다른 전쟁 없이 현재의 위험에서 벗어날 수 있다. 나는 다른 어떤 방법도 이런 행복한 결과를 끌어낼 수 없다고 생각한다. 그러나 소련이 전쟁의 위협 앞에 섰을 때 굴복할 것인지에 대해서는 의견을 내놓을 엄두가 나지 않는다.

나는 지금까지 인류가 처한 상황 중 어두운 측면을 다루었다. 전통적인 사고 습관과 뿌리 깊은 편견에 반하는 조치를 채택하도록 세계를 설득하기 위해서는 이렇게 해야 한다. 그러나 가까운 미래에 벌어질 어려움과 일어날 법한 비극 너머에는 무한한 선善

과 이전에는 주어진 적 없는 더 큰 행복이 인간 앞에 놓여 있다. 서방 민주주의 국가들이 확고하고 신속하게 나아간다면 일어날 수 있는 일이다. 로마 제국의 붕괴부터 현재까지 국가의 규모는 지속적으로 커졌다. 지금은 미국과 소련만이 완전히 독립적인 국가로 존재한다. 이 긴 역사적 과정의 다음 단계는 그 두 개의 국가를 하나로 줄여, 약 6000년 전 이집트에서 시작된 집단 전쟁의 시대에 종지부를 찍는 일이다. 만약 폭정 없이 전쟁을 막을 수 있다면 인간 정신에서 무거운 짐을 덜어낼 수 있을 것이고, 깊은 집단적 두려움이 사라질 것이며, 이로써 우리의 잔인함도 줄어들 것이라고 희망할 수 있다.

인간이 자연의 힘에 대한 통제력을 키워 어디에 사용했는지 살펴보면 흥미롭다. 19세기에 인간은 주로 호모 사피엔스, 특히 백인종의 수를 늘리는 데 전념했다. 20세기에서부터 지금까지는 이와 정확히 반대되는 목표를 추구해 왔다. 노동 생산성 증가로 우리는 더 많은 인구를 전쟁에 투입할 수 있게 되었다. 만약 원자력으로 생산이 더 쉬워진다면 현재 상황에서 그것이 가져다줄 효과는 전쟁뿐이다. 필수품을 생산하는 데 필요한 사람이 더 줄어들기 때문이다. 우리가 전쟁을 막는 문제를 해결하지 못한다면 노동 절약 기술을 기뻐할 이유가 전혀 없으며, 오히려 걱정해야 한다. 반면에 전쟁 위험이 제거된다면 과학 기술은 마침내 인간 행복을 증진하는 데 사용될 수 있을 것이다. 인도나 중국처럼 인구 밀도가 높은 국가에서도 기술이 없어서 빈곤이 지속될 이유가 없을 것이다. 만약 전쟁이 더 이상 인간의 생각과 에너지를 지배하지 않는다면 우리는 한 세대 안에 전 세계의 모든 심각한 빈곤을 종식할 수 있을 것이다.

나는 자유를 선이라고 했지만, 그것은 절대적인 선은 아니다. 우리는 살인자에게 자유를 줄 필요가 없다는 것을 인식하고 있다. 사람을 죽이는 일을 일삼는 국가의 자유를 억제하는 것은 더욱 중요하다. 자유는 법으로 제한해야 하며, 자유의 가장 가치 있는 형태는 법의 틀 안에서만 존재할 수 있다. 세계에서 가장 필요한 것은 국제 관계를 규제하는 데 필요한 효과적인 법이다. 이러한 법을 만드는 첫 번째이자 가장 어려운 단계는 적절한 제재를 마련하는 것이며, 이는 전 세계를 통제하는 단일 군대를 만들어야만 가능하다. 그러나 이러한 군대는 지방 경찰과 마찬가지로 그 자체가 목적은 아니다. 법으로 통치되는 사회 체제를 갖추기 위한 수단이며, 여기서 힘은 개인이나 국가의 특권이 아니라 사전에 정해진 규칙에 따라 중립적인 권위에 의해서만 행사되어야 한다. 사람들은 이번 세기 안에 개별적 힘이 아닌 법률이 국가 간 관계를 지배하는 날이 오기를 희망한다. 만약 이 희망이 실현되지 않으면 우리는 큰 재앙에 직면할 것이다. 그러나 이 희망이 실현된다면 세계는 인류 역사상 그 어느 시대보다 훨씬 더 나은 곳이 될 것이다.

4장

· · · · · · · · · · ·

잘못된 사고를
꿰뚫어 보는 힘

: 철학은 무엇을 꿈꾸는가?

철학은 '명료하게 사고하려는 유별나게 집요한 시도'로
정의되어 왔다. 나는 오히려 '잘못된 사고를 하려는
유별나게 교묘한 시도'로 정의하고 싶다.

1

영국의 철학자 프랜시스 브래들리에 따르면 형이상학은 "우리가 본능적으로 믿는 것에 대해 그것이 왜 나쁜지 이유를 찾는 것"이다. 매우 진지하고 때로는 과장되고 긴 형이상한 책이 이렇게 날카로운 문장으로 시작하는 것은 흥미로운 일이다. 매우 힘들고 고된 논증을 거쳐 다다른 이 책의 최종 결론은 이렇다. "정신 이외에는 그 어떤 실재도 없으며, 있을 수 없고, 어떤 것이든 더 정신적일수록 더 진실한 실재이다." 책 앞머리에 나오는 이 문장은 저자가 스스로를 인식하는 드물게 찾아오는 짧은 순간에 떠올렸는데, 반쯤은 농담 같은 형태로 쓰였기 때문에 저자 스스로가 받아들이기 쉬웠을 것이다. 그러나 본격적인 논의에 들어가면서 그는 '나쁜 이유를 찾으려는 본능'에 사로잡히고 말았다. 그는 진지할 때는 전형적인 철학자처럼 궤변을 늘어놓았지만, 농담할 때는 오히려 통찰력이 있었고 비철학적인 진실을 말했다.

철학은 '명료하게 사고하려는 유별나게 집요한 시도'로 정의되어 왔다. 나는 오히려 '잘못된 사고를 하려는 유별나게 교묘한 시도'로 정의하고 싶다. 철학자의 기질은 매우 드문데, 상충되는 두 가지 특징이 결합되어야 하기 때문이다. 그중 하나는 우주나 인생에 대한 일반적 명제를 믿고자 하는 강한 욕구이고, 다른 하나는 지적으로 타당해 보이는 근거가 없으면 쉽사리 믿지 못하는 무능력이다. 깊게 생각하는 철학자일수록 자신이 지적으로 납득할 수 있는 상태에 도달하기 위해 스스로 만들어내는 오류도 더욱더 정교하고 복잡해지는 법이다. 철학이 모호한 이유가 여기에 있다.

완전히 비지성적인 사람에게 일반적인 학설은 중요하지 않다. 과학자에게 그것은 실험으로 검증해야 할 가설이다. 반면 철학자에게 그것은 삶을 견딜 만하게 만들기 위해 어떻게든 정당화되어야 하는 정신적 습관이다. 전형적인 철학자는 특정 믿음을 정서적으로는 반드시 필요하지만 지적으로는 난해한 것으로 여긴다. 따라서 그는 긴 추론 과정을 거치며, 그 과정에서 경계심이 순간적으로 떨어져 오류를 보지 못하고 통과한다. 한 번의 오류는 오히려 그의 지적 민첩성 때문에 순식간에 그를 오류의 늪으로 빠져들게 만든다.

근대 철학의 아버지 데카르트는 이 특별한 정신적 기질을 완벽하게 보여준다. 데카르트가 확언하듯이, 그는 단 한 명의 교사에게만 배웠다면 결코 자신의 철학을 구축하지 못했을 것이다. 들은 대로 믿었을 테니 말이다. 그러나 데카르트는 스승들이 서로 다른 의견을 갖고 있다는 것을 알았고, 이를 통해 기존의 어떤 교리도 확실하지 않다는 결론을 내릴 수밖에 없었다. 확실성을 열렬히 추구했던 그는 그것을 달성할 새로운 방법을 모색하기 시작했다. 첫 단계로 그는 의심할 수 있는 모든 것을 제거하기로 했다. 일상적인 물체, 즉 지인들, 거리, 태양, 달 등은 환상일지도 모른다. 왜냐하면 그는 꿈에서도 비슷한 것을 보았고, 자신이 항상 꿈을 꾸고 있지 않다고 확신할 수 없었기 때문이다. 수학적 증명도 오류일지 몰랐다. 수학자들도 때로는 실수를 하기 때문이다. 그러나 그는 자신의 존재를 의심할 수는 없었다. 만약 자신이 존재하지 않는다면 의심할 수도 없기 때문이다. 마침내 그는 이전 회의주의들이 무너뜨린 지적 건축물을 재건하기 위한 의심할 수 없는 전제를 얻었다.

여기까지는 좋았다. 그러나 이 순간부터 데카르트의 작업은 모든 비판적 예리함을 잃었고, 학파의 전통 말고는 아무런 근거도 없는 스콜라 철학의 학문적 격언을 받아들였다. 데카르트는 자신이 존재함을 믿는다고 말했는데, 왜냐하면 자신이 존재한다는 것을 매우 명확하고 뚜렷하게 보기 때문이다. 따라서 그는 "우리가 매우 명확하고 뚜렷하게 인식하는 것들은 모두 참이라는 것을 나는 일반 규칙으로 받아들인다"라고 결론지었다. 그는 그때부터 모든 종류의 사물을 '매우 명확하고 뚜렷하게' 인식하기 시작한다. 예를 들어, 결과는 원인보다 더 완벽할 수 없다는 식으로 말이다. 그는 신神이라는 관념, 즉 자신보다 더 완벽한 존재에 대한 관념을 형성할 수 있기 때문에 이 관념은 자신 이외의 원인을 가져야 하며, 그 원인은 오직 신이라고 생각했다. 따라서 신은 존재한다. 신은 선하기 때문에 데카르트를 영원히 속이지 않을 것이다. 따라서 데카르트가 깨어 있을 때 보는 것은 실제로 존재해야 한다. 모든 것이 이렇게 계속된다. 이로써 모든 지적 경계심은 바람에 날아갔다. 초기의 회의주의가 단순히 수사법으로 보일 수 있지만, 나는 심리학적으로 그렇게 믿지 않는다. 길 잃은 사람의 의심만큼이나 진실했던 데카르트의 초기 의심은, 가능한 한 가장 빠른 시기에 확실성으로 대체되기 위한 것이었다.

추론 능력이 좋은 사람이 오류 있는 논증을 펼친다면 이는 편견이 있다는 증거이다. 데카르트는 회의주의자였지만 그가 말하는 모든 것은 예리하고 설득력이 있었다. 심지어 그의 사상 체계의 첫 단계인 자신의 존재 증명도 그런 맥락에 놓여 있었다. 그러나 그 이후의 모든 것은 느슨하고 부주의하며 성급해서 욕망의 왜곡된 영향을 보여준다. 박해를 피하기 위해 정통성을 보이고 싶은 욕망도 있었겠지만 더 내밀한 원인도 작용했을 것이다. 나는 데카르트가 감각할 수 있는 대상의 실재성, 심지어 신의 실재성에 대해 열정적으로 관심을 보였다고 생각하지 않는다. 그러나 그는 수학적 진리에 대해서는 관심이 많았다. 이러한 수학적 진리는 그의 철학 체계에서 먼저 신의 존재와 속성을 증명함으로써만 확립될 수 있었다. 심리학적으로 그의 철학 체계는 다음과 같다. 신이 없으면 기하학도 없다. 그러나 기하학은 즐겁다. 따라서 신은 존재한다.

"가능한 모든 세계 중 이 세계가 최선의 세계이다"라는 문구를 만든 빌헬름 라이프니츠는 데카르트와는 매우 다른 부류에 속하는 사람이었다. 그는 열정적이지 않고 편안했으며, 아마추어가 아닌 전문가였다. 그는 하노버 가문의 연대기를 써서 생계를 유지했고, 엉터리 철학으로 명성을 얻었다. 물론 좋은 철학 논문도 썼지만, 여러 군주에게 받는 연금을 잃을 수 있었기 때문에 출판하지 않았다. 라이프니츠가 쓴 가장 중요한 대중 작품 중 하나인 『변신론』은 프로이센의 조피 샤를로테 여왕(선제후 하노버 공의 부인 소피아의 딸)을 위해 썼는데, 프랑스 철학자 피에르 벨이 쓴 『역사 비평 사전Historical and Critical Dictionary』의 회의주의에 대한 해독제로 집필한 책이다. 이 작품에서 그는 볼테르의 『캉디드 혹은 낙관주의』에 등장하는 팡글로스 박사의 스타일로 낙관주의의 근거를 제시한다. 그는 신이 창조할 수 있는 논리적으로 가능한 세상은 많고, 그중 일부는 죄와 고통이 전혀 없다고 주장한다. 그리고 현실 세계에서는 심판받을 자의 수가 구원받을 자의 수보다 비교할 수 없을 만큼 더 많다. 그러나 라이프니츠는 악이 없는 세계는 신이 창조하기로 선택한 이 현실 세계보다 훨씬 적은 선善을 포함하고 있어서, 선과 악의 초과분이 이 세계보다 작다고 생각한다. 라이프니츠와 샤를로테 여왕은 자신들이 심판받는 자들 중 하나일 가능성이 낮다고 여겼기에 이런 종류의 낙관주의를 만족스럽게 여긴 것 같다.

이러한 피상적인 주장 이면에는 라이프니츠가 평생 동안 씨름한 더 깊은 문제가 있었다. 그는 결정론적 세계를 특징짓는 엄격한 필연성에서 벗어나면서도 논리의 영역을 축소하고 싶지는 않았다. 그는 현실 세계가 자유 의지를 갖는다고 생각했다. 더욱이 신은 창조 가능한 다른 세계 중에서 이 세계를 자유롭게 선택했다. 그러나 다른 세계들이 현실 세계보다 선하지 않으므로 그 세계 중 하나를 선택하는 것은 신의 선함과 양립할 수 없었을 것이다. 그렇다면 우리는 신이 반드시 선하지 않다고 결론지어야 할까? 라이프니츠는 이렇게 말할 수 없었다. 왜냐하면 다른 철학자들처럼 라이프니츠도 가만히 앉아 생각함으로써 신의 본성처럼 중요한 것을 알아낼 수 있다고 믿었기 때문이다. 그러나 그는 이러한 견해가 함축하는 결정론에서 물러섰다. 따라서 그는 모호함과 애매함 속으로 도피했다. 그러나 이렇게 한 대가로 그는 자신의 철학 세계 전체를 관통하는 광범위한 혼란을 치러야 했다.

2

친절한 조지 버클리 주교는 새로운 변증법을 고안하여 당시 유물론자들을 공격했는데, 이 논증은 잉글랜드의 물리학자이자 수학자 제임스 진스 경을 통해 부활했다. 버클리 주교의 목적은 두 가지였다. 첫째, 물질이 있을 수 없다는 것을 증명하는 것. 둘째, 이 부정적 명제로부터 신은 필연적으로 존재한다는 것을 추론하는 것이었다. 첫 번째 논점에서 그는 한 번도 답을 얻은 적이 없다. 하지만 그가 이런 논의를 통해 신학적 정통성을 뒷받침한다고 믿지 않았다면 그런 주장을 했을지는 의문이다.

버클리는 이렇게 주장했다. 당신이 나무를 보고 있다고 생각할 때 당신이 실제로 아는 것은 외부 대상이 아니라 자신의 변형, 즉 감각 또는 그가 말하는 '관념'이라고 말이다. 이것은 당신이 직접적으로 아는 것의 전부이며, 당신이 눈을 감으면 사라진다. 당신이 인식할 수 있는 모든 것은 외부의 물질적 대상이 아니라 당신의 마음속에 있다. 따라서 물질은 불필요한 가설이다. 나무를 볼 때 실재하는 것은 그것을 '본다'고 여기는 사람들의 지각이다. 나머지는 불필요한 형이상학적 개념의 한 조각이다.

여기까지 버클리의 논증은 능숙하고 대체로 타당하다. 그러나 그는 여기에서부터 갑자기 논조를 바꾸고 대담한 역설을 제시한 후, 비철학적인 사람들의 편견으로 후퇴하여 다음 논제의 근거를 제시한다. 그는 나무와 집, 산과 강, 태양과 달과 별 들이 우리가 볼 때만 존재한다고 생각하는 것은 터무니없다고 여기지만, 이는 그가 이전에 주장한 내용이다. 그는 물리적 대상에는 어떤 영속성과 인간으로부터 독립성이 있어야 한다고 생각한다. 그는 나무가 실제로 신의 마음속에 있는 관념이며, 따라서 인간이 나무를 보고 있지 않을 때도 나무는 계속 존재한다고 가정함으로써 이 논증에 확신을 얻었다. 버클리가 자신의 역설의 결과를 솔직히 받아들였다면 자신이 보기에도 끔찍했을 것이다. 그러나 그는 갑작스럽게 사고를 전환하여 정통성을 회복하고 상식의 일부분을 구출한다.

버클리의 추종자들도 그의 논증에 회의적이었는데, 데이비드 흄은 예외였다. 이 점에서 버클리의 가장 근대적인 제자들도 흄보다 진보적이지 못했다. 내가 '관념'만을 안다면 내가 아는 것은 오직 나의 관념뿐이며, 따라서 나는 나 자신의 정신 상태 외에는 어떤 것이 존재한다고 믿을 이유가 없다는 것을 아무도 인정하고 싶어 하지 않았다. 이렇게 매우 단순한 논증의 타당성을 인정한 사람들은 버클리의 제자들이 아니었다. 그들은 그러한 결론을 참을 수 없다고 여겼기 때문에 우리가 아는 것은 '관념'뿐만이 아니라고 주장했다.[*]

---

[*]   버클리 철학의 두 측면은 다음 두 연의 희극시로 설명된다.

한 남자가 말했네, "하느님께서 매우 이상하게 여기실 거야 철학계의 문제아 흄은 형이상학적 속셈이 없다는 점에서 특이했다. 그는 철학자일 뿐 아니라 역사가이자 수필가였고, 편안한 기질의 소유자였다. 그는 아마도 자신의 오류를 만들어내는 것만큼이나 오류를 저지르는 사람들을 귀찮게 하는 데서 즐거움을 느꼈을 것이다. 그러나 흄의 활동에서 주요한 성과는 영국과 독일에서 두 가지 새로운 오류 묶음을 자극하는 것이었다. 그중에 독일의 오류 묶음이 더 흥미롭다.

흄을 주목한 첫 번째 독일인은 이마누엘 칸트였다. 그는 마흔다섯 살까지는 라이프니츠에서 유래한 교조적 전통에 만족했다. 그러다가 칸트의 표현대로, 흄이 "그를 독단의 잠에서 깨웠다." 12년에 걸친 사유 끝에 칸트는 위대한 저작 『순수 이성 비판』을 완성했다. 7년 후인 예순네 살에는 『실천 이성 비판』을 완성함으로써 거의 20년간의 불편한 자각에서 벗어나 독단의 잠으로 돌

이 나무가 계속 있는 걸 발견하신다면
안뜰에는 아무도 없는데도." - 로널드 녹스

친애하는 선생님,
당신의 놀람이 이상하군요.
난 항상 안뜰 안에 있지요.
그래서 그 나무는
계속 존재할 거예요,
관찰되고 있으니까요

당신의 충실한 벗
하느님

아갔다. 칸트의 근원적 욕망은 두 가지였다. 하나는 변하지 않는 일상을 확신하는 것이었고, 또 하나는 어렸을 때 배운 도덕적 교훈을 믿고 싶어 한 것이었다. 흄은 두 가지 모두를 혼란스럽게 만들었다. 인과율을 믿을 수 없다고 주장했고, 내세에 대해 의문을 제기하여 선한 사람이라도 천국에서 보상을 기대할 수 없다고 주장했기 때문이다. 칸트는 흄에 대해 탐구하기 시작한 첫 12년을 인과율에 바쳤고, 마침내 주목할 만한 해결책을 내놓았다. 그는 말한다. 우리는 현실 세계의 여러 원인을 알 수 없다. 그렇다면 우리는 현실 세계에 대해 아무것도 알 수 없다. 우리가 경험할 수 있는 유일한 세계인 현상 세계는 우리가 기여한 모든 종류의 속성을 가지고 있다. 마치 벗을 수 없는 녹색 안경을 쓴 사람이 세상 모든 것을 녹색으로 보는 것처럼 말이다. 우리가 경험하는 현상들은 원인이 있는데, 이 원인은 다른 현상이다. 현상 뒤에 있는 실재에 인과관계가 있는지 걱정할 필요는 없다. 우리는 그것을 경험할 수 없기 때문이다. 칸트는 매일 정확히 같은 시간에 산책을 했고, 그의 하인은 우산을 들고 그를 따랐다. 『순수 이성 비판』을 완성하는 데 12년을 보낸 뒤 이 노학자는 비가 오더라도 우산이 자신을 젖지 않게 해준다고 확신했다. 흄이 실제 빗방울에 대해 무엇이라 하든 상관없이 말이다.

이러한 생각은 위안이 되었지만, 그 위안은 큰 대가를 치르고 얻은 것이었다. 현상이 일어나는 공간과 시간은 비현실적이다. 이는 칸트의 심리적 메커니즘이 만들어낸 것이다. 칸트는 쾨니히스베르크에서 16킬로미터 이상 벗어난 적이 없었기 때문에 공간에 대해 아는 게 별로 없었다. 만일 칸트가 여행을 했다면 자신의 주관적 창조성이 자신이 본 모든 세상을 기반으로 지리학을 발명할 만큼 충분한지 의심했을 것이다. 그러나 기하학의 진리를 확신하는 것은 즐거웠다. 그는 스스로 공간을 만들고 그곳이 유클리드 기하학으로 만들었다는 것을 확신했고, 자신의 외부를 보지 않고도 이를 확신했다. 이런 식으로 그는 수학을 자신의 우산 아래로 안전하게 들여놓았다.

그러나 수학은 안전했지만, 도덕은 여전히 위험에 처해 있었다. 『순수 이성 비판』에서 칸트는 순수 이성이 내세나 신의 존재를 증명할 수 없다고 말했다. 따라서 세상에 정의가 있다고 확신할 수도 없었다. 게다가 그에게는 자유 의지라는 어려운 문제가 있었다. 내가 관찰할 수 있는 한 나의 행동은 현상이며, 따라서 원인이 있다. 나의 행동 그 자체가 무엇인지에 대해 순수 이성은 나에게 아무것도 말해줄 수 없으므로 나는 그 행동이 자유로운지 아닌지 알 수 없다. 그러나 순수 이성만이 유일한 이성은 아니다. 다른 종류도 있다. '불순' 이성이라 예상할 수도 있겠지만, 사실은 '실천' 이성이다. 이는 칸트가 어린 시절 배운 모든 도덕 규칙이 참이라는 전제에서 시작한다. (물론 이런 전제는 정체를 숨겨야 한다. 그래서 '정언명법'이라는 이름으로 철학계에 소개된다.) 이로부터 의지가 자유롭다는 결론이 나온다. 당신이 이런저런 행동을 할 수 없다면 '당신은 이렇게 해야 한다'고 말하는 것은 터무니없기 때문이다. 여기에서 내세가 있다는 결론도 나온다. 내세가 없다면 선한 사람은 합당한 보상을 받지 못하고, 악한 사람은 합당한 처벌을 받지 않기 때문이다. 이 논리는 이러한 것들을 주선할 신이 있어야 한다는 결론으로 도출된다. 흄은 '순수' 이성을 물리쳤을지 모르지만, 도덕률은 결국 형이상학자들에게 승리를 안겨주었다. 그래서 칸트는 행복하게 세상을 떠났고, 그 이후로 계속 존경받고 있다. 칸트의 학설은 심지어 나치스 독일의 공식 철학으로 선언되기까지 했다.

3

철학자들은 대부분 본질적으로 소심하며 예상치 못하는 일을 싫어한다. 철학자들 중에서 해적이나 강도로 살면서 진정으로 행복을 느낄 사람은 거의 없다. 따라서 철학자들은 적어도 윤곽만이라도 미래를 계산할 수 있게 만드는 체계를 발명한다. 이 기술을 가장 잘 실천한 사람은 헤겔이다. 그에게 논리와 역사의 과정은 대체로 동일했다. 그에게 논리란 자기를 교정해 가면서 세계를 설명하려는 일련의 시도로 구성된 것이었다. 만약 당신의 첫 번째 시도가 너무 단순하다면, 물론 그럴 가능성이 높지만, 당신은 그 시도가 자기모순이라는 사실을 발견할 것이다. 그러면 당신은 반대 또는 '반_反'을 시도할 테지만, 이것도 자기모순일 것이다. 그 결과 당신은 '합_合'에 이르는데, 이는 원래 관념의 일부와 그 반대 관념의 일부를 포함하지만 둘 중 어느 것보다 더 복잡하고 덜 자기 모순적이다. 그러나 이 새로운 관념도 부적절한 것으로 판명될 테고, 당신은 반대편을 통해 새로운 합으로 나아가게 될 것이다. 이 과정은 당신이 '절대 이념'에 도달할 때까지 계속되는데, 이 이념에는 모순이 없으며, 따라서 실제 세계를 설명한다.

그러나 헤겔이나 칸트에게 실제 세계는 현상 세계가 아니다. 현상 세계는 논리학자가 순수 존재에서 시작하여 절대 이념에 도달하는 것과 같은 발전 과정을 거친다. 헤겔은 고대 중국을 순수 존재의 예로 제시했는데, 이때 헤겔은 중국이라는 나라가 존재한다는 것만 아는 상태였다. 반면에 절대 이념은 프로이센을 예로 들었는데, 프로이센은 헤겔에게 베를린 대학 교수직을 준 나라였다. 세계가 왜 이러한 논리적 진화를 거쳐야 하는지는 명확하게 밝혀지지 않았다. 절대 이념이 처음에는 자신을 완전히 이해하지 못하고 자신을 구현하려 할 때 실수를 했다고 추측할 뿐이다. 물론 헤겔은 이런 말을 하지 않았다.

헤겔의 이론 체계는 그 이전의 무엇보다 철학자들의 본능을 충족시켰다. 그 이론 체계는 너무 모호해서 아마추어는 이해할 수 없었다. 역사는 절대 이념의 전개 과정에서 진보적이라고 보았기 때문에 그 이론 체계는 낙관적이었다. 그것은 연구실에 앉아 추상적인 관념을 탐구하는 철학자가 정치가나 역사가 또는 과학자보다 실제 세계에 대해 더 많이 알 수 있음을 보여주었다. 이에 대해서는 불행한 사건이 있었음을 짚고 넘어가야 한다. 헤겔이 행성은 정확히 7개여야 한다는 증명을 발표한 지 일주일 만에 여덟 번째 행성이 발견된 것이다(헤겔은 다른 사물, 예를 들어 인간의 머리에 존재하는 구멍의 수가 7개뿐이기 때문에 행성의 숫자도 7개뿐이라고 주장했다. 그는 이러한 생각을 바탕으로 화성과 목성 사이에 행성이 존재하지 않는다는 내용의 논문 「행성궤도론」을 1801년 10월에 발표했다. 하지만 1801년 1월에 주세페 피아치가 화성과 목성 사이에 세레스라는 행성이 존재한다는 것을 발견했다. 러셀이 날짜를 착각한 것으로 보인다─옮긴이). 이 문제는 은폐되었고 새롭게 쓴 논문이 발표되었지만, 이를 조롱하는 사람들이 있었다. 그러나 이러한 실수에도 헤겔의 이론 체계는 한동안 독일에서 큰 반향을 불러일으켰다. 헤겔 철학이 독일에서 거의 잊힐 때쯤 영국과 미국 대학들이 그를 주목하기 시작했다. 그러나 지금은 헤겔을 지지하는 사람들이 얼마 되지 않을뿐더러 급속히 줄어들고 있다. 이후 어떤 위대한 이론 체계도 학계에서 헤겔의 자리를 대신하지 못했고, 이제는 철학자가 관찰하지 않고 단순히 사유만으로 과학자의 오류를 발견할 수 있다고 말하는 사람은 거의 없다.

그러나 대학 밖에서는 헤겔의 잿더미 안에서 마지막 위대한 이론 체계 하나가 일어서더니 교수들이 잃어버린 사유의 힘에 대한 행복한 믿음을 널리 전파했다. 거의 멸종된 종족의 마지막 생존자는 마르크스의 학설이다. 마르크스는 헤겔에게서 변증법에 대한 믿음을 이어받았다. 즉 추상적 관념뿐만 아니라 인류 역사 과정에서 보이는 정반합이라는 논리적 발전이 나타난다고 믿었다. 학계의 정점에 있고 독일인들의 존경을 받던 헤겔에게는 프로이센을 이전의 모든 노력이 향하는 목표로 간주하는 일이 가능했다. 그러나 가난하고 병들고 망명까지 해야 했던 마르크스에게 세계는 분명히 완벽하지 않았다. 천년왕국에 도달하기 전에 변증법의 바퀴를 한 번 더 돌려야 했다. 즉 한 번 더 혁명이 필요했다. 혁명이 일어나는 건 의심의 여지가 없었다. 마르크스도 헤겔처럼 역사를 논리적 과정으로 간주했기 때문에 그 단계는 숫자 계산만큼이나 의심할 여지가 없었다. 이로써 마르크스주의에 믿음과 희망이 자리 잡게 된 것이다.

마르크스 이론의 대부분은 헤겔과 관계가 없지만 그 안에 담긴 헤겔적 요소는 매우 중요하다. 이러한 요소가 승리에 대한 확신과 저항할 수 없는 우주의 힘과 한편에 있다는 느낌을 제공하기 때문이다. 불행한 처지에 놓인 사람들에게 헤겔 변증법에 대한 믿음은 기독교 재림과 유사하다. 그러나 헤겔 변증법이 전제로 삼은 논리 기반은 마음뿐만 아니라 머리까지 사로잡았다. 머리가 사로잡힌 사람은 부르주아적 편견보다는 경험 과학적 기질 때문에 더 위험에 빠진다. 이러한 기질은 형이상학자들이 생각했던 만큼 우주에 대해 많이 알 수 있다고 가정하지 못한다. 아마도 경험적 합리성은 너무 어려워서 사람들은 행복할 때를 제외하고는 결코 이를 유지하지 못할 것이다. 그렇다면 우리 시대의 다양한 비합리적 신앙은 우리가 자처한 불행의 자연스러운 결과이며, 새로운 형이상학의 시대는 새로운 재앙에서 비롯될지도 모른다.

4

철학은 지적 발전의 한 단계이며, 정신적 성숙과는 양립할 수 없다. 철학이 번성하려면 전통 학설을 여전히 믿어야 하지만, 전통 학설을 지지하는 논증을 결코 찾지 않을 정도로 무조건 믿어서는 안 된다. 또한 중요한 진리는 관찰의 도움 없이 단순히 생각만으로 발견될 수 있다는 믿음이 있어야 한다. 이 믿음은 순수 수학에서는 진리로 받아들여지며, 위대한 철학자들에게 영감을 주었다. 수학에서 이 믿음이 진리인 이유는 그 연구가 본질적으로 언어적이기 때문이다. 다른 영역에서는 이 믿음이 받아들여지지 않는다. 생각만으로는 비언어적 사실을 확립할 수 없기 때문이다. 야만인이나 미개인은 사람과 이름 사이에 마술적 연결이 있다고 믿기 때문에 자신들의 이름을 적에게 알리는 것은 위험하다고 생각한다. 단어와 그것이 지칭하는 것 사이의 구별을 항상 인지하는 것은 어려운 일이다. 형이상학자들은 야만인처럼 단어와 사물 사이에, 또는 적어도 구문과 단어 구조 사이에 마법적 연결이 있다고 상상하기 쉽다. 문장에는 주어와 술어가 있으므로 세계 또한 속성을 가진 실체로 구성되어 있다는 것이다. 최근까지 이 논증은 거의 모든 철학자들이 받아들였다. 어쩌면 철학자 자신도 모르게 그 논리에 조종당한 것인지도 모른다.

언어와 그것이 의미하는 것 사이의 혼동 외에도 철학자가 생각만으로 사실을 찾아낼 수 있다는 믿음의 근거는 더 있다. 세계가 윤리적으로 만족스러워야 한다는 확신이다. 『캉디드 혹은 낙관주의』에 등장하는 팡글로스 박사는 자신의 연구실에서 자신만의 사고방식에 따라 최선의 우주가 어떤 것인지 규명할 수 있다. 그는 또한 연구실에 머무는 한, 우주가 자신의 윤리적 요구를 만족시키기 위해 존재한다고 자신을 설득할 수 있다. 세상을 떠날 때까지 영국 철학의 인정받는 지도자 중 한 명이었던 버나드 보즌켓은 그의 『논리학Logic or, The Morphology of Knowledge』에서 표면적으로는 논리적 근거에 기반을 두고 이렇게 말했다. "요컨대 근대 유럽과 그 식민지 같은 진보 문명을 파괴할 재앙이 일어난다고 믿기는 어렵다." 이처럼 '사고의 법칙'이 우리에게 위안이 되는 정치적 결과를 가져온다고 믿는 능력은 철학적 편견의 지표이다. 철학은 과학과는 다르게 일종의 자기주장에서 비롯된다. 우리의 목적이 우주의 목적과 중요한 관계가 있다는 믿음, 따라서 장기적으로 사건 과정이 우리가 바라는 바와 일치할 수밖에 없다는 믿음이다. 과학은 이런 종류의 낙관주의를 포기했지만, 다른 낙관주의로 이어지고 있다. 그것은 바로 우리가 우리의 지성으로 이 세계를 우리 욕망이 충족되는 곳으로 만들 수 있다는 믿음이다. 이는 형이상학적 낙관주의와 대조되는 실용적 낙관주의이다. 이러한 실용적 낙관주의가 미래 세대에게 팡글로스 박사의 낙관주의처럼 어리석게 보이지 않기를 바란다.

5장

억압과 착취에 맞선 약자들의 숨겨진 힘

억압받는 자들에게 우월한 덕성을 부여하는 시기는
일시적이고 불안정하다. 이는 억압자들이 양심의 가책을
느낄 때에만 시작되며, 그들이 가진 권력이 더 이상 안전하지
않을 때에만 일어난다.

인류의 오래된 망상 중 하나는 어떤 인종이 어떤 인종보다 도덕적으로 더 뛰어나거나 더 열등하다고 여기는 것이다. 이 믿음은 다양한 형태로 나타나는데 어느 것도 합리적 근거가 없다. 자기 자신을 좋게 생각하는 것은 자연스러운 일이다. 따라서 단순하게 생각하는 사람은 자신의 성별이나 계급, 국가, 시대에 대해서도 좋게 생각한다. 그러나 작가들, 특히 도덕주의자들은 자부심을 에둘러서 표현한다. 그들은 자신의 이웃과 지인들을 나쁘게 생각하는 경향이 있으며, 따라서 자신이 속하지 않은 집단을 좋게 생각한다. 노자는 공자의 세련된 학설이 도래하기 전에 살았던 '옛날의 참된 사람들'을 찬양했다. 로마 시대의 역사가이자 정치가 타키투스와 프랑스의 여성 작가 제르멘 드 스탈은 황제가 없었다는 이유로 독일인들을 찬양했고, 로크는 데카르트의 궤변에 현혹되지 않는다는 이유로 '지적인 미국인'을 높이 평가했다.

자신이 속하지 않은 집단에 대한 이러한 찬양 가운데 흥미로운 것은 억압받는 자들, 예를 들어 식민 국가, 가난한 사람들, 여성의 우월한 덕성에 대한 믿음이다. 18세기는 아메리카 원주민들에게 미국을 빼앗고, 농민들을 빈곤 노동자로 전락시키며, 잔혹한 초기 산업주의를 도입했으면서도 '고귀한 야만인'과 '가난한 자들의 소박한 연대기'에 감상적으로 접근했다. 미덕은 궁정에서 찾을 수 없다고 일컬어졌지만, 궁정 귀부인들은 양치기 소녀로 변장함으로써 그런 미덕을 확보할 수 있었다. 그리고 남성에 대해서는 다음과 같은 것이 주어졌다.

복된 이여, 소망과 관심이
몇 뙈기의 조상 땅에 묶여 있나니.

그럼에도 이 시를 쓴 영국 시인 알렉산더 포프는 런던과 트위크넘에 있는 별장을 좋아했다.

프랑스혁명 때 가난한 사람들의 우월한 덕성은 당파적 문제가 되었고, 그 이후로 계속 그래왔다. 반동주의자들에게 가난한 이들은 '천민'이거나 '폭도'였다.

부자들은 '몇 뙈기의 조상 땅'조차 소유하지 못할 만큼 가난한 사람들이 있다는 사실에 놀랐다. 그러나 자유주의자들은 여전히 가난한 농촌 사람들을 이상적으로 바라보았고, 사회주의 지식인과 공산주의자들도 도시 프롤레타리아트를 그러한 시선으로 바라보았다. 이러한 유행은 20세기에 와서야 중요한 문제로 부각되었기 때문에 나중에 다시 언급하겠다.

19세기에 민족주의는 억압받는 민족의 애국자를 고귀한 야만인의 대체품으로 다루었다. 터키에서 해방되기 전의 그리스인, 1867년 아우스글라이히Ausgleich ('대타협'이라는 뜻을 지닌 협정으로 오스트리아 제국과 헝가리 왕국 사이에 체결되었으며 헝가리인의 자치권을 대폭 향상시키는 조처―옮긴이) 이전의 헝가리인, 1870년 통일 이전의 이탈리아인, 제1차 세계대전이 끝나는 1914-18년 전쟁 이후 폴란드인은 이 사악한 세상에서 성공하기에는 너무나 이상적인 재능을 지닌 낭만적인 시적 민족으로 여겨졌다. 영국인은 아일랜드를 계속 억압하는 비용이 엄청나다는 것을 알게 된 1921년 전까지 아일랜드인을 특별한 매력과 신비한 통찰력을 가진 민족으로 여겼다. 이렇게 다양한 국가가 차례차례 독립하면서 그 민족이 다른 민족과 다르지 않다는 것이 밝혀졌다. 그러나 이미 해방된 사람들의 경험은 여전히 투쟁 중인 사람들에 대한 환상을 파괴하지 못했다. 영국의 노부인들은 '동양의 지혜'를, 미국 지식인들은 흑인의 '자연과 소통하는 능력'을 여전히 감상적인 시선으로 바라본다.

여성은 가장 강력한 감정의 대상이기에 가난한 사람들이나 식민 국가보다 더 비이성적으로 여겨졌다. 나는 시인들의 생각이 아니라, 자신을 이성적이라고 생각하는 사람들의 냉철한 의견에 대해 말하는 것이다. 교회는 여성에 대해 두 가지 상반된 태도를 가지고 있었다. 하나는 수도사와 다른 남성들을 죄로 이끄는 유혹자였고, 다른 하나는 남성을 능가할 만한 성인聖人의 자질을 가진 대상이었다. 신학적으로 이 두 유형은 이브와 성모 마리아로 대표된다. 19세기에는 유혹자의 이미지가 의식의 뒤편으로 사라졌다. 물론 '나쁜' 여성들이 있었지만, 빅토리아 시대 명사들은 성 아우구스티누스와 그의 후계자들과 달리, 그런 악녀들이 자신들을 유혹할 가능성은 없다고 확신했고, 악녀의 존재 자체를 인정하지 않았다. 성모 마리아와 기사도 이야기 속 숙녀를 결합한 여성이 평범한 기혼 여성의 이상형으로 여겨졌다. 이 여성들은 섬세하고 우아하며, 거친 세상 속에서 살아가면 사라질 것처럼 연약하고, 악한 것과 접촉하면 빛이 바랄 이상을 가지고 있었다. 켈트인과 슬라브인, 그리고 고귀한 야만인처럼, 어쩌면 그들보다 더 강하게 그 여성들은 영성을 가진 존재로서 남성보다 우월했다. 하지만 동시에 사업이나 정치, 또는 재산을 운용하는 일에는 적합하지 않다고 여겨졌다. 이러한 관점은 아직 완전히 사라지지 않았다. 얼마 전 내가 동일 노동, 동일 임금을 지지하는 연설을 한 적이 있다. 그 연설을 들은 한 영국 교사가 교사협회에서 발행한 소책자를 보내왔는데, 그들은 내 의견에 반대하며 흥미로운 논리를 내세웠다. "우리는 여성을 영적인 능력 면에서 기꺼이 첫 번째 자리에 놓는다. 우리는 여성을 '인간성의 천사 같은 부분'으로 인정하고 존경한다. 우리는 여성에게 인간의 모든 우아함과 세련됨의 가장 높은 자리를 부여한다. 우리는 여성이 매력적인 여성스러움을 유지하기 바란다." 여성들이 남성보다 더 적은 임금에 만족해야 한다는 '이 호소'는 "이는 남성들의 이기적인 생각이 아니라 우리의 어머니, 아내, 자매, 딸에 대한 존경과 헌신에서 온 생각이다. 우리의 목적은 신성하며 진정한 영적 십자군이다."

오륙십 년 전에는 소수의 페미니스트 말고는 그 누구도 이런 발언에 반발하지 않았다. 하지만 지금은 여성들이 선거권을 쟁취한 덕분에 이런 발언은 시대착오적으로 보인다. 여성의 '영적' 우월성에 대한 믿음은 그들을 경제적, 정치적으로 열등하게 묶어놓으려는 의도였다. 이 싸움에서 패배한 뒤 남성들은 여성을 존중해야 했고, 여성의 열등함을 위로하는 차원에서 제공했던 '존경'을 포기했다. 성인이 아동을 바라보는 관점에서도 비슷한 발전이 있었다. 아이들은 여성들처럼 신학적으로 사악했으며, 특히 복음주의 신학에서 그러한 경향은 더욱 두드러졌다. 아동은 사탄의 수족이었고 회개할 줄 몰랐다. 영국의 목사이자 신학자 아이작 와츠가 이를 다음과 같이 훌륭하게 표현했다.

하느님의 전능하신 몽둥이질 한 번이면
어린 죄인들을 순식간에 지옥으로 보낼 수 있다네.

아이들은 '구원'받아야 할 존재였다. 감리교를 창시한 존 웨슬리가 세운 학교에서는 이런 식이었다. "한번은 전반적으로 회개가 이루어졌다. … 한 가난한 소년만이 예외였는데, 그 아이는 성령의 역사를 거부한 탓에 심하게 매를 맞았다." 그러나 19세기 내내 왕과 남편의 권위와 마찬가지로 부모의 권위가 위협받기 시작했고, 이로써 반항을 진압하는 더 교묘한 방법이 유행했다. 아이들은 '순수'했다. 훌륭한 여성들처럼 아이들은 '순진무구함'을 가지고 있었다. 그 순진무구함이 사라지지 않도록 악한 지식에서 보호받아야 했다. 더욱이 아이들은 특별한 지혜를 가지고 있었다. 영국의 낭만주의 시인 윌리엄 워즈워스는 이 견해를 영어권 사람들 사이에 널리 퍼뜨렸다. 그는 처음으로 아이들을 믿는 풍조를 유행시켰다.

고상한 본능, 그 앞에서 우리의 본성은
죄지은 자가 놀란 듯 전율한다.

18세기에는 아이가 죽지 않는 한, 아무도 자신의 어린 딸에게 다음처럼 말하지 않았을 것이다.

너는 일 년 내내 아브라함의 품에 안겨
성전의 가장 깊숙한 성소에서 예배를 드리는구나.

그러나 19세기에 접어들면서 이러한 견해는 꽤 흔해졌다. 그리고 성공회 성직자들, 심지어 가톨릭교회의 존경받는 사제들까지 부끄러움 없이 원죄를 무시하고 유행하는 이단에 다음처럼 영합했다.

우리는 영광의 구름을 쫓아
우리의 집이신 하느님으로부터 왔노라
천국은 유년 시절 우리 곁에 놓여 있나니.

이러한 변화는 진보로 이어졌다. 아브라함의 품에 안겨 있는 생명체를 때리는 것이나 '죄지은 자가 놀란 듯 전율'하게 만들기 위해 '고상한 본능' 대신 몽둥이를 사용하는 것은 옳지 않다고 여겨지기 시작한 것이다. 그래서 부모와 교사들은 징계를 통한 즐거움을 빼앗겼고, 단지 어른의 편의와 권력 의식뿐만 아니라 아이의 복지를 고려해야 한다는 교육 이론이 발전하게 되었다.

어른들이 스스로를 위로하기 위해 할 수 있는 유일한 일은 새로운 아동 심리학을 발명하는 것이었다. 전통적인 신학에서는 사탄의 손발이었고, 교육 개혁가의 마음속에서는 신비롭게 빛나는 천사였던 아이들은 다시 작은 악마로 되돌아갔다. 사탄에게 조정당하는 신학적 악마가 아니라 무의식에 의해 지배당하는 과학적이고 프로이트적인 혐오스러운 존재가 된 것이다. 이 아이들은 수도사가 비난한 것보다 훨씬 더 사악하다. 그들은 오늘날의 교과서에서 죄악스러운 상상력을 발휘하는 독창성과 지속성을 보여준다. 과거에는 성 안토니우스의 시련(가톨릭 성인이었던 성 안토니우스는 금욕적인 삶을 살면서 기도와 노동에 전념하였으나 악마의 유혹과 시련에 끊임없이 시달렸다—옮긴이)을 제외하고는 이와 비교할 만한 것이 없었다. 이 모든 것은 객관적 진실일까? 아니면 단순히 그 어린 해충들을 때릴 수 없게 된 어른들을 위해 보상으로 만들어낸 상상일까? 이에 대한 답은 프로이트주의자들에게 듣도록 하자.

우리가 살펴본 다양한 사례에서 나타나듯이, 억압받는 자들에게 우월한 덕성을 부여하는 시기는 일시적이고 불안정하다. 이는 억압자들이 양심의 가책을 느낄 때에만 시작되며, 그들이 가진 권력이 더 이상 안전하지 않을 때에만 일어난다. 피해자를 이상화하는 것은 일시적으로는 유용하다. 덕성이 가장 큰 선이고, 복종이 덕을 만든다면 권력을 거부하는 것은 친절한 행위이다. 부자가 천국에 들어가기 어렵다면 부자들이 자신의 재산을 지키고 가난한 형제들을 위해 영생을 양보하는 것은 고귀한 행위이다. 여성들을 더러운 정치에서 배제하는 것은 남성들의 훌륭한 자기희생이다. 이 밖에도 많은 경우가 있다. 그러나 억압받는 계급은 조만간 자신들의 우월한 덕성이 권력을 가져야 하는 이유라고 주장할 것이고, 억압자들은 자신들의 무기가 거꾸로 자신들을 겨누고 있음을 알게 될 것이다. 그리고 마침내 권력이 평등해지면 우월한 덕성에 대한 이야기는 모두 헛소리였고 평등을 요구하는 근거로 불필요했다는 것을 모든 사람이 알게 된다.

이탈리아인, 헝가리인, 여성, 어린이들에 관해서는 앞에서 모두 살펴보았다. 그러나 현재 가장 중요한 문제인 프롤레타리아트에 대해서는 제대로 살펴보지 못했다. 프롤레타리아트를 찬양하는 것은 매우 근대적인 현상이다. 18세기에 '가난한 사람들'을 찬양할 때 그 대상은 항상 가난한 농촌 사람들이었다. 토머스 제퍼슨이 말한 민주주의는 도시의 하층민 앞에서 멈추었다. 그는 미국이 농부들의 나라로 남기를 바랐다. 프롤레타리아트에 대한 찬양은 댐, 발전소, 비행기에 대한 찬양과 마찬가지로 기계 문명 시대의 이데올로기 중 하나이다. 인간의 관점에서 보자면, 이는 켈트족의 마법, 슬라브족의 영혼, 여성의 직관, 어린이들의 순수성에 대한 믿음만큼이나 근거가 없다. 만약 충분한 영양, 깨끗한 공기, 적절한 교육과 주거 환경, 적당한 휴식이 아니라 충분치 못한 영양, 불충분한 교육, 햇빛 부족과 더러운 공기, 불결한 주거 환경, 과로가 더 나은 사람을 만든다는 주장이 사실이라면, 경제 재건을 시도해야 할 아무런 이유가 없으며, 오히려 이토록 많은 사람들이 덕성을 쌓는 데 유리한 조건을 누리고 있다는 사실에 기뻐해야 할 것이다. 그러나 이런 명백한 논리에도 많은 사회주의자와 공산주의 지식인들은 프롤레타리아트에게 다른 계급보다 더 애정을 가지는 척해야 한다는 의무감을 느낀다. 그리고 동시에 오직 선량한 인간을 길러내는 데 필요하다고 자신들이 주장한 조건을 없애겠노라고 공언한다. 워즈워스는 어린이들을 이상화했고, 마르크스는 탈이상화했다. 마르크스는 프롤레타리아트의 워즈워스였다. 프롤레타리아트의 프로이트는 아직 오지 않았다.

6장

· · · · · · · · · · · ·

시대의 흐름에
휩쓸리지 않기 위하여

현대적인 사고방식을 가진 사람은 당대의 지혜를 깊이
신뢰하지만, 자신의 개인 능력에 대해서는
매우 겸손한 사람이라고 우리는 가정한다.
그의 가장 큰 소망은 다른 사람들보다 한발 앞서 생각하고,
한발 앞서 말하며, 한발 앞서 느끼는 것이다.

우리 시대는 호메로스 이래 가장 편협한 시대이다. 지리상의 구획을 말하는 게 아니다. 아주 작은 시골 마을 머드컴인더미어 주민들도 과거 어느 시대 사람들보다 체코의 프라하, 소련의 고리키, 중국의 베이핑에서 벌어지고 있는 일에 대해 잘 알고 있다. 내가 편협하다고 말한 것은 시간적 의미에서이다. 위에서 말한 새로운 이름들이 프라하, 니즈니노브고로드, 베이징이라는 역사 도시를 가리는 것처럼, 새로운 유행어들이 우리 조상들의 생각과 감정을 숨기고 있다. 우리 조상들의 생각과 감정이 우리와 크게 다르지 않은데도 말이다. 우리는 우리 자신이 지성의 정점에 서 있다고 상상하며, 과거의 기이한 옷차림과 번잡한 표현 안에 우리가 여전히 주목할 만한 인물과 사상이 담겨 있다는 것을 결코 인식하지 못한다. 만약 『햄릿』으로 현대 독자들의 흥미를 끌려면 먼저 마르크스나 프로이트의 언어로 번역하거나, 아니면 아예 그 둘을 일관성이라고는 찾아볼 수 없는 전문용어로 뒤죽박죽 번역해야 한다. 몇 년 전 철학자이자 작가 조지 산타야나의 글을 모욕적으로 평가한 서평을 읽은 적이 있는데, 그 서평은 『햄릿』에 관한 에세이를 언급하면서 "모든 면에서 1908년에 머물러 있는 글"이라고 평했다. 마치 그 이후에 발견된 것이 셰익스피어에 대한 이전의 평가를 무의미하고 상대적이며 피상적으로 만들어놓았다는 듯이 말이다. 그 서평자는 자신의 서평이 '모든 면에서 1936년에 머물러 있는 글'이라고 생각하지 못했다. 아니 어쩌면 그런 생각이 문득 떠올랐고 그 생각에 만족감을 느꼈을지도 모른다. 그는 모든 시대에 공감받기 위해서가 아니라 순간을 위해 글을 썼다. 그는 다음해에도 뭐가 됐든 새롭게 유행하는 의견을 글로 쓸 테고 글을 계속 쓰는 한, 자신의 글이 시대에 뒤처지지 않기를 분명히 바랄 것이다. 이와 다른 이상을 갖고 글을 쓰는 작가가 있다면 현대인들의 눈에는 어리석고 구식으로 비칠 것이다.

물론 시대에 뒤떨어지고 싶지 않다는 욕망은 정도의 차이만 있을 뿐 새로운 욕망은 아니다. 스스로를 진보적이라고 믿었던 이전의 모든 시대에도 존재했던 욕망이기 때문이다. 르네상스 시대 사람들은 고트족 시대를 경멸했고, 17세기와 18세기 사람들은 귀중한 모자이크 유적 위에 회반죽을 덧칠했고, 낭만주의자들은 영웅시격heroic couplet(대구법이 주를 이루는 2행 시—옮긴이)이 주를 이루던 시대를 무시했다. 80년 전, 아일랜드의 역사학자 윌리엄 레키는 여우사냥에 반대하는며 지식인들의 유행에 휘둘린다며 나의 어머니를 비난했다. 그는 이렇게 썼다. "저는 확신합니다. 러셀 부인은 여우가 불쌍하다고 느끼시는 것도 아니고, 그렇다고 말을 타고 들판을 질주하는 식으로 여성의 권리를 주장하는 가장 급진적인 견해에 충격을 받으신 것도 아닙니다. 당신은 항상 정치와 지성을 치열한 경쟁으로 보고, 자신이 충분히 진보적이거나 지적으로 보이지 않을까 봐 너무나 두려우신 것뿐입니다." 그러나 그 어떤 시대도 지금처럼 과거를 철저히 무시하지는 않았다. 르네상스 시대부터 18세기 말까지 사람들은 고대 로마 문명을 찬양했고, 낭만주의 운동은 중세를 부활시켰다. 19세기의 진보를 진심으로 믿었던 나의 어머니조차도 셰익스피어와 존 밀턴을 꾸준히 읽었다. 과거를 철저히 무시하는 풍조는 제1차 세계대전 이후에야 생겨난 유행이었다.

오직 유행만이 여론을 지배해야 한다는 믿음에는 큰 이점이 있다. 이러한 믿음은 사상을 불필요하게 만들고 누구든 손쉽게 최고의 지성에 접근할 수 있게 만든다. '콤플렉스', '가학증', '오이디푸스', '부르주아', '일탈', '좌파' 같은 단어의 올바른 사용법을 배우는 건 어렵지 않다. 이러한 지성은 훌륭한 작가나 연설가가 되는 데 중요한 일이다. 적어도 이러한 단어 중 일부는 이 단어를 처음 고안한 사람들의 여러 사상을 반영하고 있었으며 지폐처럼 원래는 금으로 바꿀 수 있었다. 그러나 이제 이러한 단어는 대부분 사람들에게 바꿀 수 없는 것이 되어버렸고, 가치가 떨어짐에 따라 사상의 영역에서 명목상의 재산만 늘려주었다. 그래서 우리는 과거의 보잘것없는 지적 재산을 경멸하게 된 것이다.

현대적인 사고방식을 가진 사람은 당대의 지혜를 깊이 신뢰하지만, 자신의 개인 능력에 대해서는 매우 겸손한 사람이라고 우리는 가정한다. 그의 가장 큰 소망은 다른 사람들보다 한발 앞서 생각하고, 한발 앞서 말하며, 한발 앞서 느끼는 것이다. 그는 이웃보다 더 나은 생각을 하거나, 더 깊은 통찰력이 깃든 말을 하거나, 유행을 선도하는 집단의 정서에서 벗어나는 감정을 느끼고 싶어 하지 않는다. 단지 시간적으로 남들보다 조금 더 앞서나기를 바랄 뿐이다. 그는 대중의 찬사를 받기 위해 자신의 개성을 의도적으로 억누른다. 코페르니쿠스나 스피노자, 또는 왕정복고 이후의 밀턴처럼 정신적으로 고독한 삶을 사는 것은 현대의 기준으로는 무의미해 보인다. 코페르니쿠스는 자신의 천문학 이론이 유행할 때까지 지동설을 주창하는 것을 미뤄야 했고, 스피노자는 좋은 유대인이거나 좋은 기독교인으로 살아야 했다. 크롬웰의 부인이 자신은 남편의 신념에 동의하지 않는다고 주장하며 찰스 2세에게 연금을 요청한 것처럼, 밀턴 역시 시대에 맞춰 살았어야 했다. 개개인이 자신을 독립적인 판단자로 자처해야 하는 이유가 무엇이란 말인가. 지혜라는 것은 북유럽 민족의 피 속이나 프롤레타리아트 속에 존재하는 것이 분명한 사실 아닐까? 그러니 유명

세라는 거대한 권력을 이길 공산이 전혀 없는데 남들과 다른 독특한 의견이 무슨 소용이란 말인가.

이러한 권력이 만들어놓은 금전적 보상과 널리 퍼져나가지만 일시적인 명성은 재능 있는 사람들에게는 거부하기 어려운 유혹이다. 사람들에게 주목받고 칭찬받고, 언론에 끊임없이 언급되고, 쉽게 많은 돈을 벌 수 있는 기회가 주어지는 것은 매우 기분 좋은 일이다. 이 모든 기회가 한 사람에게 열려 있다면, 그 사람은 최선이라고 생각하는 일을 계속하기 어려워지고 자신의 판단을 대중의 의견에 맞추려는 경향을 보인다.

여러 다른 요인도 이런 결과를 낳는다. 그중 하나는 세상이 너무 빨리 발전하다 보니 사람들이 오래 남을 만한 일을 하기 어려워졌다는 것이다. 뉴턴의 학설은 아인슈타인 시대까지 지속되었지만, 지금은 아인슈타인마저 구식으로 여겨진다. 요즘에는 의자에 진득하게 앉아 대작을 집필하는 과학자를 거의 찾아보기 힘들다. 그런 책을 쓰는 동안 다른 사람들이 새로운 것을 발견해서 그가 집필한 책이 출간되기도 전에 한물간 책으로 취급받을 수 있다는 것을 알기 때문이다. 전쟁, 불황, 혁명이 무대 위에서 서로 꼬리를 물듯 빠른 속도로 변화하는 와중에 세상의 정서적 분위기도 그에 맞춰 빠르게 변화한다. 그리고 공적인 사건들은 과거 그 어느 때보다도 개인의 삶에 큰 영향을 미친다. 스피노자는 이단 사상을 가지고 있었음에도 조국이 외국에 침략당했을 때조차 안경을 팔고 계속 사색할 수 있었다. 만약 그가 지금 살아 있다면 감옥에 갇혔을 가능성이 크다. 이런 이유로, 시대 흐름에 맞서 개인의 신념을 지키기 위해서는 르네상스 이후 그 어느 시대보다 더 큰 확신과 열정이 필요하다.

이러한 변화에는 더 깊은 원인이 있다. 예전 사람들은 신을 섬기고 싶어 했다. 밀턴이 '죽어야 숨겨지는 그 한 가지 재능'을 발휘하고자 했을 때, 그는 자신의 영혼이 "그 재능으로 창조주를 섬기기로 결심했다"고 느꼈다. 종교적인 마음을 지닌 예술가는 모두 하느님의 미적 판단이 자신의 판단과 일치한다고 확신했다. 그래서 그들은 자신의 스타일이 유행에 뒤떨어졌더라도 대중의 호응과 상관없이 자신이 최선이라고 생각하는 일을 할 수 있었다. 진리를 추구하는 과학자들, 심지어 당대인들이 믿는 미신에 반대하는 사람조차 여전히 창조론의 경이로움을 이야기했고, 인간의 불완전한 믿음을 하느님의 완전한 지혜와 조금 더 조화시키려 했다. 예술가, 철학자, 천문학자 등 자신의 일에 헌신적인 사람들은 자신의 신념을 따르는 것이 하느님의 목적을 섬기는 것이라 믿었다. 계몽주의가 확산되면서 이러한 믿음이 희미해지기 시작했을 때도 진·선·미라는 개념은 여전히 살아남았다. 천국이 실제로 존재한다고 믿지는 않았지만, 인간과 관련 없는 척도는 여전히 저 하늘 위에 보관되어 있었다.

19세기 내내 진·선·미는 열정적인 무신론자들의 마음속에서 불안정하게나마 유지되었다. 그러나 그들은 너무 진지했고, 그래서 무너지고 말았다. 바로 그 열렬함 탓에 중도에 멈출 수 없었기 때문이다. 실용주의자들은 진리를 믿었을 때 이익이 있어야만 진리라고 설명했다. 윤리학 역사를 연구하는 학자들은 선을 부족部族의 관습 문제로 축소했다. 그리고 미는 탐미주의 시대의 달콤하지만 무미건조한 것들에 대한 반란과, 고통으로부터 만족을 얻어야 한다는 분노의 분위기 속에서 예술가들에 의해 폐기되었다. 그리하여 인격의 하느님뿐만 아니라 인간이 순수한 충성을 바쳐야 할 이상으로서 하느님의 본질마저도 모두 휩쓸려 나갔다. 한편 개인은 올바른 사상을 지나치게 단순화하고 비판 없이 해석했고, 그 결과 사회 압력에 맞설 내면의 방어 수단을 잃어버렸다.

모든 운동은 과도해지기 마련이고, 주관성을 지향하는 운동도 예외는 아니다. 이런 운동은 개인을 강조한 루터와 데카르트로부터 시작했지만, 그 논리에 따라 결국은 개인이 완전히 종속되는 상황으로 이어지고 말았다. '진리의 주관성'이라는 개념은 그 개념을 뒷받침한다고 여겨지는 전제로부터 제대로 추론할 수 없는 성급한 주장이다. 지난 수백 년 동안 이어져 내려온 관습은 실제로는 그렇지 않은데도 많은 것들을 신학적 믿음에 의존하는 것처럼 보이게 만들었다. 사람들은 동일한 종류의 환상에 빠져 살았다. 그러나 새로운 오류를 해결하기 위해 과거의 오류에 기댈 수는 없는 법이다. 사상적으로나 감성적으로나 초연하고 객관적인 태도는 역사적으로 볼 때 어떤 특정한 전통 믿음과 연결되어 있지만, 논리적으로는 그렇지 않다. 초연하고 객관적인 태도를 유지하는 것은 이러한 믿음 없이도 가능할 뿐 아니라 실제로도 중요한 일이다. 중요한 작업을 할 때 스스로 독립적으로 생각하고 행동하기 위해서는 공간적으로나 시간적으로나 어느 정도는 고립되어야 한다. 동시대 대중의 찬사보다 더 중요하게 느껴지는 무언가가 있어야 하는 것이다. 우리가 고통받는 것은 신학적 믿음이 쇠퇴해서가 아니라 고독을 잃어버렸기 때문이다.

. . . .

7장

어리석음에 대한
통렬한 고발

: 인간은 왜 끊임없이 오류를 저지르는가

오류 가능성은 무한하며,
더 많은 괴짜들이 진부한 진리를 찾기보다
진부한 오류를 저지른다.

인간은 이성의 동물이다. 적어도 나는 그렇게 배워왔다. 오랫동안 살아오면서 나는 이 말을 뒷받침할 증거를 부단히 찾아봤지만, 세 개의 대륙에 걸쳐 있는 수많은 나라를 찾아봤는데도 운이 없었는지 아직까지는 발견하지 못했다. 오히려 세계가 더 광기에 빠져드는 것을 목격했다. 한때 문명을 선도했던 위대한 나라들이 그럴듯한 헛소리를 설파하는 이들에게 휘둘리는 모습도 보았다. 잔인함, 박해, 미신이 순식간에 늘어나면서 이제는 이성을 칭송하는 것이 이미 흘러간 시대에서 겨우 살아남은 퇴물의 징표로 치부될 지경에 이르렀다. 모든 것이 다 암울하지만, 우울함은 아무짝에도 쓸모없는 감정일 뿐이다. 이런 우울함에서 벗어나기 위해 나는 이전보다 더 집중적으로 과거를 연구하기 시작했고, 에라스무스가 발견한 것처럼 어리석음은 영원하지만 그럼에도 인류는 살아남았다는 것을 알게 되었다. 우리 시대의 어리석음은 과거의 어리석음에 비하면 그나마 조금은 견디기 쉽다. 지금부터 나는 우리 시대에 벌어지고 있는 어리석은 일들을 이전 세기의 어리석음과 함께 설명하려 한다. 우리 시대를 좀 더 객관적으로 보는 데 도움이 될 수 있을 것이다. 우리 선조들이 적어도 최악의 재앙으로까지는 치닫지 않고 살아낸 시대에 비해 우리 시대가 그리 더 나쁘지는 않다는 사실을 깨달을지도 모른다.

내가 아는 한, 인간은 이성의 동물이라고 명시적으로 처음 주장한 사람은 아리스토텔레스였다. 그가 이렇게 생각한 이유는 오늘날의 시각으로 보면 그다지 인상적으로 보이지 않을 수도 있다. 인간이 계산을 할 수 있다는 점 때문에 그런 주장을 펼쳤으니 말이다. 아리스토텔레스는 영혼에 세 종류가 있다고 생각했다. 식물적 영혼은 동물과 식물이 모두 가지고 있는 것으로 오로지 영양 섭취와 성장에만 관련된다. 동물적 영혼은 이동과 관련된 것으로 인간과 하등 동물 모두에 있다. 마지막은 이성적 영혼 또는 지성인데, 이것은 신성한 정신으로서 인간은 저마다의 지혜에 따라 이것을 더 많이, 혹은 더 적게 가지고 있다. 인간이 이성적인 이유는 바로 이 지성 덕분이다. 지성은 다양한 방식으로 나타나지만, 가장 분명하게 드러나는 것은 산술 능력이다. 그리스의 숫자 체계는 매우 조악했기 때문에 구구단조차 외우기 어려웠고 복잡한 계산은 아주 똑똑한 사람들만 할 수 있었다. 요즘에는 똑똑한 사람보다 계산기가 계산을 더 잘하지만, 아무도 이 유용한 도구를 불멸의 존재라거나 신의 영감으로 작동한다는 식으로 주장하지 않는다. 산술이 쉬워지면서 산술 능력에 대한 존중도 줄어들었다. 그 결과 많은 철학자들이 인간이 얼마나 훌륭한 존재인지 우리에게 계속 가르치고 있지만, 그 이유를 더 이상 산술 능력에 두지는 않는다.

오늘날에는 계산 잘하는 소년들을 이성적이라고, 부분적으로나마 영혼이 불멸하다고 여기지 않는다. 그러니 이제 다른 곳으로 시선을 돌려보자. 어디에서부터 시작할까? 세계를 지금과 같은 모습으로 이끈 저명한 정치인들부터 살펴볼까? 아니면 작가들부터 살펴보아야 할까? 철학자들은 어떤가? 그들 모두 언급할 만한 가치가 있지만, 내 생각에는 올바른 신념을 가진 사람들이 가장 현명하고 가장 좋은 사람들로 인정하는 성직자부터 시작하는 게 좋을 것 같다. 만약 성직자들이 이성적이지 않다면 우리 같은 평범한 사람들에게 무슨 희망이 있겠는가. 그런데 맙소사, 나는 성직자에게 존경심을 가지고 있기는 하지만 그들의 지혜가 매우 분명하지 않았던 시기가 있었고, 이상하게도 이때는 특히 그들의 권력이 가장 컸던 시기였다.

우리의 신新스콜라주의자가 칭송하는 신앙의 시대는 성직자들이 모든 것을 자기 마음대로 할 수 있는 시기였다. 일상생활은 성인들이 행한 기적과 악마와 마법사가 저지른 마법으로 가득 찼다. 수천 명의 마녀들이 화형대에서 불태워졌다. 인간은 전염병과 기근, 지진, 홍수, 화재로 징벌을 받았다. 그런데 이상하게도 그때 사람들은 요즘보다 더 사악했다. 그때는 세계에 대한 과학 지식이 거의 없었다. 몇몇 학자들은 지구가 둥글다는 그리스인들의 증명을 기억했지만, 대부분의 사람들은 지구의 반대편이 있다는 개념을 비웃었다. 지구 반대편에 인간이 있다고 가정하는 것은 이단이었다. 일반적으로 (비록 현대 가톨릭교회는 이보다 조금 더 온건한 견해를 가지고 있지만) 인류 대다수는 죄인이라는 관념을 믿었다. 위험은 모든 곳에 도사리고 있다고 여겨졌다. 악마들이 수도사들이 먹으려는 음식에 자리 잡고, 한 입 먹기 전에 성호를 긋지 않고 부주의하게 식사를 하는 그들의 몸을 차지할 것이라고 여겨졌다. 옛날 사람들은 누군가가 재채기를 할 때 여전히 "축복이 있기를bless you"이라고 말하지만 이 관습이 어디에서 유래했는지는 잊어버렸다. 유래는 이렇다. 옛사람들은 재채기를 통해 영혼이 빠져나온다고 생각했고, 영혼이 돌아오기 전에 숨어 있던 악마들이 영혼 없는 몸에 들어간다고 여겼다. 그러나 누군가가 "축복이 있기를"이라고 말하면 악마들이 겁을 먹고 달아난다는 것이었다.

과학은 지난 400년 동안 점진적으로 발전하면서 인간에게 자연의 섭리를 보여주고, 자연의 힘을 지배하는 방법을 알려주었다. 그동안 성직자들은 천문학과 지질학, 해부학과 생리학, 생물학과 심리학 및 사회학에서 과학과 대결했고 패배의 길을 걸어왔다. 하나의 입장에서 패배하면 다른 입장을 취했다. 천문학에서 패배한 후, 성직자들은 지질학이 발전하지 못하도록 최선을 다했고, 생물학에서는 다윈에 맞서 싸웠으며, 지금은 심리학과 교육학의 과학 이론들과 싸우고 있다. 그들은 각 단계마다 지금의 성직자들이 보여주는 무지몽매함의 실체가 드러나지 않도록 과거 성직자들의 무지몽매함을 사람들이 기억하지 못하도록 애썼다. 과학이 발전한 이후 성직자들이 보인 몇 가지 비합리성의 사례를 살펴본 후, 성직자를 제외한 나머지 인류가 과연 더 나은지 살펴보겠다.

벤저민 프랭클린이 피뢰침을 발명했을 때, 영국과 미국 성직자들은 이를 신의 뜻을 좌절시키려는 불경한 시도라고 비난했다. 조지 3세도 이들의 의견에 열렬한 지지를 보냈다. 올바르게 생각하는 사람들이라면 누구나 알고 있듯이, 번개는 하느님이 불경하거나 다른 중대한 죄를 벌하기 위해 내리는 것이기 때문이다. 덕이 있는 사람들은 결코 번개에 맞지 않는다. 따라서 하느님이 누군가에게 벼락을 맞히려 한다면 벤저민 프랭클린은 그 섭리를 거스르려 해서는 안 된다. 그렇게 하는 것은 범죄자들이 도망치는 것을 돕는 것이다. 그러나 신은 이런 상황에서도 당황하지 않았다. 보스턴에서 활동하는 성직자 중 한 명인 저명한 리처드 프라이스 박사의 말을 믿는다면 말이다. '현명한 프랭클린 박사가 발명한 쇠꼬챙이'로 벼락이 효력을 발휘하지 못하면 매사추세츠는 지진으로 흔들리고 마는데, 프라이스 박사는 이를 '쇠꼬챙이'에 대한 신의 분노 때문에 벌어지는 재앙이라고 여겼다. 이 문제를 주제로 한 설교에서 프라이스는 이렇게 말했다. "보스턴에는 뉴잉글랜드의 다른 어느 곳보다 피뢰침이 더 많이 세워져 있습니다. 그래서 보스턴이 가장 끔찍하게 흔들리는 것 같습니다. 오! 전능하신 하느님의 손아귀에서 벗어날 방법은 없습니다." 그러나 신의 섭리는 보스턴을 악에서 치유할 모든 희망을 포기한 것 같다. 피뢰침이 점점 더 많아졌는데도 매사추세츠에서는 지진이 거의 일어나지 않았기 때문이다. 그럼에도 프라이스 박사의 관점, 또는 그와 매우 유사한 관점은 최근 가장 영향력 있는 인물 중 한 명이 견지하고 있다. 한때 인도에서 여러 차례 큰 지진이 일어났을 때, 마하트마 간디는 이 재앙이 그들이 지은 죄 때문에 발생한 것이라고 엄숙히 경고했다.

이런 견해는 심지어 내가 태어난 섬나라에서도 여전히 존재한다. 1914년에서 1918년까지 일어난 세계대전 동안, 영국 정부는 국내 식량 생산을 늘리기 위해 많은 노력을 기울였다. 사정이 좋지 않았던 1916년, 한 스코틀랜드 성직자는 영국의 군사 실패는 정부의 허가로 안식일에 감자를 심었기 때문이라는 내용을 신문사에 보냈다. 그러나 영국은 재앙을 피해갔는데, 이는 독일인들이 십계명 중 하나가 아닌 모든 계명을 어겼기 때문이었다.

신앙인의 말을 믿는다면, 신의 자비는 이따금 이상하게도 선별적인 것 같다. 「만세 반석 열리니」를 작곡한 오거스터스 토플레디 Augustus Toplady는 한 교구 사택에서 다른 사택으로 이사를 간

적이 있는데, 이사하고 나서 일주일 후 앞서 살던 사택에 화재가
나 새로 부임한 목사가 큰 피해를 입는 일이 일어났다. 토플레디
는 하느님께 감사 기도를 올렸다. 하지만 후임 목사가 어떻게 됐
는지는 알려지지 않았다. 영국의 작가 조지 보로는 『에스파냐
의 성경Bible in Spain』에서 산적이 들끓는 산길을 무사히 건넌 자신
의 경험담을 기록했다. 그는 산길을 건넜지만 바로 뒤를 따라온
사람들은 산적에게 강도를 당해 그중 몇 명은 살해되기도 했다.
이 소식을 들은 보로 또한 토플레디처럼 하느님께 감사 기도를
올렸다.

우리는 교과서에서 코페르니쿠스의 지동설을 배우지만, 그의
학설은 아직 우리의 종교나 도덕에 균열을 내지 못했으며, 심지
어 점성술에 대한 믿음을 무너뜨리는 데도 성공하지 못했다. 사
람들은 여전히 하느님의 계획이 인간에게 특별한 관심을 가지고
있으며, 하느님의 특별한 섭리가 선한 사람들을 돌볼 뿐만 아니
라 악한 사람들을 벌한다고 생각한다. 나는 때때로 스스로를 독
실하다고 생각하는 사람들이 내뱉는 불경한 말에 충격을 받는다.
예를 들어, 목욕할 때 항상 목욕 가운을 입는 수녀들의 경우가 그
렇다. 보는 사람이 없는데 왜 그러냐고 물으면 그들은 "오, 당신은
선하신 하느님이 계시다는 걸 잊고 있군요"라고 대답한다. 수녀들
은 욕실 벽은 꿰뚫어볼 수 있지만 목욕 가운은 꿰뚫어볼 수 없는
하느님을 상상하는 것 같다. 이런 관점은 매우 기이해 보인다.

'죄'라는 개념은 나를 매우 혼란스럽게 하는데, 이는 의심할 여지없이 내 죄 많은 본성 때문일 것이다. 만약 '죄'가 불필요한 고통을 야기하다면 이해할 수 있겠지만, 반대로 종종 불필요한 고통을 피하는 것이 죄가 된다. 몇 년 전, 영국 상원에서 고통스럽고 불치의 질병일 경우에 안락사를 합법화하는 법안이 도입되었다. 환자 동의와 여러 의료 증명서가 필요한 일이었다. 나의 단순한 생각으로는 환자 동의를 요구하는 것이 자연스러워 보였지만, 고故 캔터베리 대주교, 즉 영국에서 공인된 죄 전문가는 그런 견해가 잘못된 것이라고 설명했다. 환자 동의는 안락사를 자살로 만들고, 자살은 죄라는 것이다. 귀족들은 권위자의 목소리에 귀를 기울였고 법안을 거부했다. 결과적으로 대주교와 그의 하느님(만약 그가 진실을 말한다면)을 기쁘게 하기 위해 암 환자들은 여전히 완전히 쓸모없는 고통을 몇 달 동안 견뎌야 한다. 살인 혐의를 받을 수 있는 위험을 감수할 만큼 인도적인 의사나 간호사들을 만나지 못한다면 말이다. 나는 환자들의 그런 고통을 바라보며 즐거워하는 신이라는 개념에 동의하기 어렵다. 그리고 그런 무자비한 잔인함을 저지르는 신이 있다면 나는 그를 숭배할 가치가 없다고 생각한다. 그러나 이러한 생각은 단지 내가 얼마나 도덕적으로 깊이 타락했는지 증명할 뿐이다.

나는 죄가 되는 것들과 죄가 되지 않는 것이 무엇인가에 대해 혼란을 느낀다. 동물학대 방지협회가 교황에게 지원을 요청했을 때, 그는 인간이 하등동물에 대해 어떠한 의무를 질 필요가 없고 동물을 학대하는 것은 죄가 아니라는 이유로 지원을 거절했다. 동물들이 영혼이 없기 때문이라는 것이다. 반면에 고인이 된 아내의 여동생과 결혼하는 건 사악한 일이다. 적어도 교회는 그렇게 가르친다. 당신과 그녀가 얼마나 결혼하기를 원하든 상관없이 말이다. 그 결혼으로 발생할 수 있는 불행 때문이 아니라, 성경의 특정한 구절 때문이다.

육신의 부활은 「사도신경」의 한 대목인데, 이는 여러 기이한 결과를 낳는 교리이다. 얼마 전까지만 해도 세계의 종말이 언제 오는지 독창적인 방법으로 날짜를 계산하는 저자가 있었다. 그는 최후의 날에 모든 사람에게 필요한 것을 제공하려면 인체의 필수 성분이 충분히 있어야 한다고 주장했다. 그는 가용 재료를 신중히 계산하여 그것이 모두 특정 날짜까지 사용될 것이라고 결론지었다. 그날이 오면 세상은 끝나야 한다. 그렇지 않으면 육체가 부활할 수 없기 때문이다. 불행히도 나는 그 날짜를 잊어버렸지만, 그리 멀지 않았던 것으로 기억한다.

가톨릭교회의 공식 철학자인 성 토마스 아퀴나스는 한 가지 심각한 문제에 대해 오랫동안 진지하게 논의했다. 내가 우려하고 있는 것은 현대 신학자들이 이 문제를 너무 간과하고 있는 건 아닌지 하는 점이었다. 아퀴나스는 평생 사람만 잡아먹고 산 식인종에 대해 상상해 보았다. 그의 부모도 식인종이었다. 그 식인종의 육신은 사실상 전부 다른 누군가의 것이다. 식인종에게 잡아먹힌 사람들이 영원히 자신의 몸을 되찾지 못한다고 생각할 수 없기 때문이다. 그렇다면 식인종에게는 도대체 무엇이 남을까? 그의 육신이 전부 다 원래 주인에게 돌아간다면, 지옥불에 태울 육신이 남아 있을까? 아퀴나스는 제대로 짚었고, 이는 매우 복잡한 문제이다.

이 문제와 관련하여 가톨릭 정통파는 화장에 대해 기이한 반대를 하는데, 이는 하느님의 전능함에 몰이해를 보여주는 것 같다. 하느님이 땅에 묻혀 벌레로 변한 몸보다 불에 탄 몸을 다시 모으기 더 어려워한다는 가정이 전제되기 때문이다. 공기에서 입자를 모으고 화학적인 연소 작용을 되돌리는 것은 조금 힘든 일이겠지만, 그렇다고 해서 하느님이 그 일을 할 수 없다고 가정하는 것은 분명 불경스러운 일이다. 나는 화장을 반대하는 가톨릭교회의 입장이 심각한 이단 행위라고 생각한다. 내 의견이 가톨릭 정통파에 큰 영향을 미칠지는 모르겠지만 말이다.

가톨릭교회는 의학 연구에 필요한 시체 해부를 마지못해 최대한 늦게 허용했다. 해부학의 선구자인 베살리우스는 카를 5세의 궁정 의사였다. 그는 뛰어난 의학 기술 덕분에 황제의 보호를 받았지만, 황제가 죽은 후로는 곤경에 처했다. 죽은 사람의 시체를 해부하지 않고 산 사람을 해부했다는 소문이 퍼지는 바람에 살인 혐의로 고발당한 것이다. 필리프 2세가 관대하게 처분해 달라고 종교재판소를 설득한 덕분에 그는 성지 순례형만 선고받았다. 그러나 귀향길에 난파를 당하는 바람에 탈진해 죽고 말았다. 이후 수백 년 동안 로마 교황청 대학의 의학부 학생들은 성기가 제거된 인체 모형으로만 해부 실습을 할 수 있었다.

시체가 신성하다는 믿음은 세계 곳곳에 퍼져 있다. 특히 이집트인들 사이에서 가장 극단적으로 나타났으며, 미라를 만드는 관행으로 이어졌다. 이는 중국에서 여전히 존재한다. 서양 의학을 가르치기 위해 중국에 고용된 한 프랑스 외과의사는 해부를 위해 시신을 요구했을 때 공포에 떨던 중국인들이 그 대신 살아 있는 죄수들을 무제한 공급해 주겠다는 제안을 했다며 놀라워했다. 의사는 이 제안을 거절했는데, 중국 고용주들 입장에서는 그의 행동을 이해할 수 없었을 것이다.

세상에는 수많은 죄가 있고, 그중 지옥에 떨어지는 죄는 일곱 가지이지만, 사탄의 간계가 가장 열매 맺기 쉬운 영역은 역시 성性이다. 이 주제에 대한 가톨릭 교리는 성 바울, 성 아우구스티누스, 성 토마스 아퀴나스에서 찾을 수 있다. 독신이 가장 좋지만, 금욕의 미덕을 타고나지 못한 사람은 결혼할 수 있다. 부부 간의 성관계는 자녀를 낳기 위한 목적이라면 죄가 아니다. 그러나 부부관계 외의 모든 성관계는 죄이고, 피임을 한다면 부부 간의 성관계라도 죄이며, 임신 중절 또한 죄이다. 의학적 견해로 임신 중절이 산모의 생명을 구하는 유일한 방법이라고 해도 그렇다. 의학적 견해는 오류가 있을 수 있고, 하느님은 항상 적절하다고 여기시면 기적으로 생명을 구하실 수 있기 때문이다. (이 견해는 코네티컷 주법에 구현되어 있다.) 성병은 죄인에게 내리는 하느님의 징벌이다. 죄 있는 남편에게 내려진 이 징벌 때문에 죄 없는 아내와 자녀들까지 징벌을 받게 되지만, 이러한 하느님의 신비로운 섭리에 의문을 품는 것은 불경스러운 일이다. 또한 성병이 왜 콜럼버스 시대까지 성스럽게 지정되지 않았는지도 묻지 말아야 한다. 성병은 죄에 대한 징벌이기 때문에 그것을 피하기 위한 모든 조치 역시 죄이다. 물론 도덕적인 삶은 예외이다. 결혼은 명목상 깰 수 없지만, 많은 기혼자들이 실제로는 그렇지 않다. 영향력 있는 가톨릭 신자들은 종종 결혼 무효에 대해 근거를 찾을 수 있지만, 가난한 사람들에게는 성적 불능을 제외하고는 그럴 수 있는 출구가 없다. 이혼하거나 재혼한 사람들은 하느님이 보시기에 간음의 죄를 짓는 것이다.

'하느님이 보시기에'라는 구절이 나를 혼란스럽게 한다. 하느님이 모든 것을 보신다고 생각할 수 있지만, 이는 명백한 잘못이다. 하느님은 리노시를 보지 못하신다(네바다주에 속한 작은 도시로 미국에서는 이혼의 도시로 알려져 있다. 이곳에서 6주만 살면 이유 불문하고 이혼이 성립된다―옮긴이). 하느님이 지켜보는 가운데 이혼할 수는 없기 때문이다. 등기소는 의심스러운 곳이다. 존경할 만한 사람들, 따라서 공공연한 죄 속에 사는 사람들을 방문할 이유가 전혀 없는 사람들이 종교 의례 없이 단순히 법적으로만 결혼하겠다며 등기소를 찾아간다. 그러므로 하느님은 분명히 등기소를 보시는 것이다.

일부 저명한 사람들은 성에 관한 한 가톨릭교회의 교리조차 개탄스러울 정도로 느슨하다고 생각한다. 톨스토이와 간디는 노년 부부의 성관계는 물론이고 자녀를 갖기 위한 성관계도 사악하다고 규정했다. 마니교도들도 마찬가지로 생각했는데, 그들은 인간의 원죄를 강조함으로써 끊임없이 새로운 신도들을 받아들일 수 있다고 믿었다. 그러나 이 교리는 이단적이다. 결혼이 독신만큼 칭찬할 만하다고 주장하는 것도 똑같이 이단적이지만 말이다. 톨스토이는 담배가 성관계만큼이나 나쁘다고 생각한다. 그의 소설 가운데 한 남자는 살인을 하기 전에 먼저 담배를 피운다. 그러나 담배는 성경에서 금지되지 않았다. 물론 작가 새뮤얼 버틀러는 성 바울이 담배를 알았다면 의심할 여지없이 그것을 비난했을 것이라고 말했지만 말이다.

일정한 선에서 그쳐야 한다는 전제가 있기는 하지만, 교회와 오늘날의 여론 모두가 애무를 비난하지 않는 것은 기이한 일이다. 어디서부터 죄가 되는지는 해석하는 결의론자決疑論者(구체적 상황에 따른 각각의 사례에서 도덕적으로 옳고 그름을 법률 조문식으로 규정해 놓는 것을 결의론이라 한다—옮긴이)마다 의견이 다르다. 어느 유명한 정통파 신학자는 악의만 없다면 수녀의 가슴을 만질 수도 있다고 주장했다. 그러나 오늘날 교회 당국자들은 그런 주장에 동의하지 않을 것이다.

현대 도덕은 두 가지 요소의 혼합물이다. 한편으로는 사회에서 평화롭게 함께 살아가는 방법에 대한 합리적인 규율이고, 다른 한편으로는 어떤 고대의 미신에서 유래했지만 기독교, 이슬람교, 힌두교 또는 불교에서 유래한 전통적인 금기이다. 두 가지 요소는 어느 정도 일치한다. 예를 들어, 살인과 도둑질 금지는 인간의 이성과 신의 명령 모두가 찬성한다. 그러나 돼지고기나 쇠고기 금지는 오직 성서의 권위만 가지며, 그것도 특정 종교에서만 그렇다. 현대인들은 과학이 새로운 지식을 가져오고 사회생활의 조건을 변화시킨 것을 알고 있다. 하지만 여전히 고대의 유목 민족이나 농경 민족의 관점을 담고 있는 텍스트의 권위를 받아들이는 것은 기이한 일이다. 이렇게 무비판적으로 인정하는 신성한 계율들이 완전히 불필요한 비참함을 일으킨다는 사실이 참담하다. 만약 인간의 선한 충동이 더 강했다면, 그들은 이러한 계율이 '네가 가진 모든 것을 팔아 가난한 자에게 주라'라는 성서 구절만큼이나 문자 그대로 받아들여서는 안 된다고 설명할 방법을 찾았을 것이다.

죄의 개념을 논리적으로 설명하기란 어렵다. 우리는 하느님의 명령에 대한 불복종으로 죄가 성립된다고 배우는 동시에 하느님이 전능하다고도 배운다. 만약 그렇다면 하느님의 뜻에 반하는 것은 어떤 일이든 일어날 수 없다. 따라서 죄인이 하느님의 명령을 어길 때 하느님은 이것이 일어나기를 의도했을 것이다. 성 아우구스티누스는 이 견해를 대담하게 받아들이고, 인간이 하느님이 주신 맹목 때문에 죄로 이끌린다고 주장했다. 그러나 오늘날 대부분의 신학자들은 만약 하느님이 인간으로 하여금 죄를 짓게 한다면, 그들로서는 어쩔 수 없는 일로 그들을 지옥에 보내는 것은 공정하지 않다고 느꼈다. 우리는 하느님의 뜻에 반하는 행동을 함으로써 죄에 이른다고 배운다. 그러나 이것으로는 이 문제를 해결하지 못한다. 스피노자처럼 하느님의 전능을 진지하게 받아들이는 사람들은 죄라는 것이 있을 수 없다고 추론한다. 스피노자의 동시대인들은 말했다. "무슨 소리인가! 네로가 자신의 어머니를 살해한 것은 사악하지 않은가? 아담이 사과를 먹은 것이 사악하지 않았나? 이 두 가지 행동이 선한 것인가?" 스피노자는 고심하지만 만족스러운 답을 찾지 못한다. 만약 모든 것이 하느님의 뜻에 따라 일어난다면, 하느님은 네로가 그의 어머니를 살해하기를 원하셨을 것이고, 따라서 그 살인은 선한 일이어야 한다. 이 논리에는 탈출구가 없다.

반면에, 죄가 하느님에 대한 불복종이라고 진지하게 생각하는 사람들은 하느님이 전능하지 않다고 말할 수밖에 없다. 이는 모든 논리적 난제에서 벗어날 수 있기 때문에 특정 자유주의 신학자들은 이러한 견해를 따랐다. 그러나 이 견해도 나름대로 어려움이 있다. 무엇이 진정한 하느님의 뜻일까? 만약 악의 세력이 어느 정도 권력을 가지고 있다면, 그들은 우리를 속여 실제로는 그들의 규율이 담긴 책을 성경으로 받아들이게 할 수 있다. 이는 구약성경이 악령의 작품이라고 생각한 그노시스파(헬레니즘 시대에 유행했던 종파로 영적인 것에 큰 가치를 두고 이원론, 구원 등의 문제에서 정통 기독교와 극복할 수 없는 차이를 보였다─옮긴이)의 견해였다.

이성을 포기하고 권위에만 의존하기로 한다면 우리의 고민은 끝이 없다. 어떤 권위일까? 구약성경? 신약성경? 코란? 실제로 사람들은 그들이 태어난 공동체에서 신성하다고 여겨지는 경전을 선택하고, 그 안에서 그들이 좋아하는 부분을 선택하고 다른 부분은 무시한다. 한때 성경에서 가장 영향력 있는 구절은 "마녀를 살려두지 말라"였다. 요즘에는 사람들이 가능하면 이 구절을 조용히 지나치거나 사과하면서 넘어간다. 그래서 심지어 우리에게 경전이 있을 때도 여전히 우리 자신의 편견에 맞는 것을 진리로 선택한다. 예를 들어, 어떤 가톨릭 신자도 주교는 한 아내의 남편이어야 한다는 구절을 진지하게 받아들이지 않는다.

사람들의 신념에는 다양한 원인이 있다. 그중 하나는 자신의 신념을 뒷받침하는 증거가 있다는 것이다. 우리는 이를 '전화번호가 뭐예요?'라든가 '어느 팀이 월드 시리즈에서 이겼나요?'와 같은 사실적인 문제에 적용한다. 그러나 좀 더 논쟁의 여지가 있는 문제에 부딪히면 신념의 근거는 지킬 수 없게 된다. 우리는 무엇보다도 우리가 훌륭한 사람이라고 느끼게 하는 것을 믿는다. 건강과 안정적인 수입을 가진 사람이 있다고 가정해 보자. 그는 변덕스러운 아내와 결혼하고 항상 돈 쓸 일밖에 없는 이웃 사람보다 자신이 얼마나 훌륭한지 생각한다. 그는 자신이 사는 도시가 100킬로미터 떨어진 도시보다 얼마나 더 훌륭한지 생각한다. 더 큰 상공회의소와 더 진취적인 로터리클럽이 있고, 시장은 전과자가 아니다. 그는 자신의 나라가 다른 나라보다 얼마나 위대한지에 대해서도 생각한다. 그가 영국인이라면 그는 자신의 성향에 따라 셰익스피어와 밀턴, 뉴턴과 다윈, 넬슨과 웰링턴을 떠올릴 것이다. 그가 프랑스인이라면 그는 수세기 동안 프랑스가 문화, 패션, 요리 분야에서 세계를 선도해 왔다는 사실을 자축할 것이다. 만약 그가 러시아인이라면 그는 러시아가 진정으로 세상에서 하나뿐인 국제적인 나라라고 생각할 것이다. 만약 그가 유고슬라비아인이라면 그는 자국의 돼지를 자랑할 것이다. 만약 모나코공국에서 태어났다면 도박 업계에서 모나코가 세계를 선도한다고 자랑할 것이다.

그러나 그가 이런 문제들만 자랑스러워하는 것은 아니다. 그는 동물 중 유일하게 불멸의 영혼을 가지고 있고 이성적인 호모 사피엔스 종이 아닌가. 그는 선과 악의 차이를 알고 있고 구구단을 배웠다. 하느님이 그를 자신의 형상대로 만들지 않으셨는가. 그리고 모든 것이 인간의 편의를 위해 창조되지 않았는가. 태양은 낮을 밝히기 위해 만들어졌고, 달은 밤을 밝히기 위해 만들어졌다. 비록 달이 어떤 착오로 인해 밤 시간의 절반 동안만 빛나지만 말이다. 땅에서 나는 과일들은 인간의 양식이 되기 위해 만들어졌고, 어떤 신학자들은 토끼의 흰 꼬리도 사냥꾼들이 토끼를 더 쉽게 쏠 수 있게 하기 위해 만들어졌다고 주장한다. 물론 불편한 점도 몇 가지 있다. 사자와 호랑이는 너무 사나우며, 여름은 너무 덥고 겨울은 너무 춥다. 그러나 이런 문제들은 아담이 사과를 먹은 후에야 시작되었다. 그 전에는 모든 동물이 채식을 했고, 항상 봄이었다. 만약 아담이 복숭아와 포도와 배와 파인애플에 만족했다면 우리는 이러한 축복을 여전히 누리고 있을 것이다.

개인적이든 일반적이든 종교적 신념의 원천은 자만심이다. 심지어 죄의 개념도 자만심에서 파생된 것이다. 조지 보로는 항상 우울해하는 웨일스 설교자를 만난 이야기를 들려준다. 보로가 동정심을 갖고 우울증에 빠진 웨일스의 한 목사에게 질문을 던졌다. 그러자 목사는 자신이 일곱 살 때 성령을 거스르는 죄를 지었다고 고백했다. 보로가 그를 향해 말했다. "내 친구여, 그것 때문에 괴로워하지 말게나. 나는 자네와 같은 상황에 빠진 수십 명을 알고 있다네. 이 일로 인해 당신이 나머지 인류와 단절되었다고 상상하지 말게나. 물어보면 자네 같은 사람들이 많다는 걸 알게 될 걸세." 그 말을 듣고 목사는 치유되었다. 그는 자신이 특별하다고 느끼는 것을 즐겼지만, 죄인의 무리 중 하나가 되는 데에

는 어떤 즐거움도 없었다. 대부분의 죄인들은 자기중심적인 경향
이 강하지 않은 편이다. 그러나 신학자들은 인간이 하느님의 사
랑뿐만 아니라 분노의 특별한 대상이라는 느낌을 즐기는 게 틀림
없다. 밀턴이 우리에게 확실히 보여주었듯이 인간이 타락한 후에
는 다음과 같은 일이 일어났다.

태양은
처음에는 어떻게 움직이고, 어떻게 빛나라는 명령을 받았다네.
지구가 견디기 힘든 추위와 더위를 느끼게 하려고,
북쪽에서는 노쇠한 겨울을, 남쪽에서는 하지의 여름 열기를 가
져오라는 것이었다.

그 결과가 아무리 불쾌했다 하더라도, 아담은 자신에게 교훈
을 주기 위해 그토록 거대한 천문학적 현상이 일어났다는 사실에
우쭐댈 수밖에 없었을 것이다. 모든 신학에서는 천국뿐만 아니라
지옥에 관해서도, 인간이 우주에서 가장 중요한 창조물이라는
것을 당연한 사실로 여긴다. 모든 신학자들이 인간이기 때문에
이 가정은 어떤 반대에도 부딪히지 않는다.

진화론이 유행하면서 인간 찬양은 새로운 형태를 취했다. 우
리는 진화가 하나의 위대한 목적에 따라 이루어졌다고 배웠다. 진
흙이나 삼엽충만 있던 수백만 년 동안, 공룡과 거대한 고사리, 그

리고 벌과 야생화의 시대를 거치는 동안 하느님은 위대한 절정기를 준비하고 계셨다. 마침내 때가 찾아오면서 하느님은 인간을 만드셨다. 네로와 칼리굴라, 히틀러와 무솔리니 같은 표본을 포함해서 말이다. 이들의 초월적 영광은 긴 고통스러운 진화 과정을 정당화했다. 이처럼 덜떨어지고 무기력한 결론을 전능한 신의 걸작이라 칭송하는 일보다 영원한 지옥행이라는 저주가 더 신뢰가 가고, 확실히 덜 우스꽝스럽다. 하느님이 정말로 전능하다면 하느님은 왜 그렇게 길고 지루한 서곡 없이 영광스러운 결과를 만들어내지 못했을까?

진화 신학자들이 말하는 것처럼 인간이 정말로 그렇게 영광스러운 존재인가에 대한 의문은 차치하고라도, 이 행성의 생명이 거의 확실히 일시적이라는 또 다른 문제도 남는다. 지구는 차가워지거나 대기가 점차 날아가 버리거나 물이 부족해지거나, 또는 천문학자 제임스 진스 경이 유쾌하게 예언하듯이, 태양이 폭발하여 모든 행성이 가스로 변할 것이다. 이 중 어떤 일이 먼저 일어날지는 아무도 모른다. 그러나 어떤 경우든 인류는 결국 멸종할 것이다. 물론 정통 신학의 관점에서 보면 이런 사건은 별로 중요하지 않다. 인간은 불멸이며, 지구에 아무도 남지 않더라도 천국과 지옥에서 계속 존재하기 때문이다. 그러나 그렇다면 왜 속세 발전에 신경 쓰는 걸까? 원시 점액질에서 인간으로 점차 진보했다고 강조하는 사람들은 이 세속적인 영역에 중요성을 부여하는데,

이들은 지구상의 모든 생명이 성운과 영원한 얼음 사이의, 또는 한 성운과 다른 성운 사이의 짧은 막간극에 불과하다는 결론에서 움츠러든다. 신학자들에게 반드시 필요한 교리인 인간의 중요성은 태양계의 미래에 대한 과학적 견해로부터 어떤 지지도 받지 못한다.

자만심 외에도 거짓 믿음의 근원은 많다. 그중 하나는 경이로움에 대한 사랑이다. 나는 한때 과학적 사고방식을 가진 마술사와 알고 지냈는데, 그는 관객 앞에서 마술을 선보인 다음, 관객들에게 그들이 본 것을 적어내게 했다. 관객들은 항상 실제 본 광경보다 훨씬 더 놀라운 것을 적었다. 보통 어떤 마술사도 해낼 수 없는 기술이었다. 그러나 관객들은 모두 자신의 눈으로 직접 본 것을 진실하게 적었다고 생각했다. 이런 종류의 왜곡은 소문과 관련될 때 더욱 심각해진다. A가 B에게 어젯밤에 저명한 금주론자인 아무개 씨가 약간 술에 취한 것을 봤다고 말한다. B는 C에게 A가 그 선한 사람이 술에 취해 비틀거리는 것을 봤다고 말한다. C는 D에게 그가 도랑에서 의식 없이 발견되었다고 말한다. D는 E에게 그가 매일 저녁 정신을 잃는 것으로 잘 알려져 있다고 말한다. 사실 여기에는 악의라는 또 다른 동기가 작용한다. 우리는 이웃에 대해 나쁘게 생각하기를 좋아하고, 아주 작은 증거만으로도 최악의 평판을 믿을 준비가 되어 있다. 그러나 그런 동기가 없더라도 굳건한 편견을 거스르지 않는 한 쉽게 믿는다. 18세기 이

전의 모든 역사는 현대 역사가들이 무시하는 기이한 일과 경이로
움으로 가득 차 있다. 그 사실들이 역사가들이 받아들이는 사실
들보다 덜 잘 입증되어서가 아니라, 학식 있는 사람들 사이에서는
과학적으로 개연성 있는 일을 더 선호하기 때문이다. 셰익스피어
는 시저가 살해되기 전날 밤에 일어난 일을 이렇게 쓴다.

한 평범한 노예가—얼굴을 보면 잘 아는 사람인데—
왼손을 치켜들었는데, 마치 스무 개 횃불이 합쳐진 것만큼
불길이 훨훨 타올랐는데도 그 손은
불기운을 느끼지 못한 채 타지도 않고 온전했습니다.
게다가—저도 그 뒤론 칼을 들고 있었지만—
카피톨리누스 언덕 앞에서 사자를 만났는데
그놈은 저를 노려보고는 해치지 않고
성난 표정으로 지나갔습니다. 또한 그곳에는 공포에 질려버린
백 명의 창백한 여자들이 무리 지어
웅크리고 있었는데, 그녀들은 온몸이 불타오르는 남자들이
거리를 오가는 걸 봤노라고 맹세하며 말했습니다.

셰익스피어는 이런 기이한 일들을 지어내지 않았다. 그는 율
리우스 카이사르에 대한 지식을 제공하는 고명한 역사가들의 글
에서 이 내용을 발견했다. 이런 류의 사건은 위대한 인물이 죽거

BOOK21

경제경영-인문

21세기북스는 급변하는 시대의 흐름 속에서 독자의 요구를 먼저 읽어내는 예리한 시각으로 〈칭찬은 고래도 춤추게 한다〉, 〈설득의 심리학〉 등 밀리언셀러를 출간하며 경제 경영 자기계발 분야의 독보적인 브랜드로서 자리매김했습니다.

 21cbooks   jiinpill21   21c_editors

북이십일의 문학 브랜드 아르테는 세계와 호흡하며 세계의 우수한 작가들을 만납니다. 국내에 소개되지 않은 혹은 잊혀서는 안 되는 작품들에, 새로운 가치를 담아 재창조하여 '깊고 아름다운 책'을 만들고자 합니다.

 21arte   21_arte   staubin

창조적 시선

인류 최초의 창조 학교 바우하우스 이야기

김정운 지음 | 윤광준 사진 | 이진일 감수 | 값 108,000원

'창조성'의 구성사(構成史)에 관한 탁월한 통찰!
김정운의 지식 아카이브 속 가장 중요한 키워드, '바우하우스' 로드를 직접 걸으며 밝혀낸 창조적 시선의 기원과 에디톨로지의 본질.

정영진의 시대유감

나는 고발한다, 당신의 뻔한 생각을

정영진 지음 | 값 22,000원

〈삼프로TV〉〈매불쇼〉〈일당백〉〈웃다가!〉〈보다〉…
누적 구독자 천만 명! 천재 기획자 정영진식 인사이트
"어설픈 위로나 공감을 하느니 불편한 질문을 좀 해볼게요"
정영진이 이슈의 최전선에서 10여 년간 뒹굴면서 생각한 것들

김형석, 백 년의 지혜

105세 철학자가 전하는 세기의 인생론

김형석 지음 | 값 22,000원

"소유했던 것을 주고 가는 것이 인생이다."
궁극의 휴머니즘, 세상을 바꾸는 교육, 선한 개인을 위한 정치까지 시대의 은사가 시대의 청춘에게 바치는 이야기

호모 사피엔스

인류를 지배종으로 만든 문화적 진화의 힘

조지프 헨릭 지음 | 주명진·이병권 옮김 | 값 42,000원

"유인원 중에서 어떻게 사피엔스만이 문명을 이루고 번영할 수 있었는가?" 인간 진화 가설의 패러다임을 바꾼 충격적인 도서!
하버드대학교 인간진화생물학과 조지프 헨릭 교수가 밝혀내는 인간 진화의 놀라운 역사

인식의 대전환

칸트의 코페르니쿠스적 전회

김혜숙 지음 | 값 24,000원

아시아인 최초 국제철학연맹 회장 김혜숙 교수가 쓴
《순수이성비판》의 가장 명쾌하고 우아한 해설
칸트 탄생 300주년을 기리는 국내 칸트 연구의 빛나는 성취
이화여대 김혜숙 명예교수가 40년간 연구한 칸트 철학의 정수

나 중요한 전쟁이 시작될 때 항상 일어나곤 한다. 심지어 1914년에도 '몽스의 천사들'이 영국군을 격려했다(1914년 제1차 세계대전 당시 영국군과 독일군의 전투 중에 하얀 형상이 나타났고, 그 직후 많은 독일군이 원인을 알 수 없는 이유로 사망하면서 영국군이 승리한 사건—옮긴이). 이런 사건들 가운데 직접적인 증거는 드물기 때문에 현대 역사학자들은 이런 사건을 사실로 받아들이려 하지 않는다. 물론 그 사건이 종교적으로 중요할 때는 예외이다.

모든 강렬한 감정은 그 자체로 낭설을 만드는 경향이 있다. 그 감정이 개인에게 국한될 때, 자신이 스스로 만들어낸 그런 낭설을 믿으면 다소 미친 사람으로 여겨진다. 그러나 전쟁처럼 감정을 집단적으로 공유할 때는 자연스럽게 생겨나는 낭설을 바로잡을 사람이 없다. 결과적으로 모든 시대의 집단적 흥분 속에서 근거 없는 소문이 널리 공감을 얻는다. 1914년 9월, 영국의 거의 모든 사람들이 소련 군대가 서부 전선으로 가는 길에 영국을 통과했다고 믿었다. 모든 사람들이 누군가 그 장면을 봤다고 말했지만, 아무도 직접 보지는 못했다.

낭설을 만들어내는 능력은 종종 잔인함과 연관된다. 중세 이후 유대인들은 살인 의식을 행한다는 비난을 받아왔다. 이 혐의에 대한 증거는 전혀 없으며, 제정신인 사람은 이를 조사해 보고는 아무것도 믿지 않았다. 그럼에도 이 소문은 계속 퍼져나갔다. 나는 이 낭설을 철썩 같이 믿는 벨로루시 사람을 만난 적이 있으며, 나치들 사이에서도 이는 한 톨의 의심도 없이 받아들여졌다. 이런 낭설은 고문의 명분이 되며, 근거 없는 믿음은 누군가를 박해하려는 무의식적 욕망의 증거이다.

18세기 말까지 정신이상자는 악마가 씌웠기 때문이라는 이론이 존재했다. 환자가 겪는 고통은 악마들도 겪으므로 정신이상자를 치료하려면 환자에게 큰 고통을 주어 악마가 포기하고 나가게 만드는 것이 최선의 치료법이었다. 이 이론에 따라 정신이상자들은 잔인하게 구타당했다. 이 치료법은 조지 3세가 미쳤을 때에도 시도되었지만 성공하지 못했다. 무지한 의학 지식이 오랫동안 받아들여지면서 아무런 효과 없는 치료법이 거의 모두 환자에게 극심한 고통을 주었다는 것은 기이하고 고통스러운 사실이다. 마취제가 발명되었을 때 독실한 신앙인들은 이를 하느님의 뜻을 거부하려는 시도로 여겼다. 그러나 하느님이 아담의 갈비뼈를 추출할 때 그를 깊은 잠에 빠뜨렸다는 점이 지적되었다. 이에 따라 남성은 마취제를 사용할 수 있었지만 여성은 이브의 저주 때문에 고통받아야 한다고 여겨졌다. 서구에서는 여성이 참정권을 획득하면서 이 교리가 잘못되었음이 입증되었지만, 일본에서는 오늘날까지도 어떤 통증 완화제도 마취제는 허용하지 않는다. 일본인들은 창세기를 믿지 않으므로 이러한 가학성은 다른 정당한 이유가 있을 것이다.

'인종'과 '혈통'에 대한 그릇된 믿음은 나치스가 공식 신조로 삼았지만 정당한 근거는 없다. 이러한 믿음은 오로지 자존감과 잔인함을 충돌질하기 때문에 믿어진다. 이러한 잘못된 믿음은 어떤 형태로든 문명만큼이나 오래 지속되었다. 형태는 변하지만 본질은 그대로 남아 있다. 고대 그리스의 역사가 헤로도토스에 따르면 페르시아 제국을 세운 키루스 2세는 자신의 왕족 혈통을 모른 채 농부들에게 키워졌다고 한다. 열두 살 때, 다른 농부 소년들을 대하는 그의 황제다운 태도로 혈통의 비밀이 밝혀진다. 이는 인도·유럽어족에서 발견되는 오래된 이야기의 변주이다. 심지어 아주 현대적인 사람들도 '피는 못 속인다'라고 말한다. 생리학자들이 흑인의 피와 백인의 피 사이에 차이가 없다고 아무리 이야기해도 소용없다. 미국 적십자사는 미국이 제2차 세계대전에 개입했을 때, 흑인의 피를 수혈하지 않기로 결정했다. 대중의 편견을 이겨내지 못한 것이다. 항의가 빗발치자 흑인 피를 사용할 수 있게 되었지만 오직 흑인 환자들에게만 사용할 수 있었다. 독일에서도 수혈이 필요한 아리아족 군인들의 피가 유대인 피로 오염되지 않도록 주의 깊게 보호했다.

인종 문제에서는 사회마다 다른 신념이 존재한다. 군주제가 확고히 자리 잡은 곳에서는 왕들이 신하들보다 더 우월한 인종이다. 최근까지만 해도 남성이 선천적으로 여성보다 더 지적이라는 믿음이 보편적이었으며, 심지어 스피노자처럼 계몽된 사람도 이를 근거로 여성 참정권에 반대했다. 백인들은 자신들과 피부색이 다른 사람들, 특히 흑인들보다 자신들이 우월하다고 믿었다. 반면 일본에서는 황색이 가장 우수한 피부색이라고 믿는다. 아이티에서는 그리스도와 사탄 조각상을 만들 때 그리스도는 검은색으로, 사탄은 흰색으로 만든다. 아리스토텔레스와 플라톤은 그리스인들이 이민족들보다 본질적으로 우월하다고 여겨 주인이 그리스인이고 노예가 이민족인 노예제가 정당하다고 생각했다. 이민법을 만든 미국 입법자들은 북유럽 백인들이 슬라브인이나 라틴계 또는 다른 어떤 백인들보다 우월하다고 여겼다. 반면에 나치스는 전쟁의 압박 속에서 독일 말고는 진정한 북유럽인이 거의 없다는 결론에 이르렀다. 나치스에 부역한 비드쿤 크비슬링과 그의 몇몇 추종자들을 제외한 노르웨이인들은 핀란드인과 라플란드인의 피가 섞여 타락했다고 여겼다. 따라서 정치는 혈통 문제의 해결책이 되었다. 생물학적으로 순수한 북유럽 백인은 히틀러를 사랑하며, 따라서 만약 히틀러를 사랑하지 않았다면 피가 오염됐다는 증거였던 것이다.

물론 이 주제를 공부한 모든 사람들이 인정하듯이 이 모든 믿음은 순전히 헛소리이다. 미국 학교에서는 다양한 출신의 아이들이 동일한 교육 제도 안에서 공부한다. 지능 지수를 측정하고 학생들의 타고난 능력을 평가하는 사람들은 인종학자들이 말하는 인종별 특성을 조금도 발견하지 못했다. 모든 국가나 인종 집단에는 똑똑한 아이들과 둔한 아이들이 있다. 미국에서는 유색 인종

아이들이 사회적으로 열등하다는 낙인이 찍혀 백인 아이들만큼 성공하지 못할 가능성이 있다. 그러나 선천적 능력을 환경적 영향으로부터 분리할 수 있다면 다른 집단 사이에서 명확한 구분은 나타나지 않는다. 우월한 인종이라는 개념은 단지 권력을 가진 사람들의 과도한 자존심에서 생겨난 미신일 뿐이다. 언젠가는 더 합리적인 증거가 나올 수도 있다. 아마도 시간이 지나면 교육자들이 (예컨대) 유대인들이 평균적으로 비유대인들보다 더 지적이라는 믿음을 증명할 수 있을지도 모른다. 그러나 아직 그런 증거는 존재하지 않으며, 우월한 인종에 대한 모든 이야기는 헛소리로 일축되어야 한다.

유럽의 다양한 인구 집단에 인종 이론을 적용하는 것은 특히 부조리하다. 유럽에는 순수한 인종이 존재하지 않는다. 러시아인은 타타르 혈통이 섞여 있고, 독일인은 대부분 슬라브계이며, 프랑스인은 켈트인, 게르만인, 지중해 민족의 혼혈이다. 이탈리아인도 마찬가지인데, 로마인들이 수입한 노예 후손들의 혈통까지 더해졌다. 영국인들은 아마도 가장 다양한 인종이 섞여 있는 민족일 것이다. 단일 민족에 이점이 있다는 증거는 없다. 현재 존재하는 가장 순수한 단일 민족은 피그미족, 호텐토트족, 그리고 호주 원주민들이다. 더 순수한 단일 민족이었을 태즈매이니아인들은 멸종되었다. 그들은 찬란한 문화를 소유하지 않았다. 반면에 고대 그리스인들은 북방 이민족들과 토착민의 혈통이 섞여 있다.

가장 문명화되었던 아테네인들과 이오니아인들 또한 가장 혈통이 다양한 사람들이다. 인종적 순수성이 유익할 수 있다는 생각은 전적으로 상상의 산물로 보인다.

피에 대한 미신은 민족과 상관없이 형태가 다양하다. 살인에 대한 거부감은 원래 희생자의 피 때문에 생겨나는 의식적 부정不淨에서 비롯된 것 같다. 하느님은 카인에게 이렇게 말했다. "네 아우의 피가 땅에서부터 나를 향해 부르짖느니라." 몇몇 인류학자에 따르면, 하느님에게 받은 카인의 징표는 그가 아벨의 피를 찾지 못하게 하려는 위장이었다. 장례식에서 상복을 입는 이유도 여기에서 유래된 것으로 보인다. 여러 고대 사회에서는 살인과 우발적 살인 사이에 차이를 두지 않았다. 어느 경우든 똑같이 정화 의식이 필요했다. 피가 신성을 오염시킨다는 느낌은 여전히 남아 있다. 여성이 교회에서 행하는 출산 의식이나 월경에 대한 터부가 그렇다. 아이가 아버지의 '피'를 가졌다는 생각 역시 같은 미신에서 비롯되었다. 실제로는 아버지의 피가 아닌 어머니의 피가 아이에게 들어간다. 피가 생각하는 것만큼 중요하다면 모계 중심 사회가 혈통을 추적할 수 있는 유일한 방법일 것이다.

마르크스의 영향을 받은 러시아에서는 혁명이 끝난 후 사람들을 경제적 배경에 따라 분류했는데, 이때 독일의 인종학자들이 스칸디나비아의 노르딕인들을 두고 겪었던 문제와 비슷한 문제가 생겼다. 두 가지 이론을 하나로 조화시켜야 했는데, 하나는 프롤레타리아는 선하고 다른 계급은 악하다는 것이었고, 또 다른 하나는 공산주의자는 선하고 다른 이들은 악하다는 것이었다. 이 두 가지 이론을 조화시키는 유일한 방법은 단어의 뜻을 바꾸는 것이었다. '프롤레타리아'는 정부를 지지하는 사람을 뜻하게 되었고, 이에 따라 귀족 출신인 레닌도 프롤레타리아에 속하게 되었다. 한편 부유한 농민을 뜻하는 단어 '쿨라크kulak'는 집산주의에 반대하는 농민을 뜻하게 되었다. 이런 식의 모순은 특정 집단이 다른 집단보다 본질적으로 우월하다고 가정할 때 항상 발생한다. 미국에서는 저명한 유색인이 작고했을 때 받을 수 있는 최고의 칭송이 '그분은 백인이셨습니다'라는 말이다. 용감한 여성은 '남자 같은 분'이라는 말이다. 맥베스는 아내의 용기를 칭찬하며 이렇게 말한다.

사내아이만 낳으시오,
당신의 그 담대한 기질은 남성만을
빚어낼 것이오.

이런 식으로 말하는 방식은 어리석은 일반화를 포기하지 않으려는 고집에서 비롯된다.

경제 부문에도 널리 퍼진 미신이 많다.

왜 사람들은 금과 보석을 가치 있게 여길까? 단순히 희소성 때문만은 아니다. 세상에는 금보다 훨씬 더 희귀한 '희토류'라고 불리는 원소가 몇 개 있는데, 소수의 과학자들을 제외하고는 아무도 여기에 눈길조차 주지 않을 것이다. 여러 근거가 있는 이론에 따르면, 금과 보석이 원래 마법적 특성을 가지고 있어서 가치를 인정받았다는 것이다. 현대의 각국 정부가 저지르는 실수를 보면 이 믿음은 여전히 '실용주의자'들도 인정하는 것 같다. 제1차 세계대전이 끝날 무렵, 독일은 영국과 프랑스에 거액을 지불하고, 두 나라가 차례로 미국에 거액의 채무를 갚기로 합의했다. 그들 모두 물품보다는 돈으로 지급받고 싶어 했다. '실용주의자'들은 세상에 그렇게 많은 돈이 없다는 사실을 알아차리지 못했다. 그들은 또한 돈이 물품을 사는 데 사용되지 않으면 쓸모가 없다는 사실 또한 알아차리지 못했다. 그들은 이런 식으로 돈을 쓰지 않았기 때문에 돈은 아무에게도 도움이 되지 않았다. 그들은 트란스발에서 채취한 금을 미국의 은행 금고에 묻어두는 것이 가치 있다고 여겼다. 결국 채무국들은 더 이상 돈이 없었고, 물품으로 지불하는 것이 허용되지 않았기 때문에 파산했다. 대공황은 금의 마법적 특성을 끝끝내 버리지 못하고 믿은 탓에 일어난 직접적인 결과였다. 이 미신은 이제 죽은 것 같지만, 의심할 여지없이 다른 미신들이 그것을 대체할 것이다.

정치는 대체로 진실성이 결여된 교훈적이고 진부한 말들이 지배한다.

가장 대중적인 격언 중 하나는 '인간의 본성은 바꿀 수 없다'이다. 먼저 '인간의 본성'을 정의하지 않고는 이 말이 사실인지 아닌지 말할 수 없다. 그러나 '인간이 본성'이 사용되는 대로라면 이 격언은 확실히 거짓이다. 아무개 씨가 중요하고 결정적인 지혜라고 단호한 목소리로 이 격언을 말할 때, 그가 의도하는 것은 세상천지 모든 사람들이 항상 그의 고향 사람들처럼 행동해야 한다고 말하는 것이다. 약간의 인류학적 지식만 있어도 이 믿음은 인정될 수가 없다. 티베트에서는 한 아내가 여러 남편을 거느린다. 남자들이 아내 한 명을 부양하기에는 너무 가난하기 때문이다. 그러나 여행자들의 말을 들어보면 티베트인들의 가정생활은 다른 곳과 다를 바 없이 행복하다고 한다. 손님에게 아내를 빌려주는 관행은 미개한 부족들 사이에서 매우 흔한 일이다. 호주 원주민들은 사춘기에 매우 고통스러운 수술을 받는데, 이 수술은 아이들의 남은 생애 동안 성적 능력을 크게 감소시킨다. 인간의 본성에 반하는 것처럼 보이는 영아 살해는 기독교가 부상하기 이전에는 보편적이었으며, 플라톤은 과잉 인구를 막기 위해 이를 권장하기도 했다. 일부 미개한 종족 사이에서는 사유 재산이 인정되지 않는다. 선진 문명에서는 경제적 고려 사항이 소위 '인간의 본성'보다 우위에 설 것이다. 모스크바에서는 심각한 주택 부족으로 미혼 여성이 임신했을 때 여러 남성들이 장차 태어날 아이의 법적 권리를 놓고 다투는 일이 종종 일어난다. 아버지로 인정된 사람이 그 여성의 방을 함께 쓸 권리를 얻기 때문이다. 방 절반이라도 노숙하는 것보다는 낫기 때문이다.

사실 성인이 지닌 '인간의 본성'은 교육 환경에 따라 매우 가변적이다. 음식과 성性은 매우 일반적인 요구 사항이지만, 이집트 테베에 살던 은둔자들은 성생활을 완전히 금하고 음식은 살 수 있을 정도로만 먹었다. 사람들은 식이요법과 훈련을 통해 교육자의 의도에 따라 흉포하거나 온순한 사람이 되기도 하고, 주체적이거나 복종적인 사람이 될 수도 있다. 터무니없는 소리라도 정부가 적절한 조치를 취하면 대다수의 신념이 될 수 있다. 플라톤은 스스로도 우스꽝스럽다고 인정한 신화에 자신이 꿈꾼 공화국이 설립되기를 원했고, 대중이 그것을 믿도록 유도할 수 있다고 확신했다. 홉스는 아무리 무가치한 정부라도 사람들이 정부를 숭배하는 것이 중요하다고 생각했는데, 그렇게 비합리적인 주장은 일반적인 동의를 얻기 어렵다는 반박에 대해 홉스는 사람들이 기독교, 특히 성체 변화의 교리를 믿게 되었다는 점을 내세우며 대응했다. 홉스가 1940년에 살아 있었다면 나치스에 헌신하는 독일 청년들을 자신의 주장을 뒷받침할 만한 근거로 제시했을 것이다.

거대 국가가 등장한 이후 정부는 사람들의 신앙을 매우 강력한 힘으로 지배했다. 로마 황제들이 개종한 후 대다수의 로마인들은 기독교인이 되었다. 아랍인에게 정복된 로마 제국 지역에서는 대부분의 사람들이 기독교를 버리고 이슬람교로 개종했다. 서

유럽이 개신교와 가톨릭 지역으로의 분할된 것은 16세기 정부 태도로 결정되었다. 그러나 신앙을 통제하는 정부의 힘은 이전의 그 어느 시대보다 오늘날 정부가 훨씬 더 많이 갖고 있다. 아무리 그릇된 것이라고 하더라도 신앙은 대규모 사람들의 행동을 지배할 때 중요하다. 이런 의미에서 제2차 세계대전에서 일본, 소련, 독일 정부가 주입한 신념은 중요했다. 그 신념은 서로 완전히 달랐기 때문에 그 모두가 진실일 수는 없었지만, 모두 거짓일 수는 있었다. 불행하게도 그 신념은 사람들에게 자기 보존 본능을 거의 억제하는 수준까지 서로를 죽이려는 욕망을 촉발시키는 것이었다. 이러한 증거를 볼 때, 군사력이 주어진다면 미쳐 날뛰는 집단을 만들어내는 것이 쉽다는 것을 부인할 수 있는 사람은 없을 것이다. 건전하고 합리적인 사람들을 만들어내는 일도 쉬운 일이지만, 많은 정부가 그렇게 하고 싶어 하지 않는다. 건전하고 합리적인 사람들은 정부의 최고위층 정치인들을 찬양하지 않을 것이기 때문이다.

인간의 본성은 변하지 않는다는 격언이 특히 악랄하게 적용되는 한 가지 경우가 있다. 항상 전쟁이 벌어질 것이라는 교조적인 단정이 그것인데, 왜냐하면 우리가 전쟁이 필요로 한다고 느끼도록 설계되어 있기 때문이라는 것이다. 실제로 대부분의 사람들처럼 먹고 교육받는 사람은 누군가가 도발할 때 싸우고 싶어 할 것이다. 그러나 이길 가망성이 없으면 실제로 싸우지 않을 것이다. 우리는 경찰관이 제지할 때 매우 불쾌하지만, 그렇다고 압도적인 국가의 힘을 등에 업고 있는 경찰과 싸우지는 않는다. 전쟁을 벌일 일이 없는 사람들은 심리적으로 좌절감을 느끼는 것처럼 보이지 않는다. 1814년 이후로 전쟁을 겪은 적이 없는 스웨덴 사람들은 행복하고 만족스럽게 살아간다. 그들이 느끼는 행복에 유일하게 먹구름을 드리우는 일은 스웨덴이 다음 전쟁에 휘말리게 될지 모른다는 두려움이다. 만약 정치 조직이 전쟁을 단연코 무익하게 만들 수 있다면, 전쟁이 일어나도록 압박하는 성향이나 전쟁이 일어나지 않기 때문에 불행해지는 감정이 인간 본성에는 존재하지 않는다. 현재 전쟁을 억제하기가 불가능하다는 논리와 똑같은 주장이 이전에는 결투를 옹호하는 데 사용되었지만, 우리 중에 결투를 할 수 없어서 좌절감을 느끼는 사람은 거의 없을 것이다.

나는 정부가 행동함으로써 사람들을 믿게 할 수 있는 헛소리에는 절대적인 한계가 없다고 확신한다. 일반인보다 더 많은 급여를 주고 더 나은 음식을 제공할 수 있는 권력을 가진 군대를 나에게 준다면, 나는 30년 내에 대부분의 사람들이 2+2=3이고, 물은 뜨거워지면 얼고 차가워지면 끓으며, 국가 이익에 도움이 될 만한 어떤 헛소리라도 믿게 할 수 있다. 물론 이러한 믿음이 일반화되더라도 사람들은 물을 끓이고 싶을 때 주전자를 냉장고에 넣지는 않을 것이다. 냉기가 물을 끓게 한다는 믿음은 주일의 진리이자 경이로운 어조로 고백하는 신성하고 신비로운 일이지만, 그렇다고 일상생활에서 실행되지는 않을 것이다. 대신 이 신비로운 교리를 소리 내어 부정하는 것은 그것이 무엇이든 불법이 되고, 완고한 이단자들은 화형대에서 '얼어붙을' 것이다. 공식 교리를 열정적으로 받아들이지 않는 사람은 가르치거나 어떤 권위를 가진 직위도 가질 수 없을 것이다. 오직 가장 높은 최고위층 공직자들만이 술자리에서 서로에게 이 모든 것이 얼마나 쓰레기 같은 짓인지 속삭일 것이다. 그러고 나서 그들은 웃으며 다시 술을 마실 것이다. 이는 결코 풍자가 아닌 일부 현대의 정부 아래에서도 일어나는 일이다.

인간을 과학적으로 조종할 수 있고, 정부가 선택에 따라 대중을 이리저리 마음대로 휘두를 수 있다는 사실은 우리가 불행한 이유 중 하나이다. 정신적으로 자유로운 시민 집단과 현대적 선전 수단으로 틀 지워진 공동체 사이에는 원자재 더미와 전함 사이만큼이나 큰 차이가 있다. 처음에는 모든 사람이 읽고 쓸 수 있도록 보편화된 교육이 완전히 다른 목적을 수행할 수 있다는 사실이 발견되었다. 교육을 통해 허무맹랑한 사상을 주입함으로써 국민을 통합하고 집단적 열정을 생성해 낸 것이다. 만약 모든 정부가 똑같은 헛소리를 가르친다면 해악은 그렇게 크지 않을 것이다. 불행히도 정부마다 자신만의 신념을 가지고 있고, 그 다양성은 다른 신조를 추종하는 자들 사이에 적대감을 낳는다. 만약 온 세상에 평화가 찾아오게 하려면 각국 정부는 어떤 사상도 주입하지 않거나 같은 사상을 주입하는 데 동의해야 할 것이다. 전자는 내가 두려워하는 바이지만 유토피아적 이상이다. 아마도 각국 정부는 모든 곳의 모든 시민이 완전히 고결하고 현명하다고 가르치는 데 합의할 수 있을 것이다. 아마도 다음번 전쟁이 일어난 후에 살아남은 정치인들은 그런 계획에 힘을 모으는 것이 현명하다는 것을 깨달을지도 모른다.

하지만 헛소리에 순종하는 것이 위험하다면 불순종하는 것도 위험하다.

일부 '진보 사상가'들은 기존의 생각에서 벗어난 의견을 가진 사람은 누구나 옳다고 생각한다. 이는 망상이다. 그렇지 않다면 진실은 지금보다 더 쉽게 얻을 수 있을 것이다. 오류 가능성은 무한하며, 더 많은 괴짜들이 진부한 진리를 찾기보다 진부한 오류를 저지른다. 나는 언젠가 전기 기술자를 만난 적이 있다. 그가 건넨 첫마디는 이랬다. "안녕하세요. 신앙 치유에는 두 가지 방법이 있습니다. 하나는 그리스도께서 실천하신 방법이고 다른 하나는 대부분의 크리스천 사이언스 교인들이 실천하는 방법입니다. 저는 그리스도가 행하신 방법을 실천합니다." 얼마 후 그는 장부를 위조한 혐의로 감옥에 갔다. 법은 자신의 영역에 신앙이 침범하는 것을 너그럽게 보지 않는다. 나는 또한 철학에 빠져 새로운 이론을 가르치는 저명한 정신과 의사를 알고 있는데, 그는 솔직하게 이 이론을 자신이 치료한 정신질환자에게 배웠다고 고백했다. 그 의사는 숨을 거두면서 자신의 새로운 과학적 치료법을 가르치기 위한 교수직을 설립하라는 유언을 남겼지만, 불행히도 자산을 남기지 않았다. 숫자 계산은 정신질환자의 논리에 맞지 않는다는 것을 보여주는 대목이다. 한번은 한 남자가 와서 철학에 관심이 있으니 내 책 몇 권을 추천해 달라고 했다. 책을 추천해 주었더니 그는 다음 날 와서 그중 한 권을 읽어봤는데 이해할 수 있는 문장이 하나밖에 없었고, 그것마저도 오류로 보인다고 말했다. 그 문장이 무엇이냐고 물었더니 그는 율리우스 카이사르가 죽었다는 문장이라고 말했다. 왜 그 문장에 동의하지 않느냐고 묻자 그는 몸을 곧추세우고 이렇게 말했다. "내가 율리우스 카이사르이기 때문입니다." 별난 사람이라고 해서 옳다고 확신할 수 없다는 것을 보여주기에 이러한 사례면 충분할 것이다.

항상 대중의 신념에 맞서 싸워야 했던 과학은 이제 심리학 분야에서 가장 힘든 전투를 치르고 있다.

인간의 본성을 전부 안다고 생각하는 사람들은 비정상적인 상황에 처했을 항상 절망하곤 한다. 일부 남자아이들은 소위 '길들여지는 상태'가 되는 법을 결코 배우지 못한다. 헛소리를 용납하지 못하는 사람은 이런 남자아이들을 체벌로 다스린다. 아이들은 체벌을 당하고 잘못을 반복하면 더 심하게 맞는다. 이 문제를 연구한 의학자들은 모두 처벌이 문제를 더 악화시킨다고 말했다.

때로는 문제의 원인이 신체에 있는 경우도 있지만, 보통은 심리적인 문제이므로 무의식 깊은 곳에 자리 잡고 있을 불만을 제거하면 치료할 수 있기 때문이다. 그러나 대부분의 사람들은 자신들을 짜증나게 하는 누군가에게 벌을 가하고 싶어 하기 때문에 이러한 의학적 견해는 허황된 궤변으로 치부당한다. 노출증 환자도 같은 일을 당한다. 그들은 몇 번씩이나 감옥에 갇히지만 출소하자마자 노출증 범죄를 또다시 저지른다. 이 분야를 전공한 의사는 바지 단추를 앞이 아닌 뒤에 다는 것만으로 노출증은 치료될 수 있다고 말했다. 그러나 이 방법은 사람들의 보복 충동을 만족시키지 못하기 때문에 시행되지 않는다.

대체로 처벌은 정상적인 정신으로 저지르는 범죄는 예방할 수 있지만 심리적 이상에서 저지르는 범죄는 예방할 수 없다. 이러한 견해는 부분적으로 인정되고 있다. 합리적 이기심으로 저지르는 단순 절도와 이상한 징후인 도벽을 구별하게 된 것이다. 살인광들도 일반 살인자들과 다르게 취급된다. 그러나 성적 일탈 행위는 너무나 큰 혐오감을 불러일으키기 때문에 여전히 처벌이 아닌 의학적으로 치료하는 것은 불가능하다. 분노는 넓게 보았을 때 사회적으로 유용한 강제력이지만, 오직 의학적 기술로만 치료할 수 있는 질병을 갖고 있는 환자들을 향할 때는 해로울 수 있다.

이와 비슷한 일이 모든 국가에서도 일어난다. 제1차 세계대전 동안 독일인들은 매우 자연스럽게 사람들의 복수심을 불러일으켰고, 그 결과 그들은 전쟁에 패배한 후 혹독한 벌을 받았다. 제2차 세계대전 동안에는 제1차 세계대전의 전후 처리로 맺어진 베르사유 조약이 터무니없이 온건했다는 주장이 있었는데, 독일에 교훈을 주는 데 실패했다는 게 이유였다. 그래서 이번에는 강력한 제재 수단이 있어야 한다는 말이 많았다. 나는 우리가 나치 병사들을 단순히 범죄자로 생각하지 않고 정신병자로 여겼다면 독일의 반복적인 도발을 예방할 가능성이 더 높았을 것이라 생각한다. 물론 정신병자들은 감금되어야 한다. 그러나 우리는 그들을 처벌이 아닌 신중한 배려로 감금하고, 배려심이 허용하는 한, 그들을 행복하게 만들려고 노력해야 한다. 살인광이 비참해지면 더 많은 살인을 저지를 뿐이라는 건 누구나 인정하는 사실이다. 물론 나치스 중에는 단순한 범죄자들도 많았지만 다소 미친 사람들도 많았을 것이다. 만약 서유럽이 독일을 성공적으로 통합하려면 그들에게 특별한 죄의식을 주입하는 모든 시도를 완전히 포기해야 한다. 처벌받는 사람들은 그들을 처벌하는 사람들에 대해 친절한 감정을 느끼는 법을 배우지 못하기 때문이다. 독일인들이 자신들 이외의 인류를 증오하는 한, 평화는 불안정할 것이다.

야만인들의 신앙이나 고대 바빌로니아인들과 이집트인들의 신앙에 관한 책을 읽어보면 그들 신앙의 불합리성이 놀라워 보인다. 그러나 가장 현대적이고 문명화된 사회에서 교육받지 못한 사람들은 여전히 이와 똑같이 불합리한 신앙을 품고 있다. 나는 미국에서 3월에 태어난 사람은 불운하고 5월에 태어난 사람은 유독 티눈이 생기기 쉽다는 말을 진지하게 들어야 했다. 이 미신의 역사는 모르지만, 아마도 바빌로니아나 이집트 사제들의 지식에서 유래했을 것이다. 신앙은 강의 진흙처럼 사회적으로 높은 계급에서 시작되어 교육 수준을 따라 점차 아래로 가라앉는다. 그 신앙이 완전히 가라앉는 데는 3000년이나 4000년이 걸릴 수도 있다. 미국에서는 유색인종 하녀가 플라톤이 했던 말을 하는 걸 들을 수 있는데, 그 말은 학자들이 인용하는 부분이 아니라 터무니없는 부분이다. 예를 들어, 이번 생에서 지혜를 추구하지 않는 남자들은 여자로 다시 태어날 것이라는 따위의 말이다. 위대한 철학자들의 사상에 주석을 다는 사람들은 그런 허튼소리를 보면 늘 정중하게 눈감아 주는데 말이다.

아리스토텔레스는 높은 명성에도 허튼소리를 많이 남겼다. 그는 바람이 북쪽에서 부는 겨울에 임신해야 하고, 너무 어릴 때 결혼하면 딸을 낳으며, 여성의 피가 남성의 피보다 더 검다고 말했다. 돼지가 홍역에 걸리기 쉬운 유일한 동물이라고 하거나 불면증에 시달리는 코끼리는 소금, 올리브 오일, 따뜻한 물로 어깨를 문질러야 한다거나 여성은 남성보다 치아 개수가 적다는 말도 남겼다. 그럼에도 아리스토텔레스는 대다수의 철학자들이 둘도 없는 현자로 꼽는다.

길일과 흉일에 대한 미신은 매우 보편적이다. 고대에는 이 미신이 장군들의 군사 작전을 지휘했다. 우리도 금요일과 13이라는 숫자에 대한 편견이 매우 강하다. 선원들은 금요일에 항해하기를 좋아하지 않고, 많은 호텔에는 13층이 없다. 금요일과 13에 대한 미신은 현자들도 믿었지만, 이제는 그런 미신을 무해한 바보짓 정도로 여긴다. 그러나 어쩌면 2000년 후에는 우리 시대 현자들이 믿는 수많은 신념이 바보 같아 보일 것이다. 인간은 뭐든 쉽사리 믿는 동물이며 무언가를 믿어야 한다. 믿음에 대한 적합한 근거가 없을 때는 불충분한 근거만으로도 만족하는 것이다.

'자연'과 '자연적인 것'에 대한 믿음 역시 많은 오류의 근원이다. 이러한 믿음은 의학에서 위력을 발휘했고, 어느 정도는 여전히 그렇다. 인체는 그대로 두면 스스로 치유하는 특정한 힘을 가지고 있다. 작은 상처는 보통 자가 치유되고, 감기는 지나가며, 심지어 심각한 질병도 때로는 의학적 처치 없이 사라진다. 그러나 이런 경우에도 자연의 도움을 받는 것은 매우 바람직하다. 상처는 소독하지 않으면 곪을 수 있고, 감기는 폐렴으로 발전할 수 있으며, 심각한 질병을 치료하지 않는 사람들은 오지 탐험가나 여행자처럼 치료할 수단이 없는 사람들뿐이다. '자연스러운' 것으로 보이게 된 많은 관행은 원래 '부자연스러운' 것들이었다. 예를 들어, 옷을 입는 것과 몸을 씻는 것 말이다. 인간이 옷을 입기 시작하기 전에는 추운 기후에서 살기 어려웠을 것이다. 최소한의 위생 개념조차 없는 서양 국가에서는 이미 사라진 장티푸스를 비롯해 여러 질병으로 고통받는다. 예방 접종은 '부자연스럽다'며 반발을 불러왔다. (지금도 여전히 반대하는 사람들이 있다.) 그러나 그런 반대에는 일관성이 없다. 부러진 뼈가 '자연스럽게' 붙는다고 기대하는 사람은 아무도 없기 때문이다. 조리된 음식을 먹는 것도 '부자연스러운' 일이다. 집을 난방하는 것도 마찬가지이다. 기원전 600년경에 살았던 중국 철학자 노자는 도로와 다리와 배를 '부자연스럽다'며 반대했고, 그런 인공물을 싫어해서 중국을 떠나 서쪽의 이민족들 사이에서 살았다. 문명의 모든 진보는 도입된 지 얼마 안 됐을 때 부자연스럽다고 비난받게 마련이다.

산아 제한에 반대하는 가장 큰 이유는 '자연'을 거스른다는 것이다. (어떤 이유에서인지 독신주의가 자연에 반한다고 말하는 것은 허용되지 않는다. 아마도 독신주의는 새로운 것이 아니기 때문인 것 같다.) 맬서스는 인구를 억제하는 방법을 세 가지로 보았다. 도덕적 억제, 악덕, 그리고 빈곤이 그것이다. 그는 도덕적 억제가 대규모로 실행될 가능성이 낮다고 인정했다. 성직자인 맬서스가 보기에 피임을 포함하는 '악덕'은 혐오스러운 수단이었다. 그는 자신의 편안한 사제관에서 인류 대다수가 처한 비참함을 평온하게 바라보며, 그것을 완화하기를 희망하는 개혁가들의 오류를 지적했다. 현대 신학자들은 피임에 대해서 맬서스보다 덜 정직하다. 그들은 먹여 살릴 식구가 아무리 많더라도 하느님이 양식을 제공할 것이라고 믿는 척한다. 그들은 하느님이 그렇게 한 적이 없다는 사실과 오히려 수백만 명이 굶어죽는 주기적인 기근에 인류를 노출시켰다는 사실을 무시한다. 자신들이 믿는 바를 말하고 있다면, 그들은 이 순간부터 하느님이 지금까지는 불필요하다고 생각하셨던 오병이어의 기적을 지속적으로 행하실 것이라고 주장하는 사람들로 간주되어야 한다. 어쩌면 그들은 이 세상의 고통은 중요하지 않다고 말할 것이다. 중요한 것은 내세라고 말이다. 그들의 신학에 따르면, 그들이 피임을 반대하여 세상에 태어난 아이들은 지옥에 갈 것이다. 그러므로 우리는 그들이 수백만 명이 영원한 고통 속에 빠지는 것을 즐거워하기에 지상의 삶을 개선하는 데 반대한다고 가정해야 한다. 그들과 비교하면 맬서스는 자비로운 사람으로 보일 정도다.

여성은 우리가 가장 강렬하게 사랑하고 혐오하는 대상으로서 복잡한 감정을 불러일으킨다. 이는 속담에 담긴 '지혜' 속에 구체화되어 있다.

여성에 대해서는 모든 사람들이 완전히 부조리한 일반화에 빠진다. 기혼 남성들은 이 문제를 일반화할 때 자신의 아내를 판단 기준으로 삼고, 여성들은 자신을 판단 기준으로 삼는다. 남성들의 여성관이 어떻게 변화되어 왔는지 써보면 재미있을 것이다. 고대에는 남성이 우월하다는 데 의문의 여지가 없었고 기독교 윤리가 아직 알려지지 않은 고대에는 여성들을 해롭지는 않지만 어리석은 존재로 여겼으며, 여성들을 진지하게 대하는 남성은 경멸을 받곤 했다. 플라톤은 극작가가 여성인 등장인물을 창조할 때 실제 여성을 모방해야 한다는 점이 희곡에 대한 중대한 결점이라 보았다. 기독교가 도래하면서 여성은 요부라는 새로운 역할을 맡게 되었다. 그러나 동시에 여성은 성녀가 될 수 있는 능력도 있다고 여겨졌다. 빅토리아 시대에는 요부보다 성녀가 훨씬 더 강조되었다. 남성들은 자신들이 유혹에 취약하다는 것을 인정할 수 없었던 것이다. 여성의 우월한 미덕은 그들을 정치에서 배제하는 이유가 되었다. 정치에서는 고상한 미덕이 불가능하다고 여겨졌기 때문이다. 그러나 초기 페미니스트들은 이 논리를 뒤집어 여성의 정치 참여가 정치를 고귀하게 만든다고 주장했다. 하지만 이 주장이 환상으로 판명된 이후, 여성의 우월한 미덕에 대한 이야기는 줄어들었지만 여전히 여성을 요부로 보는 수도승 같은 견해를 고수하는 남성들이 많았다. 여성들은 대부분 자신을 현명한 존재로 생각하며, 남성들이 충동적으로 저지른 어리석은 일 때문에 벌어진 폐해를 바로잡는 것이 자신들의 일이라고 생각한다. 나는 여성에 대한 모든 일반화를 불신한다. 호의적이든 비호의적이든, 남성의 관점이든 여성의 관점이든, 고대의 것이든 현대의 것이든 모두 마찬가지이다. 이 모든 것은 경험 부족에서 비롯된 것이기 때문이다.

여성을 비합리적 편견으로 대하는 성별에 따른 태도는 소설

속에도 나타나는데, 특히 형편없는 소설에서 잘 드러난다. 남성 작가가 쓴 삼류 소설에는 작가가 사랑하는 여성이 등장하는데, 그녀는 대개 모든 매력을 지니고 있지만 다소 무력하여 남성들이 보호해 주어야 한다. 그러나 때때로 셰익스피어 작품에 등장하는 클레오파트라처럼 여성은 격분한 증오의 대상이자 절망적일 만큼 사악한 존재로 그려진다. 남성 작가는 여주인공을 묘사할 때 관찰에 의존하지 않고 단순히 자신의 감정을 부여한다. 다른 여성 등장인물에 대해서는 자신이 노트에 쓴 기록을 참고할 정도로 더 객관적이 되면서 말이다. 그러나 남성 작가가 사랑에 빠졌을 때, 그의 열정은 그와 숭배하는 대상 사이에 안개를 뿌린다. 여성 소설가들 또한 자신의 작품에 두 종류의 여성을 등장시킨다. 하나는 작가 자신으로서 매력적이고 친절하며, 악한 이에게는 욕망의 대상이고 선한 이에게는 사랑의 대상이며, 감수성 풍부하고 고결하며 끊임없이 오해받는 인물이며, 다른 하나는 모든 여성들로 대표되는 소심하고, 악의적이며, 잔인하고 기만적인 인물이다. 여성을 편견 없이 판단하는 것은 남성이나 여성 모두에게 쉽지 않은 일 같다.

국민성에 대한 일반화 역시 여성에 대한 일반화만큼이나 흔하고 부당하다. 1870년까지 독일인들은 안경 쓴 교수들이 많은 민족이며 모든 것을 내면의 의식에서 진화시킬 뿐 외부 세계를 거의 인식하지 못하는 사람들이라 여겨졌지만, 1870년 이후 이 개

넘은 매우 급격히 수정되어야 했다(1870년은 프로이센·프랑스 전쟁이 일어난 해로 이 전쟁에서 승리한 프로이센은 독일을 통일했다—옮긴이). 대부분의 미국인들에게 프랑스인들은 끊임없이 연애할 궁리만 하는 국민으로 보인다. 미국 시인 월트 휘트먼은 자신의 시 「내 자신의 노래Song of Myself」에 "은밀한 긴 안락의자에서 사랑을 나누는 프랑스인 한 쌍"이라는 구절을 쓰기도 했다. 프랑스에서 사는 미국인들은 프랑스인들의 가족애에 놀라거나 실망하기도 한다. 러시아 혁명 이전에 러시아인들은 신비로운 슬라브 영혼을 지녔다고 여겨졌다. 이로 인해 러시아인들은 현명하게 행동하지 못하지만, 더 실용적인 국가들이 도달할 수 없는 깊은 지혜를 지녔다는 것이다. 그러다 갑자기 모든 것이 바뀌었다. 신비주의는 금기시되었고, 오직 가장 세속적인 사상만 용인되었다. 사실 다른 국가의 국민성은 몇몇 유명인이나 우연히 권력을 가진 계층에 의해 결정된다. 이러한 이유로 국민성에 대한 모든 일반화는 중요한 정치 변화가 일어나면 완전히 뒤집히곤 한다.

인류가 저지르기 쉬운 다양한 어리석은 행동을 피하는 데 초인적인 천재성은 필요하지 않다. 몇 가지 간단한 규칙이 당신이 모든 실수는 아니지만 어리석은 실수를 저지르지 않도록 도와줄 것이다.

만약 관찰을 통해 해결할 수 있다면 직접 관찰해 보라. 아리스토텔레스는 부인에게 치아 개수를 셀 테니 입을 벌리고 있어달라는 간단한 방법으로 여성이 남성보다 치아 개수가 적다고 생각하지 않을 수 있었다. 하지만 그는 자신이 안다고 생각했기 때문에 그렇게 하지 않았다. 실제로는 모르면서 안다고 생각하는 것은 우리 모두가 빠지기 쉬운 치명적인 실수이다. 나는 고슴도치가 바퀴벌레를 먹는다고 믿는다. 그렇게 들었기 때문이다. 그러나 내가 고슴도치의 습성에 대한 책을 쓴다면, 이렇게 불쾌한 음식을 먹는 고슴도치를 직접 보기 전까지는 단언하지 않을 것이다. 그러나 아리스토텔레스는 덜 조심스러웠다. 고대와 중세의 저자들은 유니콘과 샐러맨더에 대해 모든 것을 알고 있었다. 그들 중 어느 누구도 이 생물을 한 번도 본 적이 없기 때문에 독단적으로 진술해서는 안 된다고 생각하지 않았다.

그러나 이처럼 경험을 통해 검증하기란 쉽지 않다. 만약 당신이 대부분의 인류처럼 많은 문제에서 열정적인 신념을 가지고 있다면, 그것이 편견인지 아닌지 인식할 수 있게 만드는 방법이 있다. 만약 당신과 반대되는 의견에 화가 난다면 그것은 당신의 의견에 합리적인 근거가 없다는 것을 무의식적으로 인식하고 있다는 신호이다. 만약 누군가가 2+2=5라고 주장하거나 아이슬란드가 적도 위에 있다고 주장한다면, 당신은 화를 내기보다는 연민을 느낄 것이다. 물론 당신이 숫자 계산이나 지리에 대해 무지한 탓에 그의 의견에 당신의 의견이 흔들리지 않는다면 말이다. 어떤 문제가 격렬한 논쟁으로 번지는 이유는 어느 쪽 의견에도 합리적 근거가 없기 때문이다. 박해는 산수가 아닌 신학에서 일어난다. 왜냐하면 산수에는 지식이 있지만, 신학에는 오직 의견만 있기 때문이다. 그러므로 의견 차이로 화가 날 때마다 주의하라. 자세히 살펴보면 당신의 의견이 증거가 보증하는 범위를 넘어서고 있다는 것을 발견할 것이다.

특정 종류의 독단주의에서 벗어나는 좋은 방법은 당신이 속한 사회 집단과 다른 집단에서 어떤 의견을 가지고 있는지 인식하는 것이다. 젊었을 때 나는 내 나라를 떠나 프랑스, 독일, 이탈리아, 미국에서 살았다. 나는 이것이 뿌리 깊은 편견의 강도를 줄이는 데 매우 유익하다는 것을 발견했다. 만약 당신이 여행을 떠날 수 있다면 당신과 의견이 다른 사람들을 찾아보고 당신 정당이 아닌 정당에서 발행하는 신문을 읽어보라. 만약 그들과 그 신문이 미쳤거나 심술궂거나 사악해 보인다면 당신도 그들에게 그렇게 보인다는 점을 상기하라. 이렇게 본다면 양쪽 모두 옳을 수 있지만 둘 다 틀릴 수는 없다. 이렇게 반성하다 보면 반드시 신중한 태도를 가지게 될 것이다.

그러나 외국의 관습을 인식하는 것이 항상 유익한 효과를 가져오는 것은 아니다. 17세기에 만주족이 중국을 정복했을 때 중국에는 여성들이 전족을 하고 남성들은 변발을 하는 관습이 남아 있었다. 이들은 각자가 지닌 어리석은 관습을 버리는 대신, 서로가 갖고 있는 어리석은 관습을 받아들였다. 이에 따라 중국인들은 1911년 신해혁명으로 만주족의 지배에서 벗어날 때까지 변발을 했다.

심리적 상상력이 풍부한 사람들이라면 자신과 다른 편견을 가진 사람과 논쟁하는 것을 상상해 보는 것도 좋은 방법이다. 이 방법은 실제로 반대자들과 논쟁을 벌일 때와 비교하면 한 가지 장점이 있다. 바로 시간과 공간의 제약을 받지 않는다는 점이다. 간디는 철도와 증기선과 기계를 맹렬히 비판했는데, 어쩌면 산업 혁명 전체를 되돌리고 싶어 했는지도 모른다. 당신은 이러한 견해를 가진 사람을 실제로 만날 기회가 전혀 없을 것이다. 서양 국가에서 대부분의 사람들은 현대 기술의 이점을 당연하게 여기기 때문이다. 그러나 만약 당신이 많은 사람이 동의하는 견해에 동조하는 것이 옳다는 것을 확신하고 싶다면, 간디가 당신의 논거를 어떻게 반박하는지 고려해 본 뒤 입증하는 것이 좋은 방법이라는 사실을 알게 될 것이다. 나는 때때로 이런 식의 상상을 통해 마음을 바꾸기도 했고, 그 정도는 아니더라도 가상의 반대론자가 합리적일 수 있다는 것을 깨달음으로써 독단과 자만을 내려놓기도 했다.

당신의 자부심을 부추기는 견해는 특히 더 조심해야 한다. 남성과 여성 모두, 열 명 중 아홉은 자신의 성별이 우수하다고 확신한다. 양쪽은 모두 풍부를 근거를 제시한다. 당신이 남성이라면 시인이나 과학자가 대부분 남성이라는 점을 부각할 것이다. 당신이 여성이라면 범죄자도 대부분 남성이라고 반박할 것이다. 어떤 성이 더 우수한가 하는 질문은 본질적으로 해결이 불가능한데도 대부분의 사람들은 자존감 때문에 이를 부인한다. 우리는 모두 어느 나라의 어느 지역에서 왔든 자신의 조국이 다른 나라보다 우수하다고 확신한다. 각 나라마다 특유의 장단점이 있지만, 우리는 우리의 가치 기준을 조정하여 자신의 조국이 가진 장점은 부각하고, 단점은 사소하다고 주장한다. 이성적인 사람이라면 이 질문에 명백히 옳은 답이 없다는 것을 인정할 것이다. 인간이 다른 이의 자존감을 다루는 것은 더 어려운 문제다. 인간을 초월한 마음으로는 이 문제를 논의할 수 없기 때문이다. 내가 보기에 이러한 일반적인 인간의 자만심을 다루는 유일한 방법은 인간이 우주의 한구석에 있는 작은 행성에서 짧게 살다 가는 에피소드일 뿐이며, 우리가 해파리보다 우수한 만큼 우리보다 우수한 존재가 우주 어딘가에 있을 것이라고 스스로 상기하는 것이다.

자부심 외의 다른 열정도 오류를 낳는다. 이 중에서 가장 중요한 근원은 두려움이다. 두려움은 때때로 전쟁이 벌어졌을 때 참사에 대한 소문을 만들어내거나 유령 같은 공포의 대상을 상상함으로써 직접적으로 작용한다. 때로는 불로장생 약이나, 우리를 위한 천국과 우리의 적을 위한 지옥과 같은 위안이 되는 무언가에 대한 믿음을 만들어냄으로써 간접적으로 작용한다. 두려움은 다양한 형태를 띤다. 죽음에 대한 두려움, 어둠에 대한 두려움,

알 수 없는 것에 대한 두려움, 집단적 두려움, 구체적인 두려움을 자신에게서 숨기는 사람들에게 오는 모호하고 일반화된 두려움도 있다. 당신은 자신의 두려움을 받아들이고 온 의지를 다해 자신을 지켜야 한다. 그래야 중요한 문제들, 특히 종교적 믿음과 관련된 것에 대해 진실하게 생각할 수 있다. 두려움은 미신의 원천이며, 잔인함의 원천 중 하나이다. 두려움을 정복하는 것은 지혜의 출발점이다. 이는 진리 추구에서와 마찬가지로 가치 있는 삶의 방식을 추구하는 노력에서도 마찬가지다.

두려움을 피하는 방법에는 두 가지가 있다. 하나는 우리가 재난을 당할 리 없다고 스스로를 설득하는 것이고, 다른 하나는 순수한 용기를 실천하는 것이다. 후자는 어렵고, 어느 시점에서는 모든 사람에게 불가능한 일이다. 따라서 항상 더 인기 있는 방법은 전자였다. 원시 마법은 적들을 해치거나 부적, 주술, 또는 주문으로 자신을 보호함으로써 안전을 확보하는 것이 목적이었다. 본질적인 변화 없이 이러한 방식으로 위험을 피하려는 믿음은 바빌로니아 문명에 살아남았고, 이곳에서 알렉산드로스 제국 전체로 퍼졌으며, 헬레니즘 문화를 흡수하는 과정에서 로마인들에게도 전해졌다. 그리고 로마인들에게서 중세 기독교와 이슬람이 그 믿음을 이어받았다. 과학이 마법에 대한 믿음을 감소시켰지만 여전히 많은 사람들이 자신들이 인정하고자 하는 것보다 더 많이 부적을 믿는다. 교회가 나서서 마법을 비난하지만, 이는 지금도 공식적으로 가능한 범죄이다.

그러나 마법은 두려움을 피하는 조악한 방법이었고, 게다가 그리 효과적인 방법도 아니었다. 사악한 마법사들이 항상 선한 마법사들보다 더 강할 수 있었기 때문이다. 15세기와 16세기와 17세기에도 마녀와 마법사를 두려워한 나머지, 이러한 범죄로 유죄 판결을 받은 수십만 명이 화형되었다. 그러나 내세에 관한 새로운 믿음은 두려움에 맞서는 더 효과적인 방법을 모색했다. 소크라테스는 죽음을 앞둔 날 (플라톤의 말을 믿는다면) 내세에서 자신은 신과 영웅의 친구가 되어 살아갈 것이며, 그의 끝없는 논쟁에 결코 반대하지 않을 정의로운 영혼에 둘러싸일 것이라고 확신했다. 플라톤은 자신의 책 『국가』에서 사람들이 내세를 긍정적으로 인식하기 위해 이를 국가가 강제해야 한다고 규정했다. 그러한 내세관이 진실이어서가 아니라 군인들이 전투에서 더 기꺼이 죽을 수 있게 하기 위해서 말이다. 그는 하데스에 대한 전통적인 신화가 죽은 자들의 영혼을 불행한 것으로 표현했다는 이유로 절대 들춰보지 않았을 것이다.

신앙의 시대에 정통 기독교는 구원받기 위해 매우 구체적인 규칙을 규정했다. 첫째, 세례를 받아야 한다. 둘째, 모든 신학적 오류를 피해야 한다. 마지막으로, 죽기 전에 죄를 회개하고 사면받아야 한다. 이 모든 규칙을 지킨다고 해서 연옥행을 면할 수는 없을 테지만, 이렇게 해야 천국에 다다른다는 것을 보장받을 수 있었다. 신학을 알 필요는 없었다. 한 저명한 추기경은 권위 있게 말했다. 세상을 떠날 때 "저는 교회가 믿는 모든 것을 믿습니다. 교회는 제가 믿는 모든 것을 믿습니다"라고 말하면 정통 신학의 요구사항이 충족될 것이라고 말이다. 이렇게 매우 구체적인 지침은 가톨릭 신자들이 천국으로 가는 길을 확실히 찾아갈 수 있게 만들어야 했다. 그럼에도 지옥에 대한 두려움은 사라지지 않았고, 최근에는 누가 저주받을 것인가에 대한 교리를 크게 완화하는 데 영향을 미치기도 했다. 오늘날 많은 기독교인들이 모든 사람이 천국에 갈 것이라는 교리를 믿는다고 말한다. 그렇다면 죽음에 대한 두려움도 없어야 하지만 실제로 이 두려움은 매우 본능적이어서 쉽게 사라지지 않는다. 심령술에 빠져 내세 신앙으로 개종한 프레더릭 마이어스는 딸을 잃은 지 얼마 되지 않은 한 여성에게 딸의 영혼이 어떻게 되었다고 생각하는지 물었다. 아이의 어머니는 이렇게 대답했다. "글쎄요, 그 아이가 영원한 축복을 누리고 있다고 생각하지만 그런 불쾌한 주제에 대해 묻지 말았으면 좋겠네요." 신학이 많은 일을 할 수 있음에도 천국은 대부분의 사람들에게 여전히 '불편한 주제'로 남아 있는 것이다.

마르쿠스 아우렐리우스와 스피노자가 가졌던 종교처럼 정교한 종교도 여전히 두려움 극복에 관심을 두고 있다. 스토아 철학의 이론은 단순하다. 유일하게 참된 선은 덕이며, 어떤 적도 나에게서 덕을 빼앗을 수 없다고 했다. 따라서 적을 두려워할 필요가 없는 것이다. 문제는 아무도 덕이 유일한 선이라고 믿지 않는다는 점이다. 심지어 황제로서 백성들이 덕을 쌓을 수 있도록 했을 뿐 아니라 야만인과 전염병과 기근에서 백성을 보호하려고 했던 마르쿠스 아우렐리우스조차도 말이다. 스피노자 역시 비슷한 논리를 펼쳤다. 그에 따르면, 우리의 진정한 선은 세속적 운명에 대한 초연함에 있다. 두 사람 모두 육체적 고통과 같은 것이 실제로는 악이 아니라고 믿는 척함으로써 두려움에서 벗어나려고 했다. 두려움에서 벗어나는 품위 있는 방법이기는 하지만, 여전히 그릇된 믿음에 토대를 두고 있다. 만약 이 방법을 있는 그대로 너그럽게 받아들인다고 하더라도 이것은 사람들을 자신의 고통뿐만 아니라 다른 사람들의 고통에도 무관심하게 만들고 말 것이다.

거대한 두려움에 갇힐 때면 거의 모든 사람이 미신에 매달린다. 구약성서에서 요나를 배 밖으로 던진 선원들은 요나가 배를 난파시킬 정도로 불어오는 폭풍의 원인이라고 상상했다. 비슷한 정신 상태에서 일본인들은 관동대지진 당시 조선인들과 자유주의자들을 학살했다. 포에니 전쟁에서 로마인들이 승리를 거두었을 때, 카르타고인들은 몰렉 신에 대한 신앙심이 부족해서 이런 불행이 벌어진 것이라고 확신했다. 몰렉은 아이들을 제물로 받는 것을 좋아했고, 특히 귀족 출신 아이를 선호했다. 그러나 카르타고의 귀족 가문은 자신들의 자식 대신 평민의 아이들을 제물로 바치는 관행을 마련해 놓았다. 사람들은 이것이 신을 불쾌하게 만들었다고 여겼고, 최악의 순간에는 최고 귀족 가문의 아이들조차 군말 없이 불 속에 내던졌다. 이상하게도 카르타고인들이 이러한 민주적 개혁을 이루었는데도 결국에는 로마인들이 전쟁에서 이겼다.

집단적 두려움은 사람들의 본능을 자극하고, 집단의 구성원으로 인정받지 못하는 사람들에 대한 만행을 촉발하는 경향이 있다. 프랑스혁명 때 외국 군대에 대한 공포가 공포 정치를 낳은 것처럼 말이다. 소련 정부 또한 혁명 초기에 덜 적대적인 대우를 받았다면 그렇게 잔인해지지 않았을 것이다. 두려움은 잔인한 충동을 만들어내고, 따라서 잔인함을 정당화하는 것처럼 보이는 미신적 믿음을 부추긴다. 거대한 두려움 아래에서는 한 사람도, 군중도, 국가도 인도적으로 행동하거나 제정신으로 생각할 것이라고 신뢰할 수 없다. 이러한 이유 때문에 용감한 사람들보다 겁쟁이들이 더 쉽게 잔인해지고 더 쉽게 미신에 노출되는 것이다. 이렇게 말할 때 내가 가리키는 대상은 단지 죽음에 직면했을 때뿐만 아니라 모든 면에서 용감한 사람들이다. 많은 사람들이 의연하게 죽을 용기는 있지만, 자신에게 목숨을 바치라고 요구하는 대의가 가치 없는 것이라고 말하거나 그렇다고 생각할 용기는 없을 것이다. 많은 사람들에게 치욕은 죽음보다 더 고통스럽다. 이것이 집단적 흥분의 시기에 지배적 의견에 반대하는 모험을 하는 이들이 그토록 적은 이유 중 하나이다. 어떤 카르타고인도 몰렉을 부인하지 않았다. 그렇게 하려면 전투에서 죽음에 직면하는 것보다 더 많은 용기가 필요했기 때문이다.

우리는 지금까지 너무 엄숙한 문제들만 살펴보았다. 미신이라고 해서 항상 어둡고 잔인한 것은 아니다. 종종 미신은 삶에 즐거움을 더한다. 언젠가 이집트의 오시리스 신이 내게 편지를 해서 자신의 전화번호를 알려준 적이 있다. 그는 그 당시 보스턴 교외에 살고 있었다. 비록 나는 그의 숭배자 중 한 명이 되지는 않았지만, 그 편지로 나는 무척 즐거웠다. 나는 자신을 메시아라고 선언하고 내 강의에서 이 중요한 사실을 언급하지 말라고 당부하는 남자들의 편지를 자주 받는다. 미국의 금주법 시대에는 성찬식에서 포도주가 아닌 위스키를 사용해야 한다고 주장하는 종파가 있었는데, 이 교리 덕분에 그들은 독한 술을 공급할 법적 권리를 얻었고, 그 결과 종파는 빠르게 성장했다. 영국에는 사라진 10지파(기원전 8세기경, 아시리아 제국이 북 이스라엘 왕국을 정복하고 주민들을 강제로 이주시키면서 열 개 지파가 여러 지역으로 흩어져 사라졌다―옮긴이) 가운데 하나가 영국인이라고 주장하는 종파가 있다. 더 엄격한 종파는 오직 에브라임과 므낫세 지파만이 영국인이라고 주장한다. 이 종파들의 구성원을 만날 때마다 나는 다른 쪽 추종자라고 주장하며 즐거운 논쟁을 나눈다. 나는 또한 신비로운 수수께끼를 밝히기 위해 대 피라미드를 연구하는 사람들도 좋아한다. 이 주제에 대해 위대한 책이 많이 출간되었는데, 그중 몇 권은 저자들에게 직접 받아보기도 했다. 그들에 따르면 대 피라미드는 항상 해당 책의 출판일까지 세계 역사를 정확하게 예측한다고 하는데, 막상 책이 출판된 이후 역사를 보면 신뢰성이 떨어진다. 일반적으로 저자는 이집트에서 곧 전쟁이 일어나고, 이어서 아마겟돈과 적그리스도가 도래한다고 예상했지만, 이제까지 너무 많은 사람들이 적그리스도로 여겨져 독자들은 결국 회의주의에 빠지고 만다.

나는 특히 1820년경 뉴욕주 북부에 있는 호수 옆에 살았던 한 예언자를 경애한다. 그녀는 수많은 추종자들에게 물 위를 걸을 수 있는 능력이 있으며, 어느 날 아침 11시에 그렇게 하겠노라 발표했다. 정해진 시간에 수천 명의 신자들이 호수 옆에 모였다. 그녀는 그들에게 말했다. "여러분, 제가 물 위를 걸을 수 있다고 확신하나요?" 신자들은 한 목소리로 대답했다. "예." 그러자 그녀가 말했다. "그렇다면 제가 굳이 보여드릴 필요가 없겠네요." 신자들은 매우 큰 가르침을 가슴에 담고 집으로 돌아갔다.

이러한 신앙들을 차가운 과학으로 완전히 대체한다면, 세상은 덜 흥미롭고 덜 다양한 곳으로 변할지도 모른다. 아마도 우리는 모든 세속의 학문을 거부하고, ABC를 배우는 것조차 죄악으로 여겨 아베체데리안Abecedarian(인간의 모든 학습을 거부하는 16세기 독일 재세례파의 종파—옮긴이)이라고 불린 사람들에 대해서도 대수롭지 않은 일처럼 웃어넘길 수 있을 것이다. 어쩌면 우리는 나태라는 죄악이 대홍수 이후 아라라트산에서 페루까지 어떻게 이동할 수 있었는지, 나태가 그렇게 엄청나게 느린 속도로 거기까지 가는 것은 불가능한 일이 아니냐며 당혹스러워했던 남미 예수회 수사들을 보며 즐거워할지도 모른다. 지혜로운 사람이라면 세상의 그 많고 많은 온갖 즐거움을 마음껏 누릴 것이고, 지적 쓰레기는 어느 시대에나 그렇듯 우리 시대에도 지긋지긋할 정도로 많이 발견될 것이다.

8장

· · · · · · · · · · ·

교육, 사고의
틀을 깨는 힘

민주주의를 지속하기 위해

교사가 학생들에게 가르치려고 노력해야 할 가치는

다른 사람들을 이해하려는 노력에서 비롯되는 관용이다.

지난 100년 사이에 교직은 그 어떤 직업보다 큰 변화를 겪었다. 일부 사람만을 위한 협소하고 전문적인 직업이었던 교직은 이제 공공 서비스의 크고 중요한 한 분야가 되었다. 교사라는 직업은 역사의 여명기부터 지금까지 이어져온 위대하고 명예로운 전통을 지녔지만, 현대 사회에서 선배 교사들의 이상을 따르려는 교사가 있다면 그 교사는 자기 자신의 생각을 가르치는 것이 아니라 자신의 고용주들이 유용하다고 여기는 특정한 믿음과 편견을 주입하는 것이 교사라는 냉정한 현실과 마주칠 것이다. 과거에는 교사가 특별한 지식이나 지혜를 가진 사람으로 여겨졌고, 사람들은 그의 말에 귀를 기울였다. 고대 사회에서 교직은 조직화된 직업군이 아니었고, 따라서 가르치는 내용을 통제받지도 않았다. 물론 전복적인 사상을 가르치다 처벌받는 교사들도 있었다. 소크라테스는 사형당했고 플라톤은 감옥에 갇혔다고 전해지지만 그런 일로 그들의 사상이 전파되지 못한 건 아니었다. 진정한 교사가 되고 싶은 사람은 육체보다는 자신의 책으로 살아남기를 더 열망할 것이다. 지적 독립성은 교사의 역할을 수행하는 데 반드시 필요하다. 교사의 역할은 공론 형성 과정에 지식과 합리성을 불어넣는 것이기 때문이다. 고대의 교사는 폭군이나 폭도들이 갑작스럽고 아무런 영향력도 없이 간섭하는 경우를 제외하고는 이러한 역할을 수행하는 데 큰 영향을 받지 않았다. 중세에는 교육이 교회의 독점 권한이 되었고 그에 따라 지적으로나 사회적으로 거의 진보하지 못했다. 르네상스 시대에 접어들면서 학문을 존중하는 풍토가 생기자 교사들은 상당한 자유를 되찾았다. 물론 종교재판소가 갈릴레이에게 자신의 주장을 철회할 것을 강요하고, 이탈리아의 도미니코회 수도자 조르다노 브루노를 화형에 처한 것은 사실이지만, 두 사람 모두 처벌받기 전에 자신의 연구를 끝마칠 수 있었다. 대학 같은 기관은 여전히 교조주의자들이 통제하고 있었고, 그 결과 대부분 뛰어난 지적 작업은 독립적인 학자들이 이루어냈다. 특히 영국에서는 19세기 말까지 뉴턴을 제외하고는 어떤 일류 학자도 대학과 연관되지 않았다. 그러나 당시 사회 체제 덕분에 학자들은 학문 연구나 유용성에 큰 방해를 받지 않았다.

고도로 조직화된 현대 사회에서 우리는 새로운 문제에 직면하고 있다. '교육'은 대부분 국가가, 때로는 교회에서 모든 사람에게 제공한다. 이로 인해 많은 교사들이 자신보다 학식도 없고, 어린이들을 다뤄본 경험도 없고, 교육을 그저 선전도구 정도로만 여기는 자들이 내리는 명령을 수행해야 하는 공무원이 되어버렸다. 이런 상황에서 교사들이 자신들의 특별한 능력을 제대로 발휘해 본래 역할을 수행하기란 대단히 어려워 보인다.

국가 교육은 분명히 필요하지만, 그에 따른 위험도 명백히 존재하기 때문에 이에 대한 안전장치도 반드시 필요하다. 국가 교육의 해악은 나치스 치하의 독일에서 가장 크게 드러났고, 현재 소련에서도 볼 수 있다.

이러한 해악이 지배하는 곳에서는 지성을 가진 사람이라면 제정신으로는 도저히 받아들일 수 없는 교조적 사상에 동의하지 않고서는 교사가 될 수 없다. 단순히 그 사상을 받아들여야만 할뿐 아니라 끔찍한 일에 눈감고 있어야 하며, 현재 문제가 되는 사건에 관해서는 자기 생각을 말하는 것을 아주 조심해야 한다. 알파벳이나 구구단처럼 별다른 논란이 생기지 않을 것만 가르친다면, 한 국가의 공식 사상에 반한다며 국가가 개입해 수업 방식을 바꾸려하지는 않을 것이다. 그러나 전체주의 국가의 교수는 이런 기본적인 것을 가르칠 때에도 학업 성과를 가장 높여줄 방법이 아니라 공포, 순종, 맹목적 복종을 심어주기 위해 교사의 권위에 대한 무조건적인 복종을 요구해야 할 처지에 처한다. 그리고 기본적인 교육을 넘어서는 순간 교사는 논란의 여지가 있는 모든 문제에 대해 공식적인 견해를 따라야만 한다. 그 결과 나치스 치하의 독일과 소련의 아이들은 편협한 광신자들이 되어버렸고, 자신의 나라 밖 세상에 무지하게 되었으며, 자유로운 토론에 익숙하지 않게 되었고, 다른 사람의 의견에 의문을 갖는 것은 뭔가 사악한 의도를 가진 것이라고 여기게 되었다. 아이들에게 주입된 사상이 중세 가톨릭처럼 보편적이고 국제적이었다면 상황이 나쁘기는 해도 지금처럼 참혹하지는 않았을 것이다. 그러나 현대의 교조주의자들은 국제 문화를 부정하고, 독일에서는 이런 교리를, 소련에서는 저런 교리를, 일본에서는 또 다른 교리를 설교했다. 이런 나라에서 어린이들을 교육할 때 가장 강조한 것은 광신적 민족주의였고, 그 결과 한 나라의 국민과 다른 나라의 국민 사이의 공통적 기반이 없어졌고, 공통의 문명이라는 개념을 통해 잔혹한 전쟁을 막아내는 데도 실패했다.

문화 국제주의는 제1차 세계대전 이후 점점 더 빠르게 쇠퇴했다. 나는 1920년 상트페테르부르크에 머물 때 순수 수학을 연구하는 교수를 만난 적이 있다. 그는 여러 국제회의 회원으로 런던, 파리 같은 다른 나라 수도를 잘 알고 있었다. 그러나 요즘 소련 당국은 학자들의 해외여행을 거의 허용하지 않는다. 학자들이 다른 나라와 비교해 자국 정부에 안 좋은 마음을 품을지도 모른다는 우려 때문이다. 다른 나라의 민족주의 교육은 이보다는 덜 극단적이기는 하지만, 어느 나라든 예전보다는 훨씬 강력해졌다. 영국(그리고 미국에서도 그렇다고 믿는다)에서는 프랑스어와 독일어 교육에 프랑스인과 독일인을 배제하는 경향이 있다. 어떤 사람을 임명할 때 그가 가진 능력보다 국적을 고려하는 관행은 교육에 해를 끼치고, 국제 문화가 꿈꾸는 이상에 대한 모욕이다. 이 이상은 로마 제국과 가톨릭교회에서 내려온 유산이지만, 오늘날에는 새로운 야만족의 침략 아래 무너져내리고 있으며, 외부가 아닌 아래에서부터 진행되고 있다.

여러 민주주의 국가에서 이러한 해악은 아직 위와 같은 정도에 이르지는 않았지만, 이와 유사하게 발전하고 있는 교육계에 대해서는 심각한 위험이 존재한다는 것을 인정해야 한다. 이러한 위험에서 벗어나는 길은 사상의 자유를 믿는 사람들이 교사들을 지적 속박으로부터 보호하는 길밖에 없다. 무엇보다 먼저 해야 할 일은 교사들이 지역 사회를 위해 무엇을 수행할 것인가에 대한 명확한 개념을 잡는 일이다. 나는 논란의 여지가 없는 명확한 정보를 전달하는 것이 교사가 할 일 중 최소한의 소임이라는 전 세계 정부의 의견에 동의한다. 물론 그러한 정보는 다른 기능이 구축되는 기반이 되며, 우리의 기술 문명에서는 의심할 여지없이 상당한 유용성을 가진다. 현대 사회에는 우리에게 육체적 편안함을 제공하는 기계 장치를 보존하는 데 필요한 기술을 갖춘 사람들이 많이 존재해야 한다. 더욱이 전체 인구의 상당 비율이 읽고 쓸 수 없다면 모두가 불편을 겪을 수밖에 없다. 이러한 이유로 우리는 모두 보편적 의무 교육을 지지한다. 그러나 각국 정부는 교육 과정에서 논란의 여지가 있는 문제에 대한 믿음을 쉽게 주입할 수 있고, 권력자에게 편리하거나 불편할 수 있는 사고 습관을 만들어낼 수 있다는 사실을 알아차렸다. 모든 문명국에서 국가 방어는 군대만큼이나 교사들 손에 달려 있다. 전체주의 국가를 제외하고, 국가 방어는 바람직하며 교육이 이 목적으로 사용된다는 단순한 사실 자체가 비판의 근거가 되지는 않는다. 비판은 국가가 몽매주의에 빠져 비합리적 열정에 대한 호소로 방어될 때에만 발생할 것이다. 이러한 방법들은 방어할 가치가 있는 나라라면 전혀 필요치 않다. 그럼에도 교육에 대한 직접적인 지식이 없는 사람들이 이러한 방법들을 자연스레 채택하곤 한다. 여론을 통일하고 자유를 억압해야 국가가 강해진다는 광범위한 믿음이 있기 때문이다. 1700년 이후 모든 중요한 전쟁에서 더 민주적인 쪽이 승리했음에도 전쟁이 벌어지면 민주주의 체제가 국가를 약화시킨다는 말을 끊임없이 듣고 있지만, 자유로운 토론과 다양한 견해를 받아들이는 나라보다 편협하고 독단적인 단일성을 고집하는 나라가 더 자주 파멸에 이르렀다. 전 세계 교조주의자들은 자신들만 진리를 알고 있고, 만약 다른 사람들이 양쪽의 논거를 들을 수 있도록 허용한다면 그들은 거짓 믿음에 이끌릴 것이라고 믿는다. 이러한 견해는 두 가지 불행 중 하나로 이어진다. 하나는 단일한 교조주의자 집단이 세계를 정복하여 모든 새로운 관념을 금지하는 것이고, 그보다 더 끔찍한 다른 하나는 대립하는 교조주의자들이 서로 다른 지역을 정복하고 서로에 대한 증오의 복음을 설파하는 것이다. 전자의 해악은 중세에 존재했고, 후자는 종교 전쟁 동안, 그리고 다시 현재에 존재한다. 첫 번째 해악은 문명을 정체시키고, 두 번째 해악은 문명을 완전히 파괴하는 경향이 있다. 교사는 이 두 가지 해악을 막는 주요 안전장치가 되어야 한다.

조직화된 당파심이 우리 시대의 가장 큰 위험 중 하나라는 것은 분명하다. 그것이 민족주의의 형태로 나타나면 국가 간 전쟁으로 이어지고, 다른 형태로 나타나면 내전으로 이어진다. 따라서 교사는 당파 간 다툼 밖에 서서 아이들에게 공정한 탐구 습관을 길러주기 위해 애쓰고, 아이들이 여러 문제를 스스로 판단하도록 이끌고, 일방적인 진술을 액면 그대로 받아들이지 않도록 경각심을 심어주어야 한다. 교사는 대중에게나 관리들에게나 편견을 칭찬할 사람이 아니라고 여겨져야 한다. 교사의 직업적 덕목은 모든 측면에서 정의를 행할 준비가 되어 있고, 논쟁을 넘어 불편부당한 과학적 조사의 영역으로 올라가려는 노력 속에 존재해야 한다. 만약 교사의 조사 결과에 불편함을 느끼는 사람들이 있다면, 교사가 명백한 거짓말을 퍼뜨림으로써 부정직한 선전에 가담했다는 것이 입증되지 않는 한, 교사는 그들의 분노로부터 보호받아야 한다.

그러나 교사의 역할은 단순히 현재 벌어지고 있는 논쟁의 열기를 완화하는 데에만 있는 것이 아니다. 그는 더 긍정적인 임무를 수행해야 하며, 이러한 임무를 수행하고자 하는 소망에 감화되지 않으면 위대한 교사가 될 수 없다. 교사들은 다른 어떤 계층보다도 문명의 훌륭한 수호자이다. 그들은 문명이 무엇인지 잘 인식하고 있어야 하며, 그들이 가르치는 학생들에게 문명화된 태도를 심어주고자 열망해야 한다. 이로써 우리는 다음 질문에 이르게 된다. 문명화된 공동체를 구성하는 것은 무엇인가?

이 질문에 대해서는 단순히 물질적 기준을 제시함으로써 답변하는 경우가 많다. 기계, 자동차, 화장실, 빠른 교통수단을 많이 갖추었다면 그 나라가 문명화되었다는 식으로 말이다. 내가 보기에 대부분의 현대인들이 이러한 것에 너무 많은 중요성을 부여한다. 문명이란 더 중요한 의미에서 삶의 물리적 측면에 대한 물질적 부속물이 아니라 정신의 문제이다. 문명은 한편으로는 지식의 문제이고, 다른 한편으로는 정서의 문제이다. 지식과 관련해서는, 사람은 시간과 공간 속에 놓인 세계와 관련하여 자신과 자신의 눈앞의 환경이 사소한 것임을 인식해야 한다. 그는 자신의 나라를 단지 자기 집이라고 여길 것이 아니라, 살고 생각하고 느낄 동등한 권리를 가진 세계의 여러 나라 중 하나로 보아야 한다. 그는 자신의 시대를 과거와 미래와의 관계 속에서 보아야 하며, 과거의 모순이 지금 우리에게 이상하게 보이듯이 우리 시대의 모순이 미래 세대에게 이상하게 보일 것이라는 점을 인식해야 한다. 더 넓은 시각에서 보자면 그는 지질학적 시대와 천문학적 심연의 광대함을 의식해야 한다. 그러나 그는 이 모든 것을 개인의 인간 정신을 분쇄하는 중압감이 아니라, 그것을 사유하는 정신을 확장하는 광대한 풍경으로 인식해야 한다. 사람이 진정으로 문명화되려면 정서적 측면에서 순전히 개인적인 것으로부터 출발하여 이와 매우 유사한 확장 과정을 거쳐야 한다. 인간은 태어나서 죽을 때까지 때로는 행복하고, 때로는 불행하며, 때로는 관대하고, 때로는 욕심 때문에 소심해 지기도 하고, 때로는 영웅적이고, 때로는 비겁하고 굽실거린다. 이러한 과정을 전체적으로 보는 사람들은 몇 가지 특정한 가치를 존중할 만한 가치가 있는 것으로 눈여겨본다. 어떤 사람들은 인류에 대한 사랑에 영감을 받았고, 어떤 사람들은 탁월한 지성으로 우리가 살고 있는 세계를 이해하도록 도왔으며, 어떤 사람들은 비상한 감수성으로 아름다움을 창조했다. 이들이 긍정적인 가치가 깃든 것들을 창조함으로써 우리는 오랫동안 계속된 잔인함, 억압, 미신을 견뎌낼 수 있었다. 이들은 인간의 삶을 야만인들의 짧은 소란보다 더 나은 것으로 만들기 위해 자신의 힘으로 할 수 있는 일을 했다. 문명화된 사람은 칭찬할 수 없는 경우를 마주할 때 비난하기보다는 이해하는 것을 목표로 삼는다. 그는 악에 사로잡힌 사람들을 미워하기보다는 인간을 초월해 존재하는 악의 근원을 발견하고 제거하려고 한다.

이 모든 것이 교사의 마음과 가슴에 있어야 하며, 만약 마음과 가슴이 충만한 교사라면 자기 학생들에게 그것을 전할 것이다.

학생들에게 따뜻한 애정을 느끼지 못하는 사람, 또는 스스로 가치 있다고 믿는 것을 학생들에게 전달하고자 하는 진정한 욕구가 없는 사람은 좋은 교사가 될 수 없다. 이런 태도는 선동가의 태도를 연상케 한다. 선동가에게 학생이란 군에 입대할 잠재적 군인일 뿐이며 자기 삶과 유리된 목적을 수행할 존재이지만, 이는 고결한 목적이 모두 자아를 초월한 것이라는 의미에서 그러한 것이 아니라, 부당한 특권이나 독재 권력에 봉사한다는 의미에서 그러하다. 선동가는 그의 학생들이 세계를 널리 탐구하고 자신들에게 가치 있어 보이는 목적을 자유롭게 선택하기를 원하지 않는다. 그는 조경 전문가처럼 그들의 성장이 정원사의 목적에 맞게 훈련되고 왜곡되기를 원한다. 그리고 그들의 자연스러운 성장을 방해함으로써 그들 안에 있는 모든 고결한 힘을 파괴하고, 그것을 질투, 파괴성, 잔인함으로 대체한다. 반대로 나는 인간의 잔인성이 대부분 어린 시절 경험한 좌절에서 비롯되며, 무엇보다도 선한 일을 못하게 좌절당한 경험에서 비롯된다고 확신한다.

오늘날 세계가 처해 있는 상황이 충분히 증명해 주듯, 억압하고 박해하는 감정은 매우 흔하다. 그러나 이 감정은 인간 본성에서 피할 수 없는 부분이 아니다. 오히려 나는 그 감정이 어떤 불만의 결과라고 믿는다. 교사의 역할 가운데 하나는 학생들에게 전망을 열어주는 것이다. 유용한 만큼 즐거운 활동이 가능하다는 것을 보여줌으로써 학생들이 친절하고자 하는 충동을 자유롭게 발산하고, 그들이 갖지 못했다는 이유로 다른 이들에게서 빼앗으려는 욕구를 자제시키는 것이다. 많은 사람들이 자신이나 다른 사람들이 행복을 하나의 목표로 삼는다고 비난하지만, 이런 인식은, 먹고 싶지만 너무 높은 곳에 있어서 먹지 못하는 포도를 신 포도라고 치부해 버리는 여우의 태도와 비슷하다. 공공의 목적을 위해 개인의 행복을 포기하는 것도 문제이지만 행복 자체를 전혀 중요하지 않다고 여기는 것은 완전히 다른 문제이다. 그러나 이런 태도는 종종 영웅주의라는 이름으로 행해진다. 이런 태도를 취하는 사람들에게는 일반적으로 무의식적인 질투에 기반한 잔인성이 있으며 그 질투의 근원은 보통 유년기나 청년기에 발견된다. 교육자는 이러한 심리적 불행으로부터 자유로운 성인을, 그리고 자신의 행복을 빼앗기지 않았기 때문에 다른 이들의 행복 또한 빼앗으려 하지 않는 성인을 길러내야 한다.

오늘날 여러 상황에서 드러나듯이 많은 교사들이 자신의 능력을 제대로 발휘하지 못한다. 여기에는 여러 이유가 있는데, 그중 일부는 우연에 의한 것이고, 다른 일부는 매우 뿌리 깊은 것이다. 우연에 의한 이유부터 살펴보자. 대부분의 교사들은 과로에 시달리고 있으며 자유로운 정신을 가르치기보다 시험을 준비시켜야 한다. 교육에 익숙하지 않은 사람들(여기에는 실질적으로 모든 교육 당국이 포함된다)은 이런 상황에서 어떤 정신적 대가를 치러야 하는지 모른다. 성직자들은 매일 몇 시간 동안 설교하라고 요구받지 않지만, 교사들은 이와 비슷한 요구를 받는다. 그 결과 많은 교사들이 혹사당하고 정식적으로 소모되어 자신이 가르치는 과목의 최근 성과에 어두워지고 새로운 이해와 지식에서 얻을 수 있는 지적 쾌락을 학생들에게 불어넣지 못한다.

그러나 이것보다 더 심각한 문제가 있다. 대부분의 국가에서 특정 견해는 옳다고 인정되고, 다른 견해는 위험하다고 치부한다는 점이다. 다른 견해를 가진 교사들은 침묵을 지켜야 한다. 그들이 자신의 의견을 언급하면 선전이 되지만, 옳다고 인정되는 의견을 언급하는 것은 건전한 지도로 간주된다. 그 결과, 호기심 많은 학생들은 당대에 가장 활기찬 지성을 가진 사람들이 무슨 생각을 하고 있는지 알아내기 위해 교실 밖으로 눈을 돌려야 한다. 미국에는 '국민윤리'라는 과목이 있는데, 이 과목의 교수법은 다른 어떤 과목보다도 오해의 소지가 있을 것이다. 이 과목을 배우는 학생들은 공공 업무가 어떻게 수행되어야 하는지 보수적인 가르침을 받으며, 실제로 어떻게 수행되고 있는지에 대해서는 주의 깊게 차단당한다. 그들이 자라서 진실을 발견하면 모든 공적 이상이 사라진 완전한 냉소주의에 빠지기 쉽다. 반면에 학생들이 더 어린 나이에 진실을 세심하게, 그리고 적절한 설명과 함께 배웠다면 악행을 저지르고도 어깨를 으쓱하며 묵인하는 대신 그 악행과 싸우는 어른이 되었을지도 모른다.

거짓으로 교훈을 삼을 수 있다는 생각은 교육 입안자들이 저지르는 고질적인 죄악 가운데 하나이다. 나는 '비교훈적'이라는 이유로 진실을 숨기지 않겠다는 굳은 결심을 하지 않은 사람은 좋은 교사가 될 수 없다고 생각한다. 과잉보호된 무지에서 탄생된 미덕은 연약하며 현실과 만나자마자 부서지고 만다. 이 세상에는 존경받을 만한 사람들이 많으며, 학생들에게 이들이 왜 존경받는지 가르치는 것은 좋은 일이다. 그러나 사기꾼들이 저지른 악행을 숨긴 채 그들을 존경하도록 가르치는 것은 나쁜 일이다. 어떤 사람들은 있는 그대로의 지식을 가르치면 냉소주의로 이어질 것이라고 생각하는데, 그 지식이 갑작스러운 충격이나 공포와 함께 온다면 그럴 수 있다. 그러나 그 지식이 점진적으로, 좋은 지식과 적절히 섞여서, 그리고 진실에 도달하려는 과학적 연구 과정에서 온다면 그런 일은 일어나지 않을 것이다. 자신이 배운 지식을 확인할 수 없는 학생들에게 거짓말을 하는 것은 어떤 경우라도 도덕적으로 정당화될 수 없다.

민주주의를 지속하기 위해 교사가 학생들에게 가르치려고 노력해야 할 가치는 다른 사람들을 이해하려는 노력에서 비롯되는 관용이다. 우리에게 익숙하지 않은 모든 방식과 관습을 두려움과 혐오스러운 시선으로 바라보는 것은 어쩌면 자연스러운 인간의 충동인지 모른다. 개미와 야만인들은 낯선 사람들을 죽인다. 그리고 세상을 넓게 여행하고 바라본 적이 없는 사람들은 다른 국가와 다른 시대, 다른 종파와 다른 정당이 보여주는 이상한 방식과 기이한 믿음을 받아들이기 힘들어한다. 이런 식의 무지한 불관용은 문명화된 세계관과 정반대이며 인구가 넘쳐나는 세계가 맞닥뜨린 심각한 위험 중 하나이다. 교육 체계는 이를 바로잡도록 설계되어야 하지만, 지금은 그런 노력을 찾아보기 어렵다. 모든 나라가 국수주의적 감정을 자극하면서 학생들이 너무나 쉽게 믿고 싶어 하는 것, 즉 우연히 태어난 내 나라의 국민들보다 다른 나라 국민들이 도덕적으로나 지적으로 열등하다는 것을 가르친다. 인간이 가진 정서 중 가장 광기 어리고 잔인한 전체주의적 히스테리가 억제되기는커녕 오히려 장려되고, 아이들은 합리적인 근거가 있는 믿음보다 자주 듣는 말을 믿도록 장려된다. 물론 이 모든 잘못에 대해 교사들을 비난할 수는 없다. 그들은 원하는 대로 가르칠 자유가 없으니 말이다. 아이들에게 무엇이 필요한지 가장 잘 알고 있는 사람들이 교사들이다. 날마다 아이들을 만나면서 돌보는 것도 교사들이다. 그러나 무엇을 가르칠지, 어떻게 가르칠지 결정하는 것은 교사들이 아니다. 교사들에게는 지금보다 훨씬 더 많은 자유가 주어져야 한다. 스스로 결정할 기회가 더 많아야 하고, 관료와 편협한 사람들의 간섭에서 벗어나야 한다. 오늘날 의사가 환자를 어떻게 치료해야 하는지 당국의 통제를 받아야 한다는 데 동의할 사람은 아무도 없을 것이다. 물론 의사가 환자를 치료한다는 의학 목적에서 벗어나 범죄에 연루된 경우는 예외이다. 교사는 유치함이라는 병에 걸린 환자를 치료하는 의사라 할 수 있지만, 경험을 바탕으로 이 목적에 가장 적합한 방법을 스스로 결정할 수 있는 힘이 교사에게는 없다. 역사적으로 유명한 몇몇 대학은 명성의 무게로 자기 결정권을 확보했지만, 대다수의 교육 기관은 자신들이 간섭하고 있는 일이 무엇인지 이해하지 못하는 사람들에게 방해받고 통제된다. 고도로 조직화된 세계에서 전체주의를 막는 유일한 방법은 유용한 공공 업무를 수행하는 기관에 일정 수준의 독립성을 보장하는 것이며, 교사들은 이러한 기관 중에서 가장 중요한 위치를 차지해야 한다.

교사는 예술가, 철학자, 학자와 마찬가지로 외부 권위에 지배되거나 구속되지 않고 내면의 창조적 충동으로 움직이는 개인이라고 느낄 때에만 자신의 일을 제대로 수행할 수 있다. 현대 사회에서 개인을 위한 자리를 찾는 것은 매우 어렵다. 전체주의 국가에서는 독재자로, 대규모 기업체가 있는 나라에서는 금권정치의 거물로 최상위에 위치할 수 있지만, 정신의 영역에서는 남녀의 생계를 통제하는 거대한 조직화된 힘으로부터 독립성을 유지하는 것은 점점 더 어려워지고 있다. 최고의 지성에게서 얻을 수 있는 혜택을 잃지 않으려면 세상은 교사에게 활동 범위와 자유를 허용할 방법을 찾아야 한다. 그러려면 권력을 가진 사람들에게는 의도적인 억제책이 필요하고, 어떤 이들에게는 자유로운 활동 범위를 제공해야 한다고 의식적으로 인식해야 한다. 르네상스 시대의 교황들은 르네상스 예술가들을 이런 식으로 인식했지만, 우리 시대의 권력자들은 천재성을 존중하는 데 어려움을 겪는 것 같다. 우리 시대의 혼란은 문화라는 꽃을 적대시한다. 일반 대중은 두려움으로 가득 차 있고, 따라서 자신들이 필요성을 느끼지 못하는 자유를 용인하지 않으려 한다. 어쩌면 우리는 문명의 요구가 당파심의 요구를 다시 압도할 때까지 더 평온한 시기를 기다려야 할지도 모른다. 하지만 그동안에도 일부는 조직화를 통해 할 수 있는 일의 한계를 계속해서 인식하는 것이 중요하다. 모든 체제는 허점과 예외를 허용해야 한다. 그렇지 않으면 결국 인간에게 가장 좋은 것들을 모두 짓눌러 버리고 말 테니 말이다.

9장

· · · · · · · · · · ·

진보의 역사

: 인류를 발전시킨 위대한 생각들

어떤 관념이 인류에 가장 많은 도움을 주었는지 생각할 때
우리가 다룰 관념은 지식과 기술에 기여한 관념과,
도덕이나 정치와 관련된 관념이다.

이 주제를 논의하기 전에 우리는 무엇이 인류에 도움된다고 생각하는지에 대해 어느 정도 개념을 정립해야 한다. 인구가 더 많아지면 도움이 되는 것일까? 인간이 동물과 더 멀어지면 도움이 될까? 또는 더 행복해지면? 더 다양한 경험을 즐기게 되면? 더 많이 알게 되면? 서로에게 더 우호적이 되면 도움이 될까? 나는 이 모든 것이 우리가 인류에 도움된다고 생각하는 개념이라고 본다. 그러니 우선 여기에 대해 이야기해 보려 한다.

인류를 도운 가장 명확한 것은 숫자 관념이다. 호모 사피엔스는 한때 매우 희귀한 종이었을 것이다. 정글과 동굴에서 불안정하게 생존하며, 야생 동물을 두려워하고, 영양분을 확보하는 데 어려움을 겪었을 것이다. 이 시기에 호모 사피엔스의 지능은 세대에서 세대로 전해질 수 있었기 때문에 누적되면서 생물학적 이점이 있었지만, 긴 유아기, 원숭이보다 떨어지는 민첩성, 털이 부족해서 추위를 피하기 어려운 단점을 겨우 넘어선 정도였다. 그때는 분명 인간의 수가 매우 적었을 것이다. 인류는 전체 인구를 증가시키는 것에 자신의 기술적 재능을 주로 사용했다. 인구 증가가 목적은 아니었지만, 사실상 그런 결과가 나타났다는 뜻이다. 인구 증가가 기뻐할 만한 일이라면, 기뻐해야 할 만한 이유가 생긴 것이다.

또한 우리는 특정한 측면에서 점진적으로 동물과 멀어지기 시작했다. 특히 두 가지 측면에서 그렇다. 먼저 타고난 것에 비해 후천적으로 습득한 기술이 인간의 삶에서 더 큰 역할을 하고 있다는 점에서 그렇고, 두 번째는 신중함이 점점 더 충동을 지배한다는 점에서 그렇다. 이러한 측면에서 우리는 확실히 점진적으로 동물과 멀어졌다.

그러나 나는 행복에 관해서는 확신이 서지 않는다. 철새가 아닌 새들은 겨울 동안 많은 수가 굶어 죽는다. 그러나 새들은 여름 동안 이 재앙을 예견하지 못하고, 지난 겨울에 닥친 재난이 얼마 전 가까운 과거에 일어난 일이었다는 사실을 기억하지 못한다. 하지만 인간은 다르다. 나는 이번 겨울(1946년부터 1947년) 동안 굶어 죽을 새들이 같은 기간 동안 인도와 중부 유럽에서 굶어 죽을 인간만큼 많다고는 생각하지 않는다. 그러나 굶주림 때문에 일어나는 모든 죽음은 오랜 불안 끝에 일어나며, 이웃들 역시 불안에 휩싸인다. 우리는 우리가 실제로 겪는 해악뿐만 아니라, 우리 지성이 우리에게 두려워할 이유가 있다고 알려주는 정신적인 이유 때문에 고통받는다. 예측을 통해 충동을 억제하면 걱정이 생기고 즐거움을 포기하게 되지만, 그 대가로 우리는 실제 재앙을 피할 수 있다. 나는 나의 지식인 친구들, 심지어 안정적인 수입을 누리는 그들조차 그들의 식탁에서 떨어진 빵 부스러기를 먹는 쥐들만큼 행복하다고 생각하지 않는다. 따라서 이런 측면에서 본다면 인류가 진보를 이루었다고 확신하지는 못하겠다.

그러나 쾌락의 다양성에 관해서는 다르다. 예전에 본 책에서 읽었던 이야기가 생각난다. 사자 몇 마리에게 야생 사자들이 사냥에 성공하는 영화를 보여주었다고 한다. 하지만 영화를 본 사자들은 아무도 그 광경을 보며 즐거워하지 않았다. 음악, 시, 과학뿐만 아니라 축구, 야구, 술도 동물들에게는 즐거움을 주지 않는다. 그러므로 우리는 지성 덕분에 동물들보다 훨씬 다양한 즐거움을 느낄 수 있게 되었지만, 이런 이점을 누리게 된 대신 동물들보다 지루함에 훨씬 더 취약해졌다.

하지만 인간을 영예롭게 하는 것이 숫자나 다양한 즐거움은 아니라고 말하는 사람도 있을 것이다. 그들이 이렇게 말하는 근거는 인간이 지적이고 도덕적 자질을 갖고 있기 때문이다. 물론 우리는 동물보다 더 많이 안다. 우리는 이것을 우리가 가진 장점 중 하나로 여긴다. 인간 지성이 실제로 장점인지는 의심스러울 수 있지만, 적어도 이것은 우리를 동물과 구별 짓는 것 중 하나이다.

문명이 우리에게 서로를 더 우호적으로 대하라고 가르쳤을까? 답은 간단하다. 꼬까울새(미국에 사는 종이 아니라 영국에만 사는 종)는 나이 든 꼬까울새를 죽을 때까지 쪼아대지만, 인간(미국인이 아닌 영국인)은 나이 든 사람에게 노령 연금을 준다. 우리는 같은 무리 안에서는 다른 동물 종보다 서로에게 더 우호적이지만, 무리 밖 사람들에게는 여느 동물과 다름없이 흉포하며, 우리의 지성은 어떤 맹수도 하지 않는 범위까지 잔인해진다. 시간이 지나면 더 인도적인 태도가 더 널리 퍼질 수도 있지만, 그리 확신할 수는 없으며 그럴 징조도 보이지 않는다.

어떤 관념이 인류에 가장 많은 도움을 주었는지 생각할 때 이 모든 다른 요소를 염두에 두어야 한다. 우리가 다룰 관념은 크게 두 가지로 나눌 수 있다. 지식과 기술에 기여한 관념과, 도덕이나 정치에 관련된 관념이다. 먼저 지식과 기술에 관한 것을 살펴보자.

가장 중요하고 어려운 단계는 역사가 시작되기 전에 이루어졌다. 언어가 언제 생겨났는지는 알려져 있지 않지만 매우 점진적으로 생겨났다고 확신할 수 있다. 언어 없이는 인류가 오랫동안 발명하고 발견했던 것들을 다음 세대로 전하기 매우 어려웠을 것이다.

그다음 단계는 언어가 사용되기 전이나 후에 일어났을 불의 사용이다. 처음에 불은 조상들이 잠을 자는 동안 야생 동물을 쫓아내기 위해 사용되었을 텐데, 그때 불이 주는 따뜻함도 좋게 느꼈을 것이다. 어쩌면 언젠가 아이가 고기를 불에 던져 꾸중을 들었겠지만, 불 속에서 고개를 꺼냈을 때 훨씬 더 맛있다는 것을 발견하면서 요리의 긴 역사가 시작되었을지도 모른다.

소와 양 같은 가축을 길들이면서 인간의 삶은 훨씬 더 즐겁고 안전해졌을 것이다. 일부 인류학자들은 우리 인류가 가축의 유용성을 예견하지는 못했지만, 그들이 믿는 종교가 숭배하라고 가르친 동물을 길들이려 했다는 흥미로운 이론을 펼치기도 한다. 사자와 악어를 숭배한 부족은 멸종되었고, 소나 양을 신성한 동물로 여긴 부족은 번성했으니 말이다. 나는 이 이론이 마음에 든다. 찬성하거나 반대할 만한 증거가 전혀 없기에 이 이론을 토대로 마음껏 상상을 펼칠 수 있다.

동물의 가축화보다 더 중요한 단계는 농업의 발명이지만, 이 때문에 수세기 동안 지속된 피비린내 나는 종교 관행이 도입되기도 했다. 풍요를 기원하는 의식은 인신 공양과 식인 풍습을 수반하는 경향이 있었기 때문이다. 몰렉은 아이들의 피를 먹지 못하면 곡식이 자라는 것을 돕지 않는다고 알려졌다. 산업화 초기의 맨체스터 복음주의자들도 비슷한 의견을 채택했는데, 그들은 여섯 살 아이들을 하루 12-14시간 동안 가혹한 환경에서 일하게 했다. 이제는 아이들의 피를 뿌리지 않아도 곡식이 자라고 면직물을 제조할 수 있다는 사실이 밝혀졌다. 곡식을 발견하기까지는 수천 년이 걸렸지만 면직물은 한 세기 정도에 발견되었으니 아마도 세상이 진보한다는 증거가 조금은 있는 것 같다.

선사 시대의 위대한 발명 가운데 가장 마지막 단계는 쓰기 기술이다. 이는 역사가 존재하기 위한 전제 조건이었다. 쓰기는 말하기와 마찬가지로 점진적으로 발전했으며, 메시지를 전달하기 위한 그림으로 쓰는 행위는 말하기만큼이나 오래되었을 것이다. 그러나 그림에서 음절을 가진 표의문자로, 그리고 거기에서 알파벳으로 발전하기까지는 매우 오랜 시간이 걸렸다. 중국에서는 표음문자로 진화하는 데까지 도달하지 못했지만 말이다.

역사 시대로 오면 가장 중요한 단계가 수학과 천문학에서 이루어졌는데, 이 두 분야 모두 우리 시대가 시작되기 수천 년 전 바빌로니아에서 출현했다. 그러나 바빌로니아의 학문은 그리스인들이 처음 접하기 훨씬 전에 이미 정형화되어 더 이상 발전하지 못했던 것으로 보인다. 우리가 지금까지 유용하다고 여겨온 사고와 탐구 방식은 그리스인들에게 물려받은 것이다. 번영하는 그리스 상업 도시에서 노예 노동으로 살아가는 부자들은 무역 과정을 통해 여러 국가와 접촉했는데, 그중 일부는 매우 야만적이었고 다른 일부는 꽤 문명화되어 있었다. 바빌로니아인이나 이집트인처럼 문명화된 이들이 제공하는 것을 그리스인들은 빠르게 흡수했다. 그들은 열등한 주변 민족의 관습이 자신들의 것과 유사하면서도 다르다는 것을 인식함으로써 자신들의 전통 관습을 비판할 수 있게 되었다. 그래서 기원전 6세기경에는 오늘날에도 능가할 수 없는 수준의 계몽된 합리주의를 달성할 수 있었다. 고대 그리스의 철학자 크세노파네스는 인간이 자신들의 이미지로 신을 만든다면서 이렇게 말했다. "에티오피아인들은 신을 검은 피부에 코가 납작한 형상으로 만들고, 트라키아인들은 파란 눈과 빨간 머리 형상으로 만든다. 그렇다. 만약 소와 사자와 말이 손을 가지고 있어서 그림을 그릴 수 있고 인간처럼 예술 작품을 창조할 수 있다면, 말은 신의 형상을 말과 같이 그릴 것이고, 소는 소와 같이 그리며, 신의 몸 또한 각자의 품종으로 만들 것이다."

일부 그리스인들은 수학과 천문학을 탐구하면서 전통에서 해방되려 했고, 두 분야 모두에서 놀라운 진보를 이루었다. 현대인들과 마찬가지로 그리스인들도 산업화를 촉진하기 위해 수학을 사용하지 않았다. 수학은 영원한 진리를 제공하고 눈에 보이는 세계를 하찮은 것으로 여기는 초감각적 기준으로서 그 자체가 '신사다운' 연구였다. 오직 아르키메데스만이 로마인들에 대항하여 시라쿠사를 방어하기 위한 무기를 발명함으로써 수학이 현대적으로 사용되는 방법을 보여주었다. 그러다 로마 병사가 아르키메데스를 죽이면서 수학자들은 다시 상아탑으로 숨어들었다.

천문학은 16세기와 17세기에 항해에 유용하다는 이유로 열정적으로 연구된 학문이었지만, 그리스인들은 고대 말기에 점성술과 연관되었을 때를 제외하고는 실용성을 고려하지 않고 천문학을 연구했다. 그들은 천문학 초기 단계에서 지구가 둥글다는 것을 발견했고 그 크기를 꽤 정확하게 추정했다. 또한 태양과 달의 거리를 계산하는 방법을 발견했고, 심지어 사모스의 아리스타르코스는 코페르니쿠스 가설을 완벽하게 전개했지만 그의 견해는 단 한 명의 제자를 제외하고는 모든 이들이 거부했고, 이로써 기원전 300년 이후에는 중요한 진전이 이루어지지 않았다. 그러나 르네상스 시대에 그리스인들의 업적이 알려지면서 근대 과학은 크게 발전하기 시작했다.

그리스인들은 자연법칙이라는 개념을 가지고 있었고, 자연법칙을 수학 용어로 표현하는 습관도 갖게 되었다. 이러한 관념은 근대에 들어 물리 세계를 이해하는 데 상당한 기여를 했다. 그러나 아리스토텔레스를 포함한 많은 그리스인들은 과학이 목적의 관념을 유용하게 사용할 수 있다는 잘못된 신념을 갖게 되었다. 아리스토텔레스는 원인을 네 가지(질료인, 형상인, 작용인, 목적인—옮긴이)로 구별했는데, 그중 우리와 관련된 것은 '작용인'과 '목적인'이다. '작용인'은 우리가 단순히 원인이라고 부르는 것이다. '목적인'은 목적이다. 예를 들어, 산행 중에 심한 갈증을 느꼈을 때 때마침 여관을 발견한다면 여관의 작용인은 여관을 지은 벽돌공들의 행위이고, 목적인은 당신의 갈증 해소이다. 만약 누군가가 "왜 여기에 여관이 있지?"라고 묻는다면, '누군가가 그곳에 지었기 때문에'라고 대답하든 '목마른 여행자들이 그 길을 많이 지나가기 때문에'라고 대답하든 모두 적절한 대답인 것이다. 하나는 '작용인'에 따른 설명이고 다른 하나는 '목적인'에 따른 설명이다. 인간사와 관련된 경우에는 '목적인'에 의한 설명이 적절할 때가 종종 있는데, 이는 인간의 행동에는 목적이 있기 때문이다. 그러나 무생물인 자연과 관련해서는 오직 '작용인'만이 과학적 발견 대상으로 밝혀졌고, '목적인'으로 현상을 설명하려는 시도는 항상 사이비 과학으로 이어졌다. 어쩌면 자연 현상에 목적이 있을 수도 있지만, 만약 그렇다면 그 목적은 아직 완전히 발견되지 않은 채로 남아 있으므로 알려진 모든 과학 법칙은 오직 '작용인'만을 다루어야 한다. 이런 점으로 볼 때 아리스토텔레스는 세계를 그릇된 길로 이끌었고, 갈릴레이 시대가 되어서야 세계는 완전히 회복되었다.

17세기 사람들, 특히 갈릴레이, 데카르트, 뉴턴, 라이프니츠는 초기 그리스인들을 제외하고는 자연에 대한 이해의 폭을 그 어느 때보다도 갑작스럽고 놀라운 방식으로 바꾸어놓은 사람들이다. 당대의 수리 물리학에서 사용된 일부 개념이 당시 믿음과 달리 타당성을 갖지 못했다는 것은 사실이다. 또한 최근의 물리학 발전이 17세기와는 매우 다른 새로운 개념을 요구한다는 것도 사실이다. 사실 그들의 개념은 자연의 모든 비밀을 푸는 열쇠는 아니었지만, 수많은 비밀을 푸는 열쇠였다. 원자폭탄을 유일한 예외로 한다고 해도, 산업과 전쟁 부문에서 보여준 현대 기술은 지금도 여전히 갈릴레이와 뉴턴의 원리에서 발전된 역학 유형에 뿌리를 두고 있다. '태양은 왜 뜨거운가?'와 같은 문제에서는 양자역학의 최근 발견이 매우 필요하지만, 천문학도 여전히 이와 같은 원리에 의존하고 있다. 이러한 갈릴레이와 뉴턴의 역학은 두 가지 새로운 원리와 하나의 새로운 기술에 의존했다.

두 가지 새로운 원리 중 첫 번째는 관성의 법칙으로, 이 법칙에 따르면 어떤 물체든 그대로 두면 동일한 직선상에서 동일한 속도로 계속 움직인다. 이 원리의 중요성은 스콜라 학자들이 아리스토텔레스로부터 발전시킨 원리와 대조할 때 명확해진다. 갈릴레이 이전에는 달의 아래쪽 영역과 위쪽 영역 사이에 근본적인 차이가 있다고 믿었다. 달 아래의 영역인 '월하계'는 변화하고 쇠퇴한다. 이곳에서 물체의 '자연적' 운동은 직선이었지만, 운동 중인 물체는 그대로 두면 점차 속도가 줄어들어 결국 멈춘다. 반면에 달 위쪽 영역인 천상계에서는 물체의 '자연적' 운동이 원형을 그리거나 여러 원형 운동의 중복을 통해 일어난다. 천체의 주기적 변화를 제외하면 천상계에는 변화나 쇠퇴 같은 것은 존재하지 않는다. 천체 운동은 자발적인 것이 아니라, 움직이는 구체 중 가장 바깥쪽인 제1운동자Primum mover로부터 전해지며, 제1운동자 자체의 운동은 자신은 움직이지 않으면서 다른 것들을 운동시키는 부동의 원동자Unmoved mover, 즉 하느님에게서 비롯된다. 관찰을 해야 한다고 생각한 사람은 아무도 없었다. 예를 들어, 분수를 보는 사람이라면 물방울이 곡선을 그리며 움직인다는 사실을 알 수 있었을 텐데도 수평으로 발사된 총알은 처음에는 잠시 수평으로 움직이다가 갑자기 수직으로 떨어진다고 믿었다. 혜성은 나타났다 사라지기 때문에 지구와 달 사이에 있어야 한다고 여겨졌다. 만약 혜성이 달 위에 있다면 사라질 수 없는 천체이기 때문이다. 이러한 이론 안에서는 아무것도 발전할 수 없었다. 갈릴레이는 지구와 천상계를 지배하는 원리를 단일한 관성의 법칙으로 통합했다. 이에 따르면 한번 운동하기 시작한 물체는 지구에 있든 천구 중 하나에 있든 스스로 멈추지 않고 일정한 속도로 직선 운동을 계속한다. 이 원리는 정신이나 영혼의 영향을 고려하지 않고도 물질의 운동에 대한 과학을 발전시킬 수 있었고, 따라서 순수하게 유물론적인 물리학의 기초가 마련된 이후로는 아무리 신앙심이 깊은 과학자라도 그 원리를 믿게 되었다.

17세기 이후로 자연 법칙을 이해하려면 모든 종류의 윤리적이고 신학적인 편견을 버려야 한다는 것이 점점 더 분명해졌다. 고귀한 것은 고귀한 원인을 가진다거나 지적인 것은 지적인 원인을 가진다거나 천상의 경찰관 없이는 질서가 불가능하다는 생각을 버려야 했다. 그리스인들은 태양과 달, 여러 행성을 찬양하며 그들을 신이라고 여겼다. 철학자 플로티노스는 천체들이 지혜와 덕에 있어 인간보다 얼마나 우월한지 설명했다. 이와 다른 학설을 펼친 아낙사고라스는 불경죄로 기소되어 아테네에서 도망쳐야 했다. 그리스인들은 또한 원이 가장 완벽한 도형이기 때문에 천체 운동은 원운동이거나 원운동에서 파생된 힘에 따라 움직여야 한다고 생각했다. 17세기 천문학에서는 이러한 모든 편견이 폐기되었다. 코페르니쿠스의 우주관은 지구가 우주의 중심이 아님을 보여주었고, 이에 따라 일부 대담한 사람들은 어쩌면 인간이 창조주의 최고 목적이 아닐 수도 있다는 생각을 하게 되었다. 그러나 대부분의 천문학자들은 신실한 신자였기 때문에 프랑스를 제외하고는 19세기까지 대부분 창세기를 믿었다.

영국 과학자들의 신앙심을 처음으로 뒤흔든 것은 지질학, 다윈, 진화론이었다. 만약 인간이 하등한 생명체에서 감지할 수 없을 정도의 점진적 변화를 통해 진화했다면 많은 것을 이해하기 어려워진다. 우리 조상들은 진화의 어느 순간에 자유의지를 획득했을까? 아메바에서 시작된 기나긴 여정의 어느 단계에서 불멸의 영혼을 지니기 시작했을까? 자비로운 창조주가 우리 조상들을 영원한 고통에 처하게 한다고 해도 반발할 수 없는 사악함을 우리 조상들은 언제 처음으로 갖게 되었을까? 원숭이들이 유럽인들의 머리에 코코넛을 던지는 행동을 하기는 하지만, 우리들 대부분은 그렇다고 해서 원숭이들을 지옥에 떨어뜨리는 것은 가혹하다고 느낀다. 그러나 직립원인이 그런 행동을 한다면 어떨까? 에덴동산에서 사과를 먹은 이가 정말 직립원인이었을까? 혹시 베이징원인은 아니었을까? 필트다운인은 아니었을까? 나는 필트다운에 가본 적이 있지만, 그 마을이 특별히 타락했다는 증거는 보지 못했고, 선사 시대 이후로 눈에 띄게 변화한 흔적도 찾지 못했다. 그렇다면 네안데르탈인이 원죄를 지은 걸까? 그들이 독일에 살았다는 점에서 이 가설이 더 그럴듯해 보인다. 그러나 분명히 이런 질문에 대한 답은 없다. 따라서 진화론을 완전히 거부하지 않는 신학자들은 이론을 재조정해야 했다.

과학적으로 쓸모없다고 판명된 '위대한' 개념 중 하나는 영혼이다. 인간에게 영혼이 없다는 것을 보여주는 명확한 증거가 있다는 뜻은 아니다. 영혼이 존재한다 해도 발견 가능한 인과 법칙에 어떠한 역할도 하지 않는다는 뜻이다. 인간과 동물이 다양한 상황에서 어떻게 행동하는지 판단하는 여러 가지 실험 방법이 있다. 쥐를 미로에 넣고 사람을 철조망 우리에 넣고 어떻게 탈출하는지 관찰할 수 있다. 혹은 약물을 투여하고 그 효과를 관찰할 수도 있다. 수컷 쥐를 암컷으로 바꿀 수도 있지만, 지금까지 유대인 강제수용소였던 부헨발트에서도 인간에게는 그와 비슷한 방법을 사용하지는 않았다. 오늘날 사회적으로 바람직하지 않은 행동은 의학적 수단이나 더 나은 환경을 만듦으로써 치유할 수 있다고 여겨지며, 따라서 원죄라는 개념은 비과학적인 것이 되었다. 물론 그렇더라도 나치스는 예외이지만 말이다. 또한 인간 행동을 과학적으로 이해함으로써, 각국 정부를 현재보다 더 서로를 적대시하는 광신도 집단으로 만들 수 있다고 진심으로 희망하는 사람들도 있다. 물론 각국 정부는 이와는 정반대로 서로를 비참하게 만드는 대신 행복하게 만드는 데 기꺼이 협력할 수도 있지만, 이는 군사력을 독점한 국제 정부가 있을 때만 가능하다. 이런 상황이 가능할지는 매우 의심스럽다.

이러한 관념들은 인류에 도움이 되었거나 시간이 지나면 도움을 줄 수 있는 두 번째 관념으로 나를 이끈다. 그것은 기술적 관념과 대비되는 도덕적 관념이다. 지금까지 살펴보았듯이, 인간은 과학 지식에서 얻은 힘으로 자연의 힘에 대한 통제력을 키워왔다. 이는 여러 형태의 진보를 가능하게 하는 전제 조건이지만 그 자체로 바람직한 결과를 보장하는 것은 아니다. 오히려 현재 세계의 상태와 핵전쟁에 대한 두려움은 도덕적이고 정치적인 진보가 수반되지 않은 과학적 진보가 기술이 오용되었을 때 초래할 수 있는 재앙의 규모만 증가시킬 수 있음을 보여준다. 미신적인 생각에 이끌릴 때면 나는 바벨탑의 신화를 믿고 싶은 유혹에 빠지고, 우리 시대에는 그와 비슷하지만 더 큰 불경죄에 대해 더 비극적이고 끔찍한 처벌에 처해질지 모른다고 상상하기도 한다. 아마도 하느님은 물질적 우주를 규제하는 메커니즘을 우리가 이해하기를 원하지 않는 것 같다. 핵물리학자들이 궁극의 비밀에 너무 가까이 다가가서 그들의 활동을 중단시킬 때가 되었다고 생각하는 것 같다. 그렇다면 하느님이 보기에 핵물리학자들이 인류를 멸종시키는 지점까지 그들이 독창성을 발휘하도록 내버려 두는 것보다 더 간단한 방법은 무엇일까? 만약 사슴과 다람쥐, 나이팅게일과 종달새가 살아남을 수 있다면, 나는 이 재앙을 어느 정도 평온하게 바라볼 수 있을 것이다. 인간은 만물의 주인이 될 만한 가치를 보여주지 않았기 때문이다. 그러나 원자폭탄의 끔찍한 마력은 두렵다. 모든 생명체는 똑같이 파괴되고, 죽음 구름으로 휩싸인 지구는 태양 주위를 무의미하게 회전할 것이다. 나는 이 흥미로운 사건이 일어나는 직접적인 원인을 모른다. 어쩌면 중동의 석유 분쟁일 수도 있고, 중국 무역을 둘러싼 의견 불일치일 수도 있으며, 팔레스타인을 두고 벌어지는 유대인과 이슬람교도 간 다툼일 수도 있다. 애국심 강한 사람이라면 누구나 알겠지만, 이러한 문제는 비굴하게 타협하는 것보다 인류의 멸종을 선호할 만큼 중요하다.

그러나 인류가 살아남기를 바라는 독자들이 있다면, 위대한 선각자들이 세상에 내놓은 도덕관념을 되새겨보는 것도 가치 있는 일일 것이다. 우리가 귀를 기울였다면 인류에게 비참함 대신 행복을 보장했을 관념이니 말이다.

도덕적 관점에서 볼 때 인간은 천사와 악마의 오묘한 혼합체이다. 인간은 밤의 장엄함, 봄꽃의 섬세한 아름다움, 부모의 사랑이라는 부드러운 감정, 지적 이해의 황홀감을 느낄 수 있다. 통찰이 찾아오는 순간에 삶을 어떻게 살아야 하고, 인간이 서로를 어떻게 대해야 하는지에 대한 전망을 보이기도 한다. 보편적 사랑은 많은 이들이 느꼈고, 세상이 덜 방해했다면 더 많은 이들이 느낄 수 있는 감정이다. 이것은 그림의 한쪽 면에 지나지 않는다. 다른 면에는 잔인함, 탐욕, 무관심, 지나친 자만심이 그려져 있다. 평범한 사람들조차 아이들에게 어머니가 강간당하는 것을 보도록 강요할 것이다. 정치적 목적을 추구하며 그들의 반대자들을 말로 표현할 수 없는 고통의 세월로 몰아넣을 것이다. 우리는 나치스가 아우슈비츠에서 유대인들에게 한 일을 알고 있다. 소련인들이 자행한 독일인 추방은 나치스가 자행한 잔학 행위에 크게 뒤지지 않는다. 그렇다면 고귀한 우리 자신들은 어떨까? 우리는 그런 행위를 하지 않을 것이다. 절대로! 그러나 우리는 독일 아이들이 굶주려 죽어가는 동안 맛있는 스테이크와 따뜻한 빵을 즐길 것이다. 정부가 우리에게 그런 즐거움을 포기하라고 요구한다면 우리는 분노를 쏟아낼 테고, 정부는 그런 분노에 직면하는 게 두렵기 때문이다. 만약 기독교인들이 믿는 최후의 심판이 닥친다면, 그 최종 재판정 앞에서 우리의 변명은 어떻게 들릴까?

도덕관념은 때로는 정치 발전을 기다리기도 하고, 때로는 정치 발전을 앞서기도 한다. 박애주의는 정치 발전에 힘입어 등장한 이상이었다. 알렉산더 대왕이 동방을 정복했을 때, 그는 그리스인과 이민족 간의 구별을 없애려 노력했다. 그렇게 거대한 제국을 힘으로 통제하기에는 그가 가진 그리스와 마케도니아 군대가 너무 작았기 때문이다. 그는 장교들에게 이민족 귀족 여성과 결혼할 것을 강요했고, 훌륭한 본보기를 보이기 위해 이민족 공주 두 명과 결혼했다. 이러한 정책을 펼친 결과, 그리스의 자부심과 배타성은 줄어들었고, 그리스 문명은 헬레니즘 혈통이 살지 않는 다른 여러 지역으로 퍼져나갔다. 알렉산더 대왕의 정복 원정 당시 소년이었을 스토아학파의 창시자 제논은 페니키아인이었다. 저명한 스토아학파 사상가들 가운데 그리스인은 거의 없었다. 박애주의라는 개념을 발명한 것은 스토아학파였다. 그들은 모든 인간이 제우스의 자식이며, 현명한 사람이라면 그리스인과 이민족, 노예와 자유인의 구별을 무시해야 한다고 가르쳤다. 로마가 전체 문명 세계를 하나의 정부 아래 통합함으로써 이와 같은 이념이 전파되는 데 유리한 정치적 환경이 마련되었다. 기독교는 이와 비슷한 교리를 평범한 사람들의 감정에 더 호소할 수 있는 새로운 방식으로 가르쳤다. 그리스도는 "네 이웃을 네 자신과 같이 사랑하라"고 말씀하셨고, "누가 저의 이웃입니까?"라는 질문을 받았을 때 선한 사마리아인의 비유를 들려주었다. 만약 당신이 그때 청중들이 이해했던 대로 이 비유를 이해하고 싶다면 '사마리아인' 대신 '독일인'이나 '일본인'을 대입해 보면 된다. 오늘날 많은 기독교인이 내 말을 불쾌하게 들을지도 모를까 봐 염려스럽다. 왜냐하면 그렇게 했다가는 자신들 종교의 창시자가 가르친 내용과 멀어진다는 것을 깨달을 수밖에 없기 때문이다. 불교도는 이와 비슷한 교리를 훨씬 더 일찍 가르쳤다. 그들에 따르면 부처는 단 한 사람이라도 비참한 상태로 남아 있는 한, 자신은 행복할 수 없다고 선언했다. 어쩌면 이러한 고귀한 윤리적 가르침이 세상에 거의 영향을 미치지 못한 것처럼 보일 수도 있다. 인도에서는 불교가 사라졌고, 유럽 기독교는 그리스도에게 물려받은 대부분의 요소를 잃었기 때문이다. 그러나 내가 보기에 이것은 피상적인 견해이다. 기독교는 로마 제국을 정복하자마자 검투사 시합을 금지했다. 잔인해서가 아니라 우상 숭배와 관련이 있기 때문이다. 어쨌든 그 조치로 로마 시민들을 타락시켰던 잔인한 교육 방법이 소퇴했다. 기독교는 또한 노예들의 처지를 크게 개선했다. 대규모 자선 활동을 확립했고 병원을 설립했다. 대다수 기독교인들이 그리스도의 자비심을 개탄할 만큼 잃어버렸지만, 그 이상은 살아남아 모든 시대의 몇몇 성인들에게 영감을 주었다. 그것은 새로운 형태인 근대 자유주의 사상으로 이어졌고, 우리가 살아가는 음울한 세계에서 가장 희망적인 여러 가지 영감의 원천이 되었다.

프랑스혁명의 구호인 자유, 평등, 박애는 종교에서 기원했다. 박애에 대해서는 이미 살펴보았다. 평등은 고대 그리스의 오르페우스 교단의 특징이었는데, 기독교가 여기에서 많은 교리를 간접적으로 가져왔다. 이 교단에서는 노예와 여성을 시민과 동등하게 받아들였다. 오늘날 독자들은 플라톤이 여성 참정권을 옹호했다는 사실에 놀라겠지만, 이 또한 오르페우스 교단의 관행에서 유래했다. 오르페우스 교도들은 윤회를 믿었고 한 생에서 노예의 몸에 거주한 영혼이 다른 생에서는 왕의 몸에 거주할 수 있다고 생각했다. 따라서 종교의 관점에서 볼 때 노예와 왕을 차별하는 것은 어리석은 일이다. 둘 다 불멸의 영혼에 속하는 존엄성을 지닐 뿐 아니라, 종교에서는 어느 쪽도 내세울 수 없기 때문이다. 이러한 관점은 오르페우스교에서 스토아학파로, 그리고 다시 기독교로 전해졌다. 실질적 효과는 오랫동안 미미했지만, 결국 상황이 유리할 때마다 사회 체제의 불평등을 줄이는 데 도움을 주었다. 예를 들어 『존 울먼의 일기』를 읽어보라. 존 울먼은 퀘이커 교도로 노예제에 반대한 최초의 미국인 중 한 명이었다. 그가 노예제를 반대한 근거는 의심할 여지없이 자비심이었지만, 그는 이웃들이 공개적으로 거부하지 못하는 기독교 교리에 호소함으로써 이 감정을 더 강화하고 논쟁에서 더 유리한 위치를 차지했다.

자유라는 하나의 이상은 매우 굴곡진 역사를 가지고 있다. 고대 전체주의 국가였던 스파르타에서는 나치스 아래 독일에서처럼 자유를 누릴 수 없었다. 그러나 대부분의 그리스 도시 국가는 지금 생각해도 과도하다 싶을 만큼 자유를 허용했으며, 실제로 같은 지역에 사는 그들의 후손들이 그런 자유를 누리고 있는 것을 보면 과도하다는 생각이 든다. 당시의 정치는 암살과 군사 집단 간 대립의 문제였는데, 한 쪽은 정부를 지지하는 사람들이었고 다른 쪽은 망명자들로 구성되었다. 망명자들은 종종 자신들 도시의 적과 동맹을 맺고 외국 정복자들이 개선할 때 그들의 뒤를 따라 승리의 행진을 했다. 이런 행위는 모든 사람들이 하는 일이었다. 오늘날 역사가들이 그리스인들이 보여준 도시국가에 대한 충성심을 아무리 멋지게 포장해도 아무도 그러한 행위를 특별히 나쁘게 보지 않았을 것이다. 이러한 분위기 때문에 자유는 방종이 되었고, 그 반작용으로 스파르타에 대한 찬양이 이어졌다.

'자유'라는 단어는 시대에 따라 이상한 의미를 지녔다. 로마의 공화정 말기와 제정 초기에 자유란 강력한 원로원 의원들이 사적 이익을 위해 속주를 약탈할 권리를 의미했다. 영어권 독자들 대부분이 셰익스피어의 『줄리어스 시저』에 나오는 브루투스를 고결한 영웅으로 알고 있지만, 실제로는 그렇지 않았다. 그는 한 지방자치 단체에 60퍼센트 이자로 돈을 빌려주고, 이자를 갚지 못하면 사설 군대를 고용해 도시를 포위했다. 그 때문에 브루투스의 친구 키케로는 그를 부드럽게 꾸짖기도 했다. 오늘날 '자유'라는 단어는 산업계 거물들이 사용할 때 이와 비슷한 의미를 지닌다. 이러한 경우를 제쳐두고 생각하면 '자유'라는 단어에는 두 가지 중요한 의미가 있다. 하나는 외국의 지배에서 해방되는 국가의 자유, 다른 하나는 시민이 합법적인 직업을 추구할 자유이다. 질서가 잡힌 세계에서는 이 둘 모두 제한을 받아야 하지만, 불행하게도 앞의 자유는 절대적인 의미로 받아들여졌다. 이 관점에 대해서는 나중에 다시 언급하겠다. 지금은 시민 개개인의 자유에 대해 말하고 싶다.

시민의 자유는 종교적 관용의 형태로 현실 정치에 반영되었는데, 개신교도 가톨릭교도 상대 진영을 근절할 수 없다는 것을 깨달으면서 17세기에 널리 채택되었다. 그들은 100년 동안 서로 싸운 끝에 30년 전쟁으로 절정의 공포를 느꼈다. 그리고 이 모든 유혈 사태가 끝난 뒤 양 진영의 균형이 처음과 거의 같다는 것이 드러났을 때, 네덜란드인이 주축이 된 천재 사상가들은, 모든 살상이 쓸데없는 것이었을지 모르며, 그러니 성찬식의 포도주와 빵이 그리스도의 피와 살로 변하는지, 성찬식에서 평신도에게 성작을 허용해야 하는지와 같은 문제에 대해 사람들이 자유롭게 선택하도록 허용되어야 한다고 말했다. 종교적 관용이라는 교리는 네덜란드 왕 윌리엄 3세와 함께 영국으로 건너왔고, 영국은행과 국채도 함께 왔다. 사실 이 세 가지 모두 상업 정신의 산물이었다.

그 시기 신학적 자유에 대한 가장 위대한 옹호자는 존 로크였는데, 그는 필수적인 최소한의 정부와 최대한의 자유를 어떻게 조화시킬 것인가 하는 문제를 깊이 연구했다. 이 문제는 현재까지 자유주의 전통 속에서 그의 후계자들이 지금까지 관심을 기울이고 있다.

종교의 자유 외에도 언론의 자유, 표현의 자유, 함부로 구속할 수 없는 신체의 자유가 19세기 동안 적어도 서구 민주주의 국가에서는 당연한 것으로 받아들여졌다. 그러나 이러한 자유가 사람들의 마음속에 자리 잡은 정도는 당시 생각했던 것보다 훨씬 더 불안정했고, 지금은 지구 표면의 대부분 국가에서 실제로나 이론적으로 앞서 언급한 것 중 아무것도 남아 있지 않다. 스탈린은 국민 투표 결과에 따라 평화롭게 권력을 내놓은 처칠의 행동을 이해하지도 못했고 존중하지도 않았다. 나는 민주적 대의정부가 그것을 실행 가능하게 만드는 데 필요한 관용과 자제력을 가진 사람들에게 최선의 형태라고 굳게 믿는다. 그러나 민주적 대의정부를 옹호하는 사람들이 민주주의에 필요한 협상과 타협에 대한 훈련 없이 한 나라에 즉각 이를 도입할 수 있다고 생각한다면, 그것은 착각이다. 몇 년 전 발칸 반도의 한 나라에서는 총선에서 근소한 차이로 패배한 정당이 상대편 당의 의원들을 부족한 의석수만큼 사살한 적도 있다. 서구인들은 크롬웰과 로베스피에르도 이런 행동을 했다는 것을 잊은 채, 이것이 발칸 반도의 특징이라고 생각했다.

이제 인류가 사회를 조직하면서 이룬 작은 성공의 대부분을 빚지고 있는 위대한 정치적 관념을 살펴보아야겠다. 내가 말하려는 것은 법률과 정부이다. 이 중에서 정부가 더 근본적이다. 정부는 법률 없이도 존재할 수 있지만, 법률은 정부 없이 존재할 수 없다. 이는 국제연맹과 켈로그·브리앙 조약(1928년 파리에서 15개국이 체결한 전쟁 규탄 조약으로 전쟁 포기에 관한 조약으로도 부른다—옮긴이)을 만든 사람들이 잊고 있었던 사실이다. 정부는 공동체의 집단적 힘을 집중시키는 특정 조직이라고 정의할 수 있는데, 이렇게 힘을 집중한 덕분에 개별 시민들을 통제하고 외국의 압력에 저항할 수 있다. 전쟁은 항상 정부 권력의 주요 촉진제였다. 시민 개개인에 대한 정부의 통제는 안전이 보장되는 시기보다 전쟁이 있거나 임박한 위험이 있을 때 더 강력해졌다. 그러나 정부가 외국의 침략에 저항하기 위해 권력을 획득했을 때, 그들은 시민들의 희생을 대가로 자신들의 사적 이익을 추구하는 데 그 권력을 사용했다. 절대 군주제는 최근까지 이러한 권력 남용의 가장 심각한 형태였다. 그러나 현대의 전체주의 국가에서는 똑같은 해악이 크세르크세스나 네로 같은 어떤 폭군도 상상하지 못한 수준으로 벌어지고 있다.

민주주의는 정부와 자유를 조화시키기 위한 장치로 고안되었다. 문명이라 불릴 만한 것이 존재하려면 분명히 정부가 필요하지만, 모든 역사가 보여주듯이 어떤 집단이든 다른 집단에 대한 권력을 위임받은 집단은 처벌받지 않는다면 그들의 권력을 남용하기 마련이다. 사람들의 권력 행사에 제한을 두고 대중이 이를 승인하도록 하는 것이 민주주의의 의도이다. 이러한 목적을 달성하는 민주주의는 최악의 권력 남용을 막을 수 있다. 로마의 제2차 삼두정치는 브루투스와 카시우스에 맞서 싸우기 위해 돈이 필요했을 때, 부자들의 명단을 작성하고 그들을 공공의 적으로 선언한 뒤, 그들의 머리를 베고 재산을 압수했다. 오늘날 미국과 영국에서는 이런 조치를 취할 수 없다. 이런 조치가 불가능한 이유는 민주주의뿐만 아니라 개인의 자유라는 개념 때문이기도 하다. 이 개념은 실제로 두 부분으로 구성되는데, 하나는 적법한 절차 없이는 처벌받지 않아야 한다는 것이고, 다른 하나는 정부 통제를 받지 않는 영역이 있어야 한다는 것이다. 이 영역에는 언론의 자유, 출판의 자유, 종교의 자유가 포함된다. 과거에는 경제 활동의 자유도 포함되었다. 물론 이 모든 사상은 현실에서는 특정한 제약이 적용된다. 과거에 영국인들은 인도를 다룰 때 이를 준수하지 않았다. 체제 전복적인 위험한 사상은 출판의 자유를 누릴 수 없다. 인기 없는 정치인의 암살을 공개적으로 옹호하는 언론을 언론의 자유라는 이름으로 면책해 주지는 않을 것이다. 그러나 이러한 제한에도 개인의 자유라는 사상은 영어권 전역에 큰 가치로 자리매김했다. 만약 영어권 국가에 살던 사람이 경찰국가에 가면 이를 깨닫게 될 것이다.

사회 진화의 역사를 살펴보면 항상 어떤 형태의 정부가 먼저 수립되고, 그 후에 개인의 자유와 양립할 수 있는 정부를 만들려는 시도가 뒤따랐음을 알 수 있다. 국제 문제에서는 아직 첫 단계에도 이르지 못했지만, 이제 세계 정부가 국가 정부만큼이나 인류에 중요하다는 사실이 분명해졌다. 향후 20년 동안 모든 정부가 폐지되는 것보다, 효과적인 세계 정부가 수립되지 않는 것이 인류에게 더 재앙일지 어떨지는 매우 미심쩍다. 세계 정부가 억압적일 것이라는 주장이 자주 제기되는데, 일시적으로는 그럴 수 있다는 점을 부인하지는 않겠다. 그러나 국가의 정부도 처음에는 억압적이었고 대부분의 국가가 여전히 억압적이지만, 이를 근거로 국가 안의 무정부 상태를 주장하는 사람은 거의 없다.

어느 정도 바람직해 보이는 질서 있는 사회생활은 천천히 발전해 온 여러 관념과 제도, 즉 정부, 법, 개인의 자유, 민주주의가 어우러지고 균형을 이룰 때 가능하다. 물론 개인의 자유는 정부가 없던 시대에도 존재했지만, 정부 없이 자유만 있을 때는 문명화된 삶이 불가능했다. 정부가 처음 등장했을 때는 노예제와 절대 군주제, 그리고 권력을 쥔 성직자 계급이 강요하는 미신 숭배가 뒤따랐다. 이 모든 것이 매우 큰 해악이었으니 루소가 고귀한 야만인의 삶을 그리워했던 것도 이해할 수 있다. 그러나 이는 단순히 낭만적 이상화였다. 실제로 야만인의 삶은 홉스가 말했듯이 "지저분했고, 잔인했으며, 수명마저 짧았다." 인류 역사는 때로 큰 위기를 맞는다. 유인원들이 꼬리를 잃었을 때와 우리 조상들이 직립 보행을 하게 되었을 때, 피부를 보호해 주던 털이 사라졌을 때도 위기가 있었을 것이다. 앞서 언급했듯이, 한때 매우 적었던 인구는 농업 발명으로 크게 증가했고, 오늘날에는 현대 산업 및 의료 기술로 다시 증가했다. 그러나 현대 기술은 우리를 새로운 위기로 이끌었다. 이 새로운 위기 앞에서 우리는 두 가지 선택에 직면해 있다. 인간이 다시 베이징원인 시대처럼 희귀종이 되거나 세계 정부에 복종하는 법을 배워야 하는 상황에 처한 것이다. 세계 정부가 좋든 나쁘든 중립적이든 인류는 세계 정부를 통해 살아갈 수 있을 것이며, 인류가 지난 5000년 동안 파라오의 전제정치에서 미국 헌법의 영광으로 천천히 발전해 온 것처럼, 앞으로 5000년 동안 나쁜 세계 정부에서 좋은 세계 정부로 발전할 수 있을 것이다. 그러나 어떤 형태로든 세계 정부를 수립하지 않는다면 새로운 진보는 더 낮은 수준, 아마도 야만인 부족의 지배 상태에서 다시 시작해야 할 것이며, 그마저도 성경의 대홍수 이야기에 비견될 만한 대재앙적 파괴 이후에 시작해야 할 것이다. 인류가 죽일 수 없는 야수들의 공격을 피해 동굴에 숨어 위태롭게 살아남은 시대부터 시작하여 인류의 오랜 발전 과정을 살펴보면 다음과 같은 시대가 나타난다. 유령과 악령과 악의적인 주술 같은 상상 속 공포로 실제 공포를 강화하던 시대, 불과 문자와 무기와 과학의 발명으로 환경에 대한 지배력을 점차적으로 획득하던 시대, 사적인 폭력을 억제하고 일상생활에 어느 정도 안전을 제공하는 사회 조직을 구축한 시대, 기술로 얻은 여가 시간을 나태하게 보내는 것이 아니라 아름다움을 창조하고 자연 법칙의 비밀을 밝히는 데 사용하던 시대, 비록 불완전하더라도 이웃을 서로 약탈하는 과정에서 마주하는 적으로 인식하는 것이 아니라 생산 업무에서 힘을 합치는 동맹자로 보는 법을 배우는 시대. 이 길고 힘든 여정을 고려할 때, 과거의 올바른 발전이 준비 과정이었던 마지막

한 걸음을 내딛지 못해서 모든 것을 처음부터 다시 시작해야 할지도 모른다고 생각하면, 나는 도저히 참을 수가 없다.

유인원들 사이에서는 가족에 국한되었던 사회적 결속력이 선사 시대에는 부족 단위 수준으로 확대되었고, 역사 초기에는 상하 이집트와 메소포타미아에서 작은 왕국들을 수립하는 수준에 이르렀다. 이 작은 왕국들에서 고대 제국들이 성장했고, 그 후 점차 로마 제국보다도 훨씬 큰 오늘날의 강대국들이 생겨났다. 그러나 아주 최근의 발전으로 작은 국가들은 실질적인 독립의 기회를 빼앗겼고, 이제 독립적인 자기 결정권을 가진 국가는 두 개만 남았다. 물론 이 두 개의 국가는 미국과 소련이다. 인류를 재앙에서 구하는 데 필요한 것은 두 개의 독립 국가에서 하나의 세계 국가로 가는 단계뿐이다. 재앙을 가져오는 전쟁이 아니라 합의를 통해서 말이다.

이를 달성할 수만 있다면 인류가 지금껏 이루었던 모든 위대한 업적은 이전에는 꿈꾸지 못했던 행복과 번영의 시대를 빠르게 불러올 것이다. 우리의 과학 기술은 하루에 4~5시간 이상의 생산적 노동 없이도 전 세계의 빈곤을 퇴치할 수 있을 것이다. 지난 100년 동안 급격히 감소한 질병은 더욱 줄어들 것이며, 조직화와 과학의 힘으로 얻은 여가 시간은 대부분 순수한 즐거움에 바쳐질 것이다. 물론 그때에도 예술과 과학 탐구가 중요하다고 여기는 사람들이 있을 것이다. 사람들은 단순히 생존을 위한 경제적 속박에서 벗어나 새로운 자유를 얻을 것이며, 대다수의 인류는 플라톤의 대화편에 나오는 부유한 젊은 아테네인의 특징이었던 걱정 없는 모험을 즐길 수 있을 것이다. 이 모든 전망은 기술적 가능성의 범위 안에서 쉽게 이룰 수 있을 것이다. 이를 실현하기 위해 필요한 것은 단 한 가지이다. 권력을 가진 사람들과 그들을 지지하는 대중들이 적의 죽음보다 자신들을 살리는 일이 더 중요하다고 생각하는 것이다. 그리 숭고하거나 어려운 이상은 아닌 것 같지만, 이제껏 입증되었듯이 이는 인간 지성의 한계를 넘어선 것이다.

지금은 인류가 직면한 가장 중요하고 결정적인 순간이다. 앞으로 20년 동안 우리의 집단 지성에 따라 인류가 전례 없는 재앙에 빠질 것인지, 아니면 새로운 수준의 행복과 안전과 번영과 지성에 도달할 것인지가 결정될 것이다. 인류가 어떤 선택을 할지는 나로서도 알 수 없다. 두려워할 이유는 충분하지만, 좋은 해법이 나올 가능성도 충분하니 희망을 갖는 것이 완전히 바보 같은 일만은 아닐 것이다. 그리고 이제 우리는 그 희망을 딛고 행동에 나서야만 한다.

10장

• • • • • • • • • • •

파멸의 역사

: 인류를 위기로 몰아넣는 위험한 생각들

앞으로 인류가 고려해야 할 가장 중요한 해악은

어리석음이나 악의, 또는 둘 다를 통해

서로에게 해악을 가하는 것이라고 볼 수 있다.

인간의 불행은 두 가지 종류로 나눌 수 있다. 첫째는 비인간적인 환경으로 겪는 불행, 둘째는 다른 사람들이 가하는 불행이다. 인류의 지식과 기술이 진보함에 따라, 두 번째 불행이 차지하는 비율이 지속적으로 증가해 왔다. 예를 들어, 옛날에는 기근이 자연적 원인 때문에 일어났고, 최선을 다해 대응했음에도 많은 사람들이 굶어 죽었다. 오늘날에도 세계의 많은 지역이 자연적 원인으로 기근의 위협에 직면해 있지만, 주된 원인은 인간이다. 세계의 문명국들이 6년 동안 서로를 죽이는 데 모든 에너지를 쏟다가 갑자기 서로를 살리는 쪽으로 방향을 바꾸면서 어려움을 겪고 있기 때문이다. 그들은 수확물을 파괴하고, 농업 기계를 분해하고, 선박 운송을 해체하고 나서야 한 지역에서 과잉 생산된 작물을 작물이 부족한 지역으로 옮겨 해결하는 것이 쉽지 않은 문제라는 것을 깨달았다. 경제 시스템이 정상적으로 작동한다면 쉽게 해결될 수 있는 문제인데 말이다. 이 예시가 보여주듯이, 이제 인간에게 최악의 적은 인간이다. 인간은 자연적으로 죽음에 이르는 존재이지만, 의학의 발전으로 자신이 만족할 때까지 살 수 있다고 생각하는 사람들이 더 흔해졌다. 우리는 영원히 살기를, 그리고 기적의 힘을 빌어 단조로움이 결코 지루하지 않는 천국의 끝없는 즐거움을 기대하도록 만들어진 존재이다. 그러나 실제로는, 노년기에 접어든 솔직한 사람에게 물어보면, 이 세상에서의 삶을 다 경험했으니 후에 다른 세상에서 '젊은이'로 다시 시작하고 싶다고 대답할 사람은 거의 없을 것이다. 따라서 앞으로 인류가 고려해야 할 가장 중요한 해악은 어리석음이나 악의, 또는 둘 다를 통해 서로에게 해악을 가하는 것이라고 볼 수 있다. 나는 인간이 서로에게, 그리고 자신에게 가하는 악행의 주요 원천은 관념이나 신념이 아니라 악한 열정에 있다고 생각한다. 그러나 해를 끼치는 관념과 원칙은 대체로, 항상은 아니지만, 악한 열정을 위장해 준다. 이단자를 화형에 처하던 시절, 리스본에서 이단자들 중 한 명이 특별히 모범적인 변론을 하면 화형 대신 목을 졸라 숨을 끊는 은혜를 내리곤 했다. 그러나 이렇게 하면 구경꾼들이 너무나 분노하여 이단자를 집단으로 폭행하고 직접 화형에 처하려고 해서 당국이 이를 막는 데 큰 어려움을 겪었다. 화형에 처해지는 이단자가 몸부림치는 장면을 구경하는 것은 단조로운 삶에 활기를 불어넣는 대중의 주요한 즐거움 중 하나였다. 나는 이러한 즐거움이 이단자를 화형에 처하는 것이 정의로운 행위라는 일반적인 믿음에 크게 기여했다고 생각한다. 똑같은 논리가 전쟁에도 적용된다. 활동적이고 잔인한 사람들은 종종 전쟁을 즐겁게 여긴다. 승리할 여지가 높거나 강간과 약탈이 너무 많지 않다면 말이다. 이러한 생각은 사람들에게 전쟁이 정의롭다고 설득하는 데 큰 도움이 되었다. 토머스 휴스의 소설 『톰 브라운의 학창 시절』에서 사립학교의 존경받는 개혁자로 등장하는 아놀드 교장은 소년들을 채찍질하는 것이 잘못이라고 생각하는 괴짜들을 만난다. 이 의견에 격렬하게 분노하는 아놀드 교장을 보면 누구라도 그가 채찍질을 즐겼고, 이 즐거움을 빼앗기고 싶어 하지 않는다는 결론을 내릴 수밖에 없을 것이다.

잔인함을 정당화하는 견해가 잔인한 충동에서 비롯된다는 논제를 뒷받침하는 사례는 얼마든지 볼 수 있다. 지금은 터무니없어 보이는 과거 사례를 살펴보면 열 번 중 아홉 번은 고통을 가하는 것을 정당화하는 것임을 알 수 있다. 예를 들어, 의료 행위를 살펴보자. 마취제가 발명되었을 때 사람들은 그것이 신의 뜻을 좌절시키려는 시도라며 사악하다고 여겼다. 정신 이상은 악마가 빙의되었기 때문이라고 믿었기에 정신병자에게 고통을 가해야만 그에게 깃든 악마를 쫓아낼 수 있다고 믿었다. 이러한 견해에 따라 정신병자들은 수년간 체계적이고 의도된 잔혹 행위에 시달렸다. 나는 잘못된 의료 행위 중에 환자에게 불쾌함보다 즐거움을 준 경우를 한 가지도 떠올릴 수 없다. 도덕 교육은 어떤가. 다음 시가 잔혹 행위를 얼마나 정당화하는지 한번 생각해 보라.

개와 아내와 호두나무는
때릴수록 더 쓸만해진다네.

호두나무를 때려서 어떤 도덕적 효과를 얻을 수 있는지는 경험이 없어서 모르겠지만, 문명화된 사람이라면 이 시처럼 아내를 대우하는 방식은 정당지 않다고 생각할 것이다. 처벌이 개선 효과를 가져온다는 믿음은 뿌리 깊은데, 내 생각에는 처벌이 우리의 가학적 충동을 매우 만족시키기 때문인 듯하다.

그러나 인간 삶에서 잘못된 부분은 신념보다는 열정이 더 많은 영향을 미쳤다. 특히 오래되고 체계적이며 조직적으로 체화된 신념은 의견이 바람직한 방향으로 변하는 과정을 지연시키고, 그렇지 않았다면 어느 쪽으로도 격한 감정을 갖지 않았을 사람들을 잘못된 방향으로 이끄는 엄청난 힘을 가지고 있다. 이 글의 주제가 '인류에 독이 된 관념들'이니, 여기서는 해로운 신념 체계에 대해 살펴볼 것이다.

과거 역사를 살펴볼 때 가장 명백한 사례는 개인의 편견에 따라 종교 또는 미신이라고 불릴 수 있는 믿음으로 구성된 신념 체계였다. 과거에는 인신 공양이 작물 수확량을 늘린다고 여겼다.

처음에는 순전히 주술적 이유로, 나중에는 희생자의 피가 숭배자들의 형상대로 만들어진 신들을 기쁘게 할 것이라고 여겨졌기 때문이다. 구약성경에 따르면 정복된 민족을 완전히 멸절하는 것이 종교적 의무였고, 심지어 그들이 키우는 소나 양이라도 살려 두는 것은 불경한 짓이었다. 내세에 대한 공포와 불행이 이집트인들과 에트루리아인들을 짓눌렀지만, 기독교가 승리하기 전까지는 깊게 자리 잡지 못했다. 우울한 성자들은 모든 감각적 쾌락을 삼가고, 사막에서 고독하게 살았으며, 고기와 포도주와 여성을 거부했지만 그럼에도 모든 즐거움을 완전히 절제할 의무는 없었다. 정신의 즐거움은 육체의 즐거움보다 우월하다고 여겼으며, 정신의 즐거움 중 높은 위치를 차지한 것은 이교도들과 이단자들이 영원토록 고문당하게 될 지옥을 상상하는 것이었다. 금욕주의의 단점 중 하나는 감각적인 것 이외의 즐거움에는 해가 없다고 보는 것인데, 사실 최고의 즐거움뿐만 아니라 가장 나쁜 즐거움도 순전히 정신적인 즐거움이었다. 밀턴은 『실낙원』에서 사탄의 입을 빌려 이렇게 말한다.

마음이야말로 마음이 있을 곳, 그 속에서 스스로
지옥을 천국으로, 천국을 지옥으로 만들 수 있나니.

사탄의 이런 심리는 저주받은 자들의 고통을 천국에서 바라볼 수 있으리라는 생각에 기뻐하는 신학자 테르툴리아누스와 크게 다르지 않다. 감각적 즐거움을 평가절하는 금욕주의는 친절함이나 관용, 또는 미신에서 벗어나 인생에서 우리가 바라는 여러 미덕을 장려하지 않았다. 오히려 인간은 누군가 자신을 고문할 때 다른 사람들을 고문할 권리를 갖는다고 느끼며, 이러한 권리를 강화하는 가르침이라면 무엇이든 받아들이는 경향이 있다. 잔인함의 금욕적 형태는 불행하게도 기독교 교리에만 국한되지 않으며, 더 이상 이전처럼 격렬하게 기독교를 믿는 사람도 거의 찾아보기 어렵다. 세상은 이와 같은 심리 유형을 새롭고 위협적인 형태로 만들어냈다. 나치즘을 신봉하는 사람들은 권력을 잡기 전에 근면한 삶을 살았다. 편안함과 현재의 즐거움을 많이 희생하면서 근면함과 니체의 "인간은 스스로를 단련해야 한다"는 격언에 순종했던 것이다. 심지어 권력을 잡은 후에도 '버터보다는 총을!'이라는 슬로건을 내세우며 미래의 승리가 가져올 정신적 즐거움을 위해 현재의 감각적 즐거움을 희생해야 한다고 여겼다. 밀턴의 작품 속 사탄이 지옥불에 고통받으면서 스스로를 위로하는 바로 그 즐거움이다. 이와 같은 정신 상태는 열성적인 공산주의자에게서도 발견된다. 그들은 사치를 악으로, 열심히 일하는 것을 주요 의무로, 보편적 빈곤을 천년왕국으로 가는 수단으로 여긴다. 금욕주의와 잔인함을 결합한 기독교 교리가 완화되면서 사라지지 않고, 오히려 기독교에 적대적인 새로운 형태를 띠게

된 것이다. 이와 똑같은 사고방식은 지금도 여전히 남아 있다. 인류는 성자와 죄인으로 나뉘었고, 성자들은 나치스나 공산주의자들의 천국에서 축복을 받게 되며, 죄인들은 숙청되거나 수용소에 끌려가 인간이 가하는 고통을 겪게 된 것이다. 물론 전능하신 하느님이 지옥에서 죄인들에게 가하는 고통에 비한다면 별것 아니지만, 제한된 능력을 가진 인간들이 가할 수 있는 최악의 고통인 것이다. 성자들은 여전히 힘든 시련의 기간을 거쳐야 하고, 그 후에야 기독교 찬송가가 천국의 기쁨을 묘사하듯 "승리한 자들의 함성, 잔치를 벌이는 자들의 노래"를 부를 수 있다.

이러한 심리 유형은 매우 지속적이며 완전히 새로운 교리의 외투를 입을 수 있는 능력을 갖고 있다. 따라서 인간 본성에 깊은 뿌리를 두고 있음에 틀림없다. 정신분석학자들이 연구하는 주제가 바로 이런 문제이다. 나는 정신분석학자들의 이론에 전적으로 동의하지는 않지만, 그들이 우리의 가장 깊은 내면에서 악의 근원을 찾고자 한다면 그들의 일반적 방법이 중요하다고 생각한다. 죄와 보복적 징벌이라는 쌍둥이 개념은 종교와 정치 모두에서 가장 격렬한 것의 근원에 닿아 있는 것 같다. 나는 죄책감이 매우 이른 유년기에 만들어진다고 믿지만, 몇몇 정신분석학자들의 말처럼 인간이 선천적으로 죄책감을 갖고 있다고 믿지는 않는다. 만약 이 감정을 근절할 수 있다면 세상의 잔인함이 크게 줄어들 것이라고 생각한다. 우리 모두가 죄인이며 모두 처벌받아 마땅하다는 전제를 받아들이면 처벌이 우리 자신이 아닌 다른 이들에게 부과되는 체제에 관심을 둘 수밖에 없다. 구원은 예정되어 있다고 믿었던 칼뱅주의자들은 받을 자격 없는 자비를 받아 천국에 가는 반면에, 죄는 처벌받아야 한다고 여겼다. 이러한 그들의 감정은 단지 대리 만족을 느낄 뿐이다. 공산주의자들도 비슷한 관점을 가지고 있다. 공산주의자들은 우리가 태어날 때 자본가로 태어날지 프롤레타리아로 태어날지 선택할 수 없지만, 프롤레타리아로 태어난다면 선택받은 것이고, 자본가로 태어난다면 그렇지 않다고 여겼다. 스스로는 어떤 선택도 하지 못하고 경제적 결정론에 따라 좋은 편이 되기도 하고 나쁜 편이 되기도 하는 것이다. 마르크스의 아버지는 마르크스가 어렸을 때 기독교인이 되었는데, 그 점을 감안하면 그때 마르크스의 아버지가 분명히 받아들인 기독교 교리 중 일부는 마르크스의 심리학에서 결실을 맺은 것 같다.

우리는 저마다 자신을 중요하게 여김으로써 기이한 결과를 낳는다. 그중 하나는 우리가 자신의 행운이나 불운을 다른 사람의 행동 목적이라고 상상하는 경향이 있다는 점이다. 기차를 타고 소들이 풀을 뜯고 있는 들판을 지나가면 소들이 공포에 질려 도망가곤 한다. 소가 형이상학자라면 이렇게 주장할 것이다. "내 욕망과 희망과 두려움의 모든 것은 나 자신과 관련이 있다. 따라서 귀납적으로 우주의 모든 것이 나와 관련 있다고 결론 내릴 수 있다. 그러므로 이 시끄러운 기차는 나에게 좋거나 나쁜 일을 하려는 의도가 있음에 틀림없다. 기차가 이렇게 무서운 형태로 나에게 오는 것을 보면 나에게 좋은 일을 하려는 의도라고 생각할 수 없으므로, 신중한 소로서 나는 기차를 피하려고 노력할 것이다." 만약 당신이 이 형이상학자 반추동물에게 기차는 선로를 벗어날 의도가 없으며 소의 운명에 전혀 무관심하다고 설명한다면, 이 가여운 짐승은 그렇게 부자연스러운 것이 존재한다는 사실에 당황할 것이다. 소에게 좋은 의도도 나쁜 의도도 없는 기차는 나쁜 의도를 가진 기차보다 더 냉정하고 무서운 존재이다. 인간에게도 이런 일이 일어났다. 자연현상은 인간에게 때로는 행운을, 때로는 불운을 가져온다. 인간은 이러한 일들이 우연히 일어난다고 믿을 수 없다. 만약 철도 선로에 들어가 기차에 치여 죽은 동료에 대해 알고 있는 소가 인간을 특징짓는 정도의 지능을 부여받았다면, 그 소는 철학적 성찰을 통해 불운한 소가 철도의 신에 의해 죄에 대한 벌을 받았다는 결론에 이를 것이다. 소는 철도의 신을 섬기는 사제들이 선로를 따라 울타리를 세우는 것을 보며 기뻐할 것이고, 더 어리고 활기찬 소들에게 울타리 틈을 빠져나가지 말라고 경고했을 것이다. 죄의 대가는 죽음이기 때문이다. 이와 비슷한 미신을 통해 인간은 자신의 중요성을 희생하지 않고도 그들이 겪는 많은 불행을 설명하는 데 성공했다. 그러나 때로는 높은 덕망을 지닌 사람이 불행을 겪기도 한다. 이러한 경우는 어떻게 설명해야 할까? 우리는 여전히 우리가 우주의 중심이어야 한다고 생각하기 때문에 이 불행이 누군가의 의도 없이 일어났다는 사실을 인정하지 못한다. 또한 우리는 사악하지 않다고 가정하기 때문에 우리의 불행은 누군가의 악의 때문에 일어난다고 믿는다. 즉 어떤 이익을 바라서가 아니라 순수한 증오로 우리를 해치려는 누군가 때문에 이런 불행이 닥친다고 믿는 것이다. 이러한 심리 상태가 악마학과 마녀와 흑마법에 대한 믿음을 낳았다. 마녀는 어떤 이득을 바라서가 아니라 순수한 증오로 이웃을 해치는 사람이다. 17세기 중반까지 마녀에 대한 믿음은 독단적인 잔인함이라는 즐거운 감정을 가장 만족스럽게 배출하는 통로였다. 구약성서에는 "너는 마녀를 살려두지 말라"는 구절이 있다. 이를 근거로 종교재판소는 마녀뿐만 아니라 마녀가 있다는 걸 믿지 않는 사람들도 처벌했다. 마녀를 믿지 않는 것은 이단이었기 때문이다. 과학이 자연의 인과관계에 대한 통찰을 제공함으로써 우리는 마술에 대한 믿음을 버렸지만, 그러한 믿음을 낳게 한 두려움과 불안감을 완전히 버리지는 못했다. 이와 같은 감정은 오늘날 다른 국가에 대한 두려움으로 배출구를 찾는다. 나는 이 배출구가 미신의 뒷받침을 받을 필요가 없다고 생각한다.

잘못된 신념의 가장 강력한 근원 중 하나는 질투이다. 어느 작은 마을에 찾아가 비교적 부유한 사람들에게 마을 사람들에 대해 물어보면 그들 모두가 이웃들의 소득을 과장해서 말한다.

이는 그들이 다른 사람의 인색함을 비난할 때 정당성을 준다. 여성들의 질투는 남성들 사이에서 잘 알려져 있지만 큰 회사를 가보면 남성 직원들도 똑같은 종류의 질투를 한다. 남성 직원 중 한 명이 승진하면 다른 이들은 이렇게 말할 것이다. "흥! 그 친구, 윗사람들한테 아부하는 법을 알고 있군. 나도 그 친구처럼 부끄러움 없이 아첨했으면 그 친구만큼이나 승진할 수 있었을 거야. 그 친구가 일을 잘하긴 하지만 꼼꼼하지 못해. 조만간 윗사람들도 그 친구 승진이 실수라는 걸 깨달을 거야." 정말 능력 있는 사람이 능력에 걸맞게 승진을 해도 모든 사람들이 이렇게 말할 것이다. 그래서 연공서열 제도를 채택하는 경향이 생긴 것이다. 연공서열은 실력과 아무 관련이 없기 때문에 이러한 질투 어린 불만을 일으키지 않는다.

우리가 질투에 취약하기 때문에 벌어지는 불행한 결과 중 하나는 경제적 자기 이익에 대해 개인과 국가 모두가 완전히 그릇된 인식을 갖는다는 점이다. 우화를 예로 들어 설명하겠다. 옛날에 중간 규모의 마을에 정육점과 빵집 몇 개가 있었다. 그 가운데 매우 열정적인 한 정육점 주인이 다른 정육점이 다 망해서 자신이 독점자가 되면 훨씬 더 큰 이익을 얻을 수 있겠다는 생각을 하게 되었다. 그는 다른 정육점보다 낮은 가격으로 고기를 팔았고 마침내 목적을 달성했지만, 그 과정에서 손실이 너무 커서 자본과 신용이 바닥나고 말았다. 그 마을의 열정적인 제빵사도 그와 비슷한 생각으로 열심히 장사를 하여 성공을 거두었다. 소비자에게 상품을 판매하는 모든 업종에서 같은 일이 일어났다. 성공한 독점자들은 재산을 쌓을 것이라는 행복한 기대를 품었지만, 불행히도 망한 정육점 주인들은 더 이상 빵을 살 형편이 안 되었고, 망한 제빵사들은 더 이상 고기를 살 형편이 안 되었다. 직원들은 해고당해 다른 곳으로 떠나야 했다. 결과적으로 정육점 주인과 제빵사는 독점권을 가졌음에도 예전보다 매상은 더 떨어졌다. 그들은 경쟁자들에 의해 손해를 입기도 하지만 고객들에 의해 이익을 얻는다는 것을, 그리고 경기가 전반적으로 좋아지면 고객들이 더 많아진다는 것을 잊었던 것이다. 그들은 질투심으로 경쟁자들에게만 집중한 탓에 고객들이 매출을 올려준다는 사실을 까맣게 잊어버린 것이다.

물론 이 이야기는 우화일 뿐이고 이 마을은 실제로 존재하지 않지만 마을 대신 세계를, 개인 대신 국가를 대입하면 현재 보편적으로 추구되는 경제 정책의 완벽한 그림을 얻을 수 있다. 모든 국가는 자국의 경제적 이익이 다른 모든 국가의 이익과 대립한다고 확신하며, 다른 국가들이 빈곤에 빠지면 자국이 이익을 얻을 것이라고 믿는다. 나는 제1차 세계대전 동안 독일의 무역이 초토화되면 영국이 막대한 이익을 얻을 것이며, 이것이야말로 전리품이라고 말하는 영국인들을 본 적이 있다. 전쟁이 끝난 후에 우리 영국인들은 유럽 대륙에서 새로운 시장을 찾고 싶어 했다. 당시 서유럽의 공업 생산은 독일 루르 지역의 석탄 산업에 의존하고 있었다. 그럼에도 우리는 루르의 석탄 업계가 패전 이전보다 아주 적은 양을 늘려 석탄을 생산하도록 했다. 오늘날 보편화된 국수주의 무역은 한 국가의 경제적 이익이 다른 국가의 이익과 필연적으로 대립된다는 잘못된 믿음에 기반하고 있다. 이 잘못된 믿음은 국가 간 증오와 경쟁을 야기함으로써 전쟁의 원인이 되며, 이런 방식으로 진실성을 입증하는 경향이 있다. 왜냐하면 일단 전쟁이 발발하면 국가 간 이익 충돌이 너무 자명해지기 때문이다. 예를 들어, 만약 당신이 철강 산업에 종사하는 누군가에게 다른 국가가 번영해야 당신에게도 유리하다고 설명하려 한다면, 그는 그 논리를 전혀 이해하지 못할 것이다. 왜냐하면 그가 또렷하게 인식하는 유일한 외국인은 철강 산업계에서 일하는 경쟁자들뿐이기 때문이다. 그들에게 다른 외국인들은 감정적으로 전혀 관심이 가지 않는 희미한 존재들이다. 이것이 국수주의 경제와 전쟁과 인간이 만든 굶주림과, 우리 문명을 처참하고 수치스러운 종말로 이끌 다른 모든 악의 심리적 근원이다. 우리가 상호관계에 대해 더 넓고 덜 신경질적인 시각을 갖지 않는 한 말이다.

정치적으로 해로운 거짓 믿음을 낳는 또 다른 열정은 국가, 인종, 성별, 계급, 신념에 대한 자만심이다. 내가 어렸을 때 프랑스는 여전히 영국의 전통적인 적국으로 여겨졌고, 나는 의심의 여지없이 영국인 한 명이 프랑스인 세 명을 물리칠 수 있다고 생각했다.

독일이 적국이 되었을 때 이 믿음은 수정되었고 영국인들은 개구리를 먹는 프랑스인들을 더 이상 비웃지 않았다. 그러나 정부가 노력을 기울였음에도 나는 영국인과 프랑스인을 진정으로 동등하게 여기는 영국인은 거의 보지 못했다. 미국인들과 영국인들은 발칸 반도를 알게 되면서 불가리아인들과 세르비아인들, 헝가리인들과 루마니아인들이 서로 적대적이라는 사실을 알게 되었고, 이 사실에 놀라면서도 한편으로는 비웃기도 했다. 그들이 보기에 이러한 적대감은 터무니없는 데다 이렇게 작은 국가가 자신의 우월성에 대해 갖는 믿음에 객관적 근거가 없었기 때문이다. 그러나 이런 시각을 갖고 있는 사람들 대부분은 강대국의 국가적 자만심이 작은 발칸 국가의 자존심과 똑같이 정당화될 수 없다는 사실을 보지 못한다.

국가적 자만심보다 훨씬 더 해로운 것이 인종적 자만심이다. 나는 중국을 방문했을 때 교양 있는 중국인들이 내가 만난 어떤 사람들보다 더 높은 수준의 문명화를 이루었다는 사실에 충격을 받았다. 그런데도 무례하고 무지한 많은 백인들이 단지 중국인들의 피부가 노랗다는 이유로 가장 훌륭한 중국인들조차 경멸하는 것을 보았다. 이 점에서는 미국인들보다 영국인들이 더 비난받아야 마땅하지만 예외도 있었다. 한번은 폭넓은 학식을 가진 중국 학자와 만날 일이 있었다. 그는 전통적인 중국 지식뿐만 아니라 서양 대학에서 가르치는 학문에 대한 지식도 갖추고 있었고, 내가 감히 따라갈 수 없을 만큼 깊고 넓은 교양을 가진 사람이었다. 그와 함께 자동차를 빌리기 위해 어느 정비소에 갔을 때 생긴 일이다. 정비소 주인은 질 나쁜 미국인이었는데, 그는 내 중국인 친구를 쓰레기처럼 대했고, 그를 일본인으로 착각하여 경멸과 비난을 쏟아냈다. 그의 무지한 악의 때문에 피가 끓어올랐다. 영국인들도 인도에서 이와 유사한 태도를 보였는데, 정치 권력을 쥐었다는 이유로 더 가혹하게 굴었다. 이러한 태도는 영국인들과 교육받은 인도인들 사이에 마찰이 빚어진 주요한 원인이었다.

한 인종이 다른 인종보다 우월하다는 믿음은 합리적인 이유를 가진 적이 없다. 그 믿음이 끈질기게 지속되는 곳에서 그 우월성에 근거가 되는 것은 군사적 우위이다. 일본이 전쟁에서 승기를 잡았을 때 그들은 백인을 경멸했는데, 이는 일본의 힘이 약했을 때 백인들이 느꼈던 경멸감과 같은 것이다. 그러나 때로는 군사적 능력과 아무 관련 없이 우월감을 갖는 경우도 있다. 그리스인은 이민족을 경멸했는데, 심지어 이민족이 전쟁에서 우월한 힘을 가졌을 때에도 그랬다. 그리스인들 중에 조금 더 개화된 사람들은 주인이 그리스인이고 노예가 이민족으로 머무는 한 노예제도는 정당하지만, 그렇지 않으면 자연법칙에 반한다고 여겼다. 고대 유대인들은 자신들의 인종적 우월성에 매우 특별한 믿음을 가지고 있었다. 그러나 기독교가 로마 제국의 국교가 된 이후로 기독교인들은 유대인들에 대해 그들처럼 똑같이 비합리적인 우월성에 대한 신념을 보였다. 이런 유형의 믿음은 막대한 해를 끼치며, 이를 근절하는 것이 교육의 목표 중 하나가 되어야 한다. 그러나 현실은 그렇지 않다. 앞에서 영국인들이 인도인들을 대할 때 갖는 우월감 때문에 인도인들의 분개를 샀다고 언급했는데, 카스트 제도는 북쪽에서 온 '우월한' 인종이 연속적으로 침략한 결과이며, 이 또한 백인들의 우월감만큼이나 비난받아 마땅하다.

오늘날 서양 국가에서 공식적으로 사라진 남성 우월성에 대한 믿음은 교만이라는 죄악의 흥미로운 예이다. 나는 남성이 선천적으로 우월하다고 믿을 만한 근거는 근육밖에 없다고 생각한다. 언젠가 혈통 있는 황소를 여러 마리 키우는 곳에 간 적이 있는데, 황소가 늠름한 체격을 유지하려면 암컷 조상들이 좋은 우유를 먹어야 한다. 그러나 황소들이 품종인증서를 받으면 상황은 달라진다. 황소의 암컷 조상에 대해서는 순종적이고 행실이 바른 소였다는 것 외에는 아무 말도 하지 않지만, 수컷 조상에 대해서는 싸움을 잘한다는 칭찬이 쏟아지는 것이다. 그래도 소에 대해서는 성별에 따른 상대적인 장점을 공평하게 이야기하지만, 인간에 대해서는 그러지 않는다. 과거에 남성들은 자신들의 우월성을 쉽게 증명했다. 부인이 남편의 우월성에 의문을 제기하면 두들겨 패면 되었기 때문이다. 다른 우월성은 이러한 우월성을 따라오는 것이라 여겨졌다. 남성은 여성보다 더 합리적이고, 더 창의적이며, 감정에 덜 휘둘린다는 식이었다. 해부학자들은 여성이 투표

권을 얻기 전까지 뇌 연구를 통해 남성의 지적 능력이 여성보다 더 뛰어날 수밖에 없다는 이론을 여러 가지 교묘한 논리로 보여 주었다. 이러한 논리는 차례차례 틀린 것으로 밝혀졌지만, 그럼에도 똑같은 결론을 도출하는 다른 이론의 토대로 활용되었다. 과거에는 남성 태아는 6주 후에 영혼을 얻지만, 여성 태아는 3개월 지나야 영혼을 얻는다고 여겨졌다. 이 견해 역시 여성들이 투표권을 얻은 이후 폐기되었다. 토마스 아퀴나스는 남성이 여성보다 더 합리적이라는 주장을 완전히 자명한 것으로 간주하면서 설명까지 덧붙였다. 이에 대한 증거는 어디에도 없다. 내가 아는 사람들 중에 총명한 빛을 가진 사람이 있긴 하지만, 남성이든 여성이든 이런 빛을 갖고 있는 사람은 드물기 때문이다.

남성 지배는 매우 불행한 결과를 낳았다. 그것은 가장 친밀한 인간관계인 결혼을 동등한 동반자 관계가 아닌 주인과 노예 관계로 전락시켰다. 따라서 남성이 여성을 아내로 얻기 위해 그녀를 기쁘게 할 필요가 없어졌고, 이 때문에 구애의 기술이 비정상적인 관계로 국한되고 말았다. 여성들은 집에만 있도록 강제되어 지루하고 재미없는 존재가 되었다. 흥미롭고 모험심 강한 여성들은 사회적으로 따돌림당하는 사람들이었다. 여성들이 지루해진 탓에 문명화된 나라의 가장 교양 있는 남성들은 종종 동성애자가 되었다. 혼인 관계에 평등이 없기 때문에 남성들은 지배적인 습관에 익숙해졌다. 문명국에서는 이러한 모습이 거의 사라졌지만, 남성과 여성이 새로운 상황에 완전히 적응하기까지는 오랜 시간이 걸릴 것이다. 해방은 처음에는 항상 부작용을 일으키기 마련이다. 이전에 우월한 지위에 있었던 사람들은 분노하고, 열등한 지위에 있었던 사람들은 희열을 느끼기 때문이다. 그러나 시간이 지나면 다른 문제와 마찬가지로 이 문제도 조정될 것이다.

빠르게 사라지고 있는 또 다른 우월성은 계급의 우월성인데, 이는 오늘날 소련에만 남아 있다. 그 나라에서는 프롤레타리아의 아들이 부르주아의 아들보다 유리한 위치에 있지만, 다른 나라에서는 그러한 세습적 특권을 부당한 것으로 간주한다. 그러나 계급 구별이 완전히 사라지려면 아직도 멀었다. 미국에서는 자신의 나라에 사회적으로 우월한 계급은 없다고 생각한다. 모든 사람이 평등하기 때문이다. 그러나 그들도 사회적으로 열등한 계급이 없다는 걸 인정하지 않는다. 토머스 제퍼슨 이후로 모든 사람이 평등하다는 사상은 위로만 적용되고 아래로는 적용되지 않기 때문이다. 이 문제에 대해 일상적인 언어로 이야기하는 사람들을 보면 깊은 위선이 느껴진다. 그들이 무엇을 생각하고 느끼는지는 이류 소설을 읽으면 알 수 있다. 그런 소설 속에서는 빈곤한 계층에서 태어나는 것이 얼마나 끔찍한 일인지 잘 나타나 있다. 또한 주인공이 신분에 맞지 않는 결혼을 하려면 독일이 통일하기 전 독일의 작은 나라의 궁정에서 일어날 법한 소동이 벌어진다. 부의 불평등이 존재하는 한, 이러한 현실이 바뀌기는 쉽지 않을 것이다. 속물근성이 깊이 뿌리박힌 영국에서는 전쟁으로 소득이 평등화된 뒤 그런 행태가 바뀌었고, 젊은이들 사이에서는 노인들이 가진 속물근성을 점점 우스꽝스럽게 여기고 있다. 물론 여전히 유감스러운 속물근성이 많이 남아 있지만, 이는 소득이나 사회적 지위보다는 교육이나 예절과 더 관련이 있다.

이와 비슷한 감정의 변종이 종교적 신념이다. 중국에서 막 돌아왔을 때, 나는 미국의 여성 클럽 몇 군데에서 중국에 대해 강연을 했다. 그런 강연에 가면 항상 나이 든 여성 한 분이 강연 내내 졸다가 끝날 때쯤 일어나 다소 엄숙한 목소리로 지적했다. 중국인들은 이교도이기 때문에 당연히 덕이 없는데 내가 그 점을 언급하지 않았다는 것이다. 솔트레이크시티의 모르몬교도들이 다른 종교인을 처음 봤을 때도 아마 그 부인과 같은 태도를 보였을 것이다. 기독교인과 이슬람교도 역시 중세 전반에 걸쳐 서로를 사악한 존재로 확신했고, 자신들이 더 우월하다는 신념을 전혀 의심하지 않았다.

이 모든 것은 자신들의 '위대함'을 느끼는 방법이다. 행복해지려면 우리의 자존감을 지지해 줄 다양한 지지대가 필요하다. 우리는 인간이기 때문에 인간이 곧 천지창조의 목적이다. 우리는 미국인이기 때문에 미국은 하느님의 나라이다. 우리는 백인이기 때문에 하느님은 노아의 둘째 아들 함과 그의 흑인 후손들에게 저주를 내리셨다. 우리는 경우에 따라 개신교도 또는 가톨릭 신자이기 때문에 가톨릭 신자 또는 개신교도는 혐오스러운 존재이다. 우리는 남성이기 때문에 여성은 비합리적이다. 또는 여성이기 때문에 남성은 짐승이다. 우리는 동부 사람이기 때문에 서부는 거칠고 미개하다. 또는 서부 사람이기 때문에 동부는 쇠약하다. 우리는 정신노동을 하기 때문에 교육받은 계층이 중요하다. 또는 우리는 육체노동을 하기 때문에 육체노동만이 존엄하다. 그리고 무엇보다도 우리 각자는 완전히 독특한 하나의 장점을 가지고 있기 때문에 우리는 우리 자신이다. 이러한 생각을 가지고 우리는 세상과 싸우러 나간다. 이러한 성찰이 없다면 우리 용기는 꺾일지도 모른다. 오늘날과 같은 상황에서 이러한 감정이 없다면 우리는 열등감을 느낄 것이다. 왜냐하면 우리는 평등의 감정을 배우지 못했기 때문이다. 만약 우리가 이웃들과 동등하다고, 그들보다 낫지도 않고 열등하지도 않다고 느낀다면 아마도 삶은 덜 전투적이 될 것이고, 용기를 내기 위해 술주정뱅이처럼 행동하는 미신에 매달일 일도 줄어들 것이다.

개인이나 국가가 똑같이 빠질 수 있는 망상 가운데 가장 흥미롭고 해로운 것은 자신들이 하느님의 뜻을 실현하는 특별한 도구라고 상상하는 것이다. 이스라엘 민족이 약속의 땅을 침략했을 때 하느님의 목적을 수행한 것은 그들이었지, 헷 족속, 기르가스 족속, 아모리 족속, 가나안 족속, 브리스 족속, 히위 족속, 또는 여부스 족속이 아니었다. 아마도 이 다른 족속들이 긴 역사책을 썼다면 상황이 조금 다르게 보였을지도 모른다. 실제로 헷 족속은 비문을 몇 개 남겼는데, 그것만으로는 그들이 얼마나 비열한 족속이었는지 밝혀낼 수가 없다. 로마 역시 신들에게 세계 정복을 부여받은 나라였으며, 이 또한 '실제 자료'로 발견된 사실이다. 뒤이어 등장한 이슬람도 참된 신앙을 위해 전투에서 죽는 모든 군인이 곧바로 천국으로 간다는 광신적인 신앙을 가지고 있었다. 그 천국은 천상의 미녀 후리houris가 하프보다 더 매력적이듯이 기독교의 천국보다 더 매력적이라고 믿었다. 크롬웰은 자신이 가톨릭과 왕당파를 제압하기 위해 신이 지명한 정의의 도구라고 확신했다. 미국의 앤드루 잭슨 대통령은 안식일을 지키지 않는 에스파냐인들을 악몽에서 해방시키는 명백한 숙명의 대리인이었다. 우리 시대에는 주님의 보검은 마르크스주의자들의 손에 쥐어졌다. 헤겔은 변증법이 운명론적 논리로 독일에 패권을 부여했다고 생각했다. 그러나 마르크스는 "아니오. 독일이 아니라 프롤레타리아에게 준 것이오"라고 말했다. 이 주장은 앞서 언급한 유대인의 선민의식과 미국의 명백한 숙명과 맥을 같이한다. 이러한 숙명론적 성격 때문에 마르크스는 반대편의 투쟁을 운명에 대항하는 것으로 보았고, 따라서 현명한 사람이라면 가능한 한 빨리 승리하는 쪽에 설 것이라고 주장했다. 이 논리가 정치적으로 그렇게 유용한 이유도 바로 이 때문이다. 이에 대한 유일한 반대 견해는 이렇다. 합리적인 사람이라면 그 누구도 소유권을 주장할 수 없는 신의 목적에 대한 지식을 마르크스는 사실처럼 내세우고 있고, 그것을 실행하는 과정에서 세속적인 기원을 가진 계획이라면 당연히 비난받았을 무자비한 잔인함을 정당화했다는 것이다. 이처럼 하느님이 우리 편이라고 생각하면 기분이 좋아지지만, 적도 똑같이 확신하고 있다면 조금 혼란스러워진다. 제1차 세계대전 당시 영국의 시인 존 스콰이어 경이 남긴 불멸의 시구를 살펴보자.

독일인은 하느님 왕국을 멸하소서,
영국인은 하느님 왕을 지켜주소서,
이쪽도 하느님, 저쪽도 하느님,
정작 하느님은 따로 계셔서
이렇게 말씀하시네.
'아이고, 하느님, 나는 이제 할 일이 없구나.'

신성한 사명에 대한 믿음은 인류를 괴롭혀온 많은 형태의 확신 가운데 하나이다. 아마도 가장 현명한 말 중 하나는 크롬웰이 던바 전투를 앞두고 스코틀랜드인들에게 던진 말일 것이다. "그리스도의 이름으로 간청하건대, 그대들이 실수를 저지르고 있다고 생각해 보라." 그러나 스코틀랜드인들은 이 말을 듣지 않았고, 크롬웰은 전투에서 그들을 물리쳐야 했다. 크롬웰이 자신에게는 같은 말을 한 번도 하지 않았다는 것은 유감이다. 인간이 인간에게 가한 가장 큰 해악의 대부분은 거짓인 믿음을 확신하는 사람들 때문에 벌어진다. 진실을 아는 것은 대부분의 사람들이 생각하는 것보다 더 어렵고, 진실이 자신들만의 전유물이라고 믿어서 무자비한 결단력으로 행동하면 재앙을 불러올 수밖에 없다. 미래의 불확실한 이익 때문에 현재의 확실한 고통을 감내할 가치가 있다는 장기적 계산은 항상 의심스럽게 봐야 한다. 셰익스피어가 말했듯이 "앞으로 올 일은 여전히 불확실하기" 때문이다. 누구보다 영리한 사람들조차 10년 앞을 예언하려다 보면 크게 빗나가기 쉽다. 어떤 사람들은 이 말을 불경하다며 비난할지도 모른다. 그러나 "내일 일을 아무것도 생각하지 마세요"라는 구절은 찬송가에도 나와 있다.

공적인 삶에서나 사적인 삶에서나 중요한 것은 미래를 읽을 수 있는 초인적인 능력이 있다고 가정하는 일이 아니라, 관용과 친절함이다. 이 글의 제목을 「인류에 독이 된 관념들」이 아니라 「관념들이 인류에 해를 끼쳤다」라고 지어도 좋았을 것 같다. 미래를 예측할 수 없고 미래에 대한 가능한 믿음은 무한대로 다양하다는 점을 고려하면, 인간이 가질 수 있는 믿음이 진실일 가능성은 매우 희박하기 때문이다. 우리가 10년 후에 어떤 일이 일어날 것이라고 생각하든지 내일 해가 뜨는 것처럼 인간사와 아무 상관없는 믿음이 아니라면, 그 믿음은 틀림없이 틀릴 것이다. 내가 경솔하게 저지른 몇 가지 우울한 예언들을 돌이켜보면 이런 생각은 오히려 위안이 된다. 하지만 여러분은 이렇게 말할 것이다. 미래를 어느 정도 예측할 수 있다는 가정 없이 어떻게 정치를 할 수 있겠는가. 어느 정도 선견지명이 필요하다는 것은 나도 인정한다. 우리가 완전히 무지하다고 가정하고 싶지는 않다. 당신이 어떤 사람에게 악당이고 바보라고 말해서 그가 당신을 사랑하지 않는 것이라고 예언하는 것도 타당하고, 같은 말을 7,000만 명의 사람들에게 말하면 그들이 당신을 사랑하지 않을 것이라고 예언하는 것도 타당하다. 치열한 경쟁은 경쟁자들 사이에 동료애를 만들어내지 못한다고 가정하는 것 또한 안전한 예측이다. 현대 무기를 갖춘 두 국가가 국경을 사이에 두고 대치한다면, 각 나라의 주요 정치인들이 상대국을 모욕하는 데 전념한다면 시간이 지남에 따라 양국 국민들이 불안해지고, 한 쪽이 다른 쪽을 공격할까 봐 두려워 먼저 공격할 가능성이 매우 높다. 대규모 현대전이 벌어지면 승리한다 해도 예전의 번영 수준을 따라가지 못할 것이라고 가정하는 것도 안전한 예측이다. 이러한 일반화는 예측하기 어렵지 않다. 어려운 것은 구체적인 정책이 장기적으로 어떤 결과를 끌어낼 것인가를 상세히 예측하는 것이다.

비스마르크는 극도로 예리한 지성으로 세 번의 전쟁에서 승리하고 독일을 통일했다. 그러나 그가 펼친 정책은 장기적으로 양차 세계대전에서 독일의 패배로 돌아왔다. 이는 *그가* 독일인들에게 독일을 제외한 모든 국가의 이익에 무관심하라고 가르쳤고, 결국 전 세계가 비스마르크의 후손들에 대항하여 연합하도록 만들었기 때문에 발생한 일이었다. 개인이든 국가이든 정도를 넘어선 이기심은 현명하지 않다. 운이 좋으면 성공할 수 있지만, 실패하면 결과는 끔찍하다. 이론이 뒷받침되지 않는 한, 이런 위험을 감수할 사람은 거의 없다. 오직 이론만이 사람들을 완전히 무모하게 만들기 때문이다.

도덕을 거쳐 순전히 지적인 관점에서 볼 때 우리는 사회과학이 정치인들이 정치적 결정을 내리는 데 도움이 될 수 있는 인과법칙을 어떻게 확립할 수 있는지 자문해 봐야 한다. 실제로 중요한 몇 가지 사실이 알려지기 시작했다. 예를 들어, 지난 세계대전 후 세계를 괴롭힌 경기 침체와 대규모 실업을 어떻게 피할 수 있는지와 같은 문제 말이다. 전쟁을 피할수 있는 방법은 오직 세계 정부 수립뿐이며, 문명이 또 한 번의 큰 전쟁을 겪는다면 더 이상은 살아남기 어렵다는 것 또한 잘 알려져 있다. 그러나 그럼에도 이 지식을 통해 얻는 효과는 거의 없다. 아직 대중에게 알려지지 않았고, 사악한 이익을 통제할 만큼 강력하지 않기 때문이다. 사실 사회과학은 정치인들이 적용하려 하거나 적용할 수 있는 것보다 훨씬 더 방대하다. 어떤 사람들은 이 실패를 민주주의 탓으로 돌리지만, 내가 보기에 이 실패는 다른 어떤 체제보다 독재 정치에서 더 두드러진다. 그러나 민주주의에 대한 믿음도 다른 믿음과 마찬가지로 광적인 수준이 되면 해로울 수 있다. 민주주의자는 다수가 항상 현명한 결정을 내린다고 믿을 필요가 없다. 그가 믿어야 하는 것은 현명하든 그렇지 않든 다수결에 따른 결정은 다수가 다른 결정을 내릴 때까지 받아들여져야 한다는 점이다. 그리고 그는 이것을 평범한 사람의 지혜라는 신비로운 개념이 아니라, 자의적인 힘의 통치 대신 법의 통치를 실현하기 위한 가장 실용적 도구로 믿어야 한다. 또한 민주주의자는 반드시 민주주의가 항상 어디서나 최선의 체제라고 믿지 말아야 한다. 의회 제도가 성공하는 데 필요한 자제력과 정치 경험이 부족한 국가는 많다. 이러한 나라에 사는 민주주의자는 국민들이 적절한 정치 교육을 받기를 바라겠지만, 거의 확실하게 실패할 체제를 조급하게 강요하는 것 또한 아무 소용이 없다는 것을 인정할 것이다. 다른 곳에서와 마찬가지로 정치에서 다루는 대상도 절대적인 것이 아니다. 어떤 한 시대와 장소에서는 좋았던 것이 다른 곳에서는 나쁠 수 있으며, 한 국가의 정치 본능을 만족시키는 것이 다른 국가에게는 완전히 무의미해 보일 수 있다.

민주주의자의 일반적인 목표는 무력에 의한 통치를 전체 합의에 의한 통치로 대체하는 것이지만, 그러려면 국민들이 특정한 훈련을 받아야 한다. 국민들이 거의 비슷한 두 편으로 나뉘어 서로를 증오하고 서로의 목을 조르고 싶어 한다고 가정해 보자. 절반보다 조금 적은 편은 다른 편의 지배에 순순히 굴복하지 않을 것이며, 절반보다 조금 더 많은 편도 승리를 거둔 순간 양쪽의 분열을 치유할 수 있는 절제력을 보여주지 않을 것이다.

오늘날 세계에 필요한 것은 두 가지이다. 하나는 조직이다. 즉 전쟁을 없애기 위한 정치 조직, 사람들이 생산적으로 일할 수 있게 하는 경제 조직(특히 전쟁으로 황폐화된 국가들에서), 건전한 국제주의를 형성하는 교육 조직이 필요하다. 다른 하나는 특정한 도덕적 자질이다. 이는 오랫동안 도덕주의자들이 주장해 왔지만 지금까지 별 성공을 거두지 못했다. 그중 가장 필요한 자질인 자비와 관용은 갖가지 과격한 주의ism로 우리에게 제시되는 광적인 신념이 아니다.

나는 조직과 도덕이 서로 밀접하게 얽혀 있다고 생각한다. 따라서 둘 중 하나를 성취하면 다른 하나도 곧 성취할 것이다. 그러나 실제로 세계가 올바른 방향으로 나아가려면 두 가지 목표를 동시에 추구해야 한다. 전쟁이 끝난 후 자연스럽게 퍼지는 악한 열정이 점차 줄어들고, 서로에게 도움을 줄 수 있는 조직을 점차 늘려가야 한다. 우리 모두는 한 가족이며, 한 가족의 행복을 다른 가족의 불행 위에 안전하게 세울 수 없다는 것을 지적으로나 도덕적으로 깨달아야 한다. 그러나 지금은 도덕적 결함이 명확한 사고의 길을 막고, 혼란스러운 사고는 도덕적 결함을 키우고 있다. 아마도 내가 감히 바랄 수는 없는 일이지만, 수소폭탄이 인류를 정신 차리게 하고 관용으로 이끌 수 있을지도 모른다. 만약 이

런 일이 일어난다면 우리는 수소폭탄 발명자들을 축복할 이유가
생기는 것이다.

11장

· · · · · · · · · · ·

내가 만난
두 얼굴의 유명인들

사적 생활에서건 공공 생활에서건,
아니면 진리 탐구에서건 내가 가장 잊지 못할 정도로
감명을 받은 것은 특정한 부류의 자질,
즉 자기 자신을 내세우지 않는 태도였다.

나는 빅토리아 시대부터 지금까지 많은 유명 인사를 만났다. 역사에 큰 족적을 남긴 사람들 중에 잊을 수 없을 정도로 성품이 뛰어나거나 인상 깊었던 사람은 몇 사람 빼고는 없었다. 두 살 때 빅토리아 여왕을 만난 적이 있다고 하는데 안타깝게도 기억이 나지 않는다. 다만 그때 내 행동이 아주 공손해서 어른들이 깜짝 놀랐다고 한다. 반면에 당대 최고의 시인으로 평가받았던 로버트 브라우닝도 그해에 만났는데 내가 그의 말을 가로막으며 "저 아저씨, 말 좀 그만했으면 좋겠어요"라고 소리쳤다고 한다. 브라우닝이 말년에 접어들었을 무렵에는 그를 꽤 자주 만났지만, 그에게서 경외감을 느낄 만한 것을 딱히 찾지는 못했다. 그는 중년 여성들의 다과회에서 주위를 편안하게 해주는 유쾌하고 친절한 노신사인 데다 세련되고 매우 가정적인 사람이었지만, 시인에게 기대할 만한 성스러운 열정 같은 것은 없었다.

반면에 브라우닝만큼 자주 만났던 앨프리드 테니슨은 항상 시인처럼 행동했고, 그 때문에 사춘기에 접어든 나는 그를 비웃었다. 테니슨은 이탈리아풍의 망토를 휘날리며 시골길을 활보하곤 했는데, 우연히 마주친 사람들을 일부러 못 본 척하며 시상에 골몰하기라도 하는 듯이 행동했다. 내가 만난 시인 중에 가장 잊을 수 없는 사람은 에른스트 톨러였는데, 그가 다른 사람의 고통을 이해하는 데 뛰어났기 때문이었다. 내가 꽤 잘 알고 지내던 시인 루퍼트 브룩은 잘생기고 활기찼지만, 바이런처럼 불성실하고 허세도 있어 좋은 인상에도 흠집이 나고 말았다.

유명한 철학자 중에 아직 살아 있는 사람들을 제외하면 내가 개인적으로 가장 깊은 인상을 받은 사람은 윌리엄 제임스였다. 매우 소탈했고, 자신이 거장이라는 의식이 전혀 없는 사람이었는데도 그랬다. 민주적인 감상이나 대중과 자신을 동일시하려는 욕망이 아무리 강했어도 그는 여전히 타고난 귀족이었고, 자신의 특별함으로 존경받는 사람이었다. 반면에 꼭 뛰어난 철학자는 아니더라도 몇몇 철학자는 지적 성실성만으로 내게 깊은 인상을 남겼다. 그 좋은 예가 나의 윤리학 스승이었던 헨리 시지윅이다. 그가 젊었을 때는 케임브리지 대학의 교수가 되려면 영국 국교회의 39개 신조에 서명하고 신앙인이 되어야 했다. 서명을 하고 나서 몇 년이 지난 후에 그는 이 교칙에 의문을 가졌다. 신앙이 변하지 않았다는 것을 입증하라는 요구를 받을 일은 없었지만 그럼에도 교수 자리에서 사퇴하는 것이 자신의 의무라고 생각했다. 그의 이러한 행동으로 교칙을 개정하자는 목소리가 힘을 얻었고 결국 낡은 신학적 규제는 사라졌다. 그는 학생들이 이의를 제기하면 동료 교수들의 반론을 듣는 것처럼 똑같이 정중하고 신중하게 귀를 기울이는 등 스승으로서 성실함을 보여주었다. 그의 가르침이 능력 뛰어난 다른 어떤 교수의 가르침보다 더 알찬 결실을 맺을 수 있었던 이유도 여기에 있다.

최고의 업적을 남긴 과학자들의 경우에는 위대한 지성과 어린 아이 같은 단순함이 결합됨으로써 특별한 인상을 남겼다. 여기서 말하는 '단순함'은 영민함이 부족하다는 뜻이 아니라 세속적인 유불리를 고려하지 않고 객관적으로 생각한다는 뜻이다. 내가 만난 과학자들 중에 이러한 자질을 가장 잘 보여주는 과학자는 아인슈타인이었다.

정치인들에 대해 이야기해 보자면, 나는 1846년 영국 총리가 된 우리 할아버지부터 클레멘트 애틀리 씨까지 모두 일곱 명의 총리를 알고 있다. 그중에서 가장 잊을 수 없는 인물은 윌리엄 글래드스턴인데, 사람들은 그를 항상 '글래드스턴 씨'라고 불렀다. 내가 아는 공인 가운데 그와 필적할 만큼 개성 있는 사람은 레닌뿐이었다. 글래드스턴 씨는 빅토리아 시대를 체현한 사람이었고, 레닌은 마르크스주를 체현한 사람이었다. 두 사람 모두 인간적이지는 않았지만, 존재 자체에서 뿜어져 나오는 힘이 있었다.

사생활에서 글래드스턴 씨는 예리한 눈빛으로 사람들을 압도했다. 다분히 의도적이었다. 그의 앞에 선 사람들은 고리타분한 교장 선생님 앞에 선 어린 학생처럼 "선생님, 제가 안 그랬어요"라고 말하고 싶은 충동을 느꼈다. 모두가 다 그렇게 느꼈다. 나는 그에게 조금이라도 외설스러운 말을 할 수 있는 사람이 있었을지 의심스럽다. 그런 말을 하는 사람이 있다면 글래드스턴 씨가 내보이는 도덕적 혐오감 때문에 얼어붙은 돌이 되었을 테니 말이다. 우리 할머니는 내가 알고 있는 여성 중에서 가장 위엄 있는 분이었다. 아무리 유명한 남성이라도 할머니 앞에만 서면 주눅이 들었다. 한번은 글래드스턴 씨가 우리 집에 차를 마시러 오겠다고 했는데, 그때 할머니는 식구들에게 그가 펼치고 있는 아일랜드 통치 정책이 마음에 들지 않으니 바로잡아야 주어야겠다고 말했다. 글래드스턴 씨가 도착하고 나서 나는 두 사람의 예정된 충돌을 숨도 못 쉬고 기다리며 내내 그 자리에 함께 있었다. 아아! 할머니는 시종일관 순하디 순한 태도를 보일 뿐, 사자가 포효할 만한 말이라고는 단 한 마디도 하지 않았다. 할머니가 글래드스턴 씨와 단 하나라도 다른 의견이 있다고 짐작한 사람은 아무도 없었을 것이다.

내 인생에서 가장 무서웠던 경험은 글래드스턴 씨와 관련이 있다. 내가 숫기 없고 어정쩡하던 열일곱 살 소년이었을 때, 그가 주말 동안 우리 가족과 함께 머물렀던 적이 있다. 나는 집에 있는 유일한 '남자'였고, 저녁 식사 후 여성들이 자리를 떠나자 그 괴물과 단둘이 남게 되었다. 나는 너무 겁에 질려 주인 역할을 제대로 할 수 없었다. 글래드스턴 씨도 나를 도와줄 생각이 없었다. 우리는 한참 동안 아무 말도 하지 않은 채 앉아 있었다. 마침내 그가 우렁우렁한 저음으로 딱 한마디를 내뱉었다. "이 포트와인은 아주 훌륭하군. 그런데 왜 하필 버건디 잔에 따라준 거지?" 그후로 나는 흥분한 군중과 성난 판사들, 적대적인 정부까지 상대해 봤지만, 그 순간에 느꼈던 찌릿찌릿한 공포는 두 번 다시 느껴보지 못했다.

도덕적 확신은 글래드스턴 씨가 행사한 정치적 영향력의 바탕이었다. 그는 능수능란한 정치인이 가질 법한 모든 기술을 가지고 있었지만, 자신의 책략은 모두 다 가장 고귀한 목적에서 비롯된다고 확신하고 있었다. 냉소적이었던 정치인 헨리 라부셰어는 그를 이렇게 평가했다. "정치인이 응당 그렇듯 그도 소매 속에 항상 카드를 숨기고 있다. 하지만 다른 사람들과 달리 그는 주님께서 그 카드를 거기에 넣어주셨다고 믿는다." 그는 항상 자신의 양심의 목소리에 귀를 기울였고, 그의 양심은 항상 편리한 답을 내놓았다.

진위는 확인되지 않았지만, 글래드스턴 씨가 한 술 취한 남자를 상대했던 이야기는 그의 당당한 태도를 잘 보여준다. 반대 정당 소속이었던 술 취한 남자는 글래드스턴 씨가 말을 할 때마다 자꾸 끼어들었다. 마침내 글래드스턴 씨가 그를 똑바로 쳐다보며 이렇게 말했다.

"한 번도 아니고 제 발언을 여러 번 방해한 신사 분께 부탁드립니다. 만약 제가 당신 자리에 있고 당신이 제 자리에 있다면 제가 주저 없이 당신에게 베풀 매우 예의 바른 태도를 저에게도 보여주시기 바랍니다."

술 취한 남자는 충격을 받아 그날 저녁 내내 입을 다물고 있었다고 한다. 나는 충분히 있을 수 있는 일이라고 생각했다.

이상하게도 글래드스턴 씨의 동포 중 부유층 대다수는 그를 미치광이나 악인, 혹은 둘 다로 여겼다. 어렸을 때 내가 아는 대부분의 아이들은 보수주의 집안 출신이었다. 그 아이들이 이미 잘 알려진 사실이라며 나에게 진지하게 들려준 이야기로는, 글래드스턴 씨가 매일 아침 모자 제작자들에게 20개의 실크해트를 주문하고, 글래드스턴 부인은 그 뒤를 따라다니며 그 모자들을 취소한다는 것이다. (전화가 없던 시절의 일이었다.) 개신교 신자들은 그가 비밀리에 바티칸과 연계되어 있다고 생각했고, 부자들은 (몇몇을 제외하고는) 가장 반동적인 미국 부자들이 루스벨트 대통령을 바라보는 시선으로 그를 바라보았다. 그러나 글래드스턴 씨는 주님이 자신의 편이라는 것을 결코 의심하지 않았기 때문에 평온함을 유지했다. 그리고 나머지 국민 절반에게 그는 거의 신과 같은 존재였다.

내가 1920년 모스크바를 방문했을 때 긴 대화를 나눈 레닌은 표면적으로는 글래드스턴과 매우 달랐지만, 시대와 장소, 신념의 차이를 감안하면 두 사람에게는 공통점이 많았다. 우선 차이점부터 살펴보자. 레닌은 잔인했고, 글래드스턴은 그렇지 않았다. 레닌은 전통을 존중하지 않았지만, 글래드스턴은 매우 존중했다. 레닌은 당의 승리를 위해 모든 수단이 정당하다고 여겼지만, 글래드스턴에게 정치는 일정한 규칙을 준수해야 하는 게임이었다. 내 생각에 이 모든 차이점은 글래드스턴에게 유리한 것이며, 따라서 글래드스턴은 유익한 영향을 미쳤고, 레닌이 미친 영향은 재앙이었다. 이렇게 많은 차이가 있었지만 닮은 점도 많았다. 레닌은 자신을 무신론자라고 생각했지만, 이는 그의 착각이었다. 그는 세계가 변증법에 의해 지배되며, 자신이 그 도구라고 생각했다. 글래드스턴만큼이나 레닌도 자신을 초인적인 권력의 대리인으로 여겼다. 레닌이 보여준 무자비함과 비양심은 단지 수단일 뿐 목적이 아니었다. 그는 변절이라는 대가를 치르면서 권력을 사유화할 인물은 아니었다. 두 사람 모두 자신의 정의로움에 대한 흔들리지 않는 확신에서 개인적인 힘을 끌어냈다. 두 사람 모두 각자의 신념을 지지하기 위해 무지한 자들의 조롱이 쏟아지는 영역에 뛰어들었다. 글래드스턴은 성경 비평 영역으로, 레닌은 철학의 영역으로 말이다.

둘 중에서 더 잊을 수 없는 사람은 글래드스턴이라고 말할 수밖에 없다. 내가 두 사람 모두 누구인지 모르고 기차에서 만났다면 어떻게 생각했을지 살펴보자. 그런 상황에서 글래드스턴은 확신하건대, 내가 평생 만난 가장 주목할 만한 사람 중 한 명으로 충격을 안겼을 것이며, 나는 아무 말 없이 그가 하는 말에 동의했을 것이다. 반면에 레닌은 처음에는 편협한 광신자이자 저급한 냉소주의자로 보였을 것이다. 내 판단이 공정하다고 말하지는 않겠다. 어쩌면 불공정한 판단이겠지만, 그렇다면 아마도 내가 드러낸 표현 때문이 아니라 내가 생략한 표현 때문일 것이다. 레닌을 만났을 때 나는 기대했던 것보다 훨씬 덜 위대한 사람이라는 인상을 받았다. 내가 가장 생생하게 받은 인상은 편협함과 몽골계가 지닌 특유의 잔인함이었다. 내가 농업 부문의 사회주의에 대해 질문했을 때, 그는 기쁨에 차서 어떻게 가난한 농민들이 부유한 농민들에 대항하도록 그들을 선동했는지 설명했다. "얼마 뒤에 부농들을 가장 가까운 나무에 매달아 죽이더군요. 하! 하! 하!" 학살당한 사람들을 생각하며 터뜨린 그의 웃음소리에 내 피가 차갑게 식었다.

정치 지도자를 만드는 자질 면에서는 글래드스턴보다 레닌이 덜 두드러졌다. 나는 레닌이 평온한 시절에도 지도자가 될 수 있었을까 의심스럽다. 레닌의 권력은 다음과 같은 사실 때문에 가능했다. 혼란스럽고 패배한 국가에서 그만이 유일하게 의심하지 않았고, 군사적 실패에도 새로운 방식의 승리에 대한 희망을 제시했던 것이다. 그는 마치 논리를 동맹으로 삼아 냉철한 논증을 통해 자신의 복음을 증명하는 것 같았다. 이런 방식으로 지지자들의 열정은 그들에게나 레닌에게나 과학의 승인을 받은 것처럼 보였고, 세상을 구원할 수단으로 여겨졌다. 로베스피에르도 이와 비슷한 자질을 지니고 있었을 것이다.

내가 지금까지 언급한 인물은 이런저런 방면에서 어떤 식으로든 유명해진 사람들이다. 그러나 실제로는 그다지 유명하지 않은 사람들에게서도 여러 번 감명을 받았다. 사적 생활에서건 공공 생활에서건, 아니면 진리 탐구에서건 내가 가장 잊지 못할 정도로 감명을 받은 것은 특정한 부류의 자질, 즉 자기 자신을 내세우지 않는 태도였다. 한때 우리 집에서 일했던 정원사는 읽지도 쓸 줄도 몰랐지만 톨스토이가 그린 농민들처럼 순수함과 선함의 완벽한 표본이었다. 내가 결코 잊지 못할 또 한 사람은 마음이 너무도 순수해서 기억에 남는 E. D. 모렐이었다. 리버풀에 있는 선박 회사 사무원으로 일하던 그는 레오폴드 2세에게 착취당하는 콩고인들의 끔찍한 상황에 대해 알게 되었다. 이 사실을 널리 알리기 위해 그는 자신의 지위와 생계 수단을 포기했다. 처음에는 혼자서 시작했고 유럽의 모든 정부가 그에게 반기를 들었지만, 그는 여론을 일으켜 식민지 개혁을 이끌어냈다. 이렇게 해서 얻은 새로운 명성을 그는 반전운동을 통해 잃어버렸고 그러다 투옥되기도 했다. 그는 영국에서 최초로 노동당 정부가 구성된 직후에 숨을 거두었는데, 램지 맥도널드 총리는 과거 자신의 반전운동 경력을 지우기 위해 그를 지워버렸다. 모렐 같은 사람들에게 세속적 성공이 찾아오는 일은 아주 드물다. 하지만 그를 아는 사람들에게는 사랑과 존경을 불러일으킨다. 그보다 순수하지 않은 사람들에게는 결코 주어지지 않는 뛰어난 가치이다.

12장

· · · · · · · · · · ·

나의 삶, 나의 신념

: 내가 쓰는 나의 부고(1937)

* 이 부고는 슬프지만 내 죽음을 맞아 1962년 6월 1일자 『타임스』에 게재될 (혹은 게재되지 않을) 것이다. 일단 예언 삼아 1937년 『더 리스너』를 통해 미리 발표했다.

러셀은 평생을 자유분방하게 살았지만,
그의 삶은 19세기 초의 귀족 반란자들을 연상시킬 만한
일관성을 지니고 있었다. 그의 신념은 특이했지만,
바로 그 신념들이 행동을 이끌어냈다.

3대 러셀 백작(또는 그가 선호했던 이름인 버트런드 러셀)이 90세를 일기로 세상을 떠나면서 매우 먼 과거와의 연결 고리 하나가 끊어졌다.

 그의 조부인 빅토리아 시대의 총리 존 러셀 경은 엘바섬에 유배된 나폴레옹을 방문했고, 그의 외조모는 제임스 2세의 손자이자 절대왕정을 부활시키려고 반란을 일으킨 찰스 에드워드의 미망인과 친구였다. 젊은 시절 그는 기호 논리학에서 중요한 업적을 남겼지만, 제1차 세계대전 당시에 보여준 괴짜 같은 태도로 균형 잡힌 판단력이 부족한 인간임을 보여주었다. 이러한 결점은 그의 후기 저작에 점점 더 영향을 미쳤다. 이는 어쩌면 적어도 부분적으로는 그가 사립학교 교육의 혜택을 받지 못하고 열여덟 살이 될 때까지 가정교사에게 교육을 받았기 때문인지도 모른다. 열여덟 살에 케임브리지 대학 트리니티 칼리지에 입학한 그는 1893년에 전체 수학 시험에서 7등을 차지했고 1895년에는 대학 교원으로 임용되었다.

그 후 15년 동안 그는 『기하학의 기초』, 『라이프니츠의 철학』, 『수학의 원리』, 『수학 원리』(앨프리드 노스 화이트헤드 박사와 공동 집필)를 써서 학계에서 명성을 얻었다. 이 가운데 마지막 작품은 발표 당시 매우 중요한 책으로 평가받았으며, 많은 부분을 (후에 교수가 된) 화이트헤드 박사에게 빚지고 있다. 화이트헤드 박사는 그의 후기 저작들에서 볼 수 있듯이 러셀에게 현저히 부족했던 통찰력과 영적 깊이를 지닌 사람이었다. 러셀의 논증은 독창적이고 영리했지만, 이는 단순한 논리를 초월하는 더 높은 차원에서 이루어지는 고려 사항들을 무시했기 때문이다.

이러한 얕은 정신적 깊이는 제1차 세계대전 동안 고통스럽게 드러났다. 러셀은 (공정한 판단을 위해 언급하자면) 벨기에가 독일로부터 겪은 부당함을 결코 과소평가하지 않았지만, 전쟁은 해롭기 때문에 정치인의 목표는 가능한 한 빨리 전쟁을 종식시키는 것이고, 그러기 위해서는 영국이 중립을 지키고 독일이 승리를 거두어야 한다고 고집스럽게 주장했다. 수학을 너무 열심히 연구한 나머지, 현상과 관련된 원칙 문제를 무시하고 잘못된 양적 관점을 취하게 된 것이다. 전쟁 내내 그는 어떤 조건으로든 전쟁을 종식시켜야 한다고 주장했다. 트리니티 칼리지는 매우 적절하게 그의 교원 자격을 박탈했고, 1918년 몇 달 동안 그는 감옥에서 지내야 했다.

　1920년에는 소련을 짧게 방문했는데, 그 정부에 대해 좋은 인상을 받지 못했고, 뒤이어 방문한 중국에서 더 오래 머무르며 18세기 풍미가 여전히 남아 있는 전통 문명의 합리성을 마음껏 즐겼다. 이후 몇 년 동안 그는 사회주의, 교육 개혁, 결혼에 관해 덜 엄격한 도덕규범을 옹호하는 글을 쓰는 데 에너지를 소비했다. 그러나 때때로 덜 시사적인 주제로 돌아가기도 했다. 그가 쓴 역사 관련 저작들은 부주의한 독자들에게 그가 끝까지 고수한 구식 합리주의의 피상성을 감출 수 있었는데, 문체와 재치 덕분이었다.

　제2차 세계대전 동안 그는 공적 역할을 전혀 하지 않았고, 전쟁이 일어나기 직전에 중립국으로 탈출했다. 사적인 대화에서 그는 살인적인 미치광이들이 서로 죽이는 데 몰두하고 있지만, 분별 있는 사람들은 그런 판에 끼지 말아야 한다고 말하곤 했다. 제러미 벤담을 연상시키는 이러한 개인주의적 관점은 다행히 오늘날에는 찾아보기 어려워졌다. 지금은 영웅주의가 유용성과 상관없이 가치 있는 것으로 인정받기 때문이다. 한때는 문명화된 세계의 많은 부분이 폐허가 되었지만, 올바르게 생각하는 사람이라면 위대한 투쟁에서 옳은 것을 위해 죽은 사람들이 헛되이 죽었다고 말할 수 없을 것이다.

　러셀은 평생을 자유분방하게 살았지만, 그의 삶은 19세기 초의 귀족 반란자들을 연상시킬 만한 일관성을 지니고 있었다. 그의 신념은 특이했지만 바로 그 신념들이 행동을 이끌어냈다. 자신의 글에서 보이는 신랄함은 그의 사생활에서는 보이지 않았다. 그는 유쾌한 대화 상대였으며, 인간적인 공감도 풍부한 사람이었다. 그에게는 친구가 많았지만 거의 대부분 그보다 먼저 세상을 떴다. 그러나 아직 살아 있는 친구들에게 그는 오래 산 사람치고는 활기 가득한 사람처럼 보였다. 변함없는 건강 덕분이었다. 그리고 정치적으로는 생의 마지막 몇 년 동안 왕정복고 뒤 밀턴이 겪었던 것처럼 매우 고립되어 있었기 때문이기도 하다. 그는 사라진 시대의 마지막 생존자였다.

아포리아 5
생각을 잃어버린 사회

1판 1쇄 발행 2025년 3월 14일
1판 3쇄 발행 2025년 4월 30일

지은이 버트런드 러셀
옮긴이 장석봉
펴낸이 김영곤
펴낸곳 (주)북이십일 21세기북스

정보개발팀장 이리현 **정보개발팀** 이수정 김민혜 박종수 김설아
교정교열 최은영 **표지 디자인** 수란 **본문 디자인** 푸른나무디자인
출판마케팅팀 남정한 나은경 한경화 최유성 전연우 권채영
영업팀 변유경 한충희 장철용 강경남 김도연 황성진
제작팀 이영민 권경민
해외기획실 최연순 소은선 홍희정

출판등록 2000년 5월 6일 제406-2003-061호
주소 (10881) 경기도 파주시 회동길 201(문발동)
대표전화 031-955-2100 **팩스** 031-955-2151 **이메일** book21@book21.co.kr

ⓒ 버트런드 러셀, 2025
ISBN 979-11-7357-101-5 03100
KI신서 13390

(주)북이십일 경계를 허무는 콘텐츠 리더

21세기북스 채널에서 도서 정보와 다양한 영상자료, 이벤트를 만나세요!
페이스북 facebook.com/21cbooks   **포스트** post.naver.com/21c_editors
인스타그램 instagram.com/jiinpill21 **홈페이지** www.book21.com
유튜브 youtube.com/book21pub

※ '아포리아' 시리즈가 더 궁금하다면 큐알코드를 스캔하세요.

아포리아

일상에서 마주친 사유의 정거장

아포리아는 '해결하기 어려운 난제'를 뜻하는 그리스어로,
사유의 지평을 넓혀줄 '새로운 클래식'입니다.
지금까지와는 다른 삶 속으로 나아갈 우리가 탐구해야 할
지식과 지혜를 펴냅니다.